国家出版基金项目
NATIONAL PUBLICATION FOUNDATION

"十二五"国家重点图书出版规划项目

会计经典

会计中的真实性

Truth in Accounting

［美］肯尼斯·福赛思·麦克尼尔 著

龚　翔 等译

立信会计 出版社
LIXIN ACCOUNTING PUBLISHING HOUSE

图书在版编目(CIP)数据

会计中的真实性 / (美)肯尼斯·福赛思·麦克尼尔
著;龚翔等译. —上海:立信会计出版社,2017.9
ISBN 978 - 7 - 5429 - 5510 - 4

Ⅰ.①会…　Ⅱ.①肯…②龚…　Ⅲ.①会计学　Ⅳ.
①F230

中国版本图书馆 CIP 数据核字(2017)第 173633 号

策划编辑　　　黄成艮
责任编辑　　　黄成艮
封面设计　　　南房间

会计中的真实性

出版发行	立信会计出版社		
地　　址	上海市中山西路 2230 号	邮政编码	200235
电　　话	(021)64411389	传　　真	(021)64411325
网　　址	www.lixinaph.com	电子邮箱	lxaph@sh163.net
网上书店	www.shlx.net	电　　话	(021)64411071
经　　销	各地新华书店		

印　　刷	上海中华印刷有限公司		
开　　本	670 毫米×965 毫米	1/16	
印　　张	15.75	插页	4
字　　数	223 千字		
版　　次	2017 年 9 月第 1 版		
印　　次	2017 年 9 月第 1 次		
印　　数	1-1500		
书　　号	ISBN 978 - 7 - 5429 - 5510 - 4/F		
定　　价	56.00 元		

如有印订差错,请与本社联系调换

会计经典编辑指导委员会

译 者 前 言

　　《会计中的真实性》的作者肯尼斯·麦克尼尔是以经济价值(市场价值)为基础(Economic Value-Based)的资产计量属性的坚定拥护者,并因此为会计理论研究者所了解。其一生著述较少,且集中在 1939—1941 年之间,《会计中的真实性》也是在此期间出版的。麦克尼尔共发表过 4 篇论文,除此之外,他没有发表过其他的任何会计方面的作品。《会计中的真实性》在 1939 年由宾夕法尼亚大学出版社出版,1970 年由学者书库公司重印。在《会计中的真实性》出版后的 40 年里,该书虽被不断引用,也经常在一些会计理论研讨会上被提及,但很少有学者对麦克尼尔及其代表作《会计中的真实性》进行深入研究。作者从事过什么职业?是什么促使他脱离当时正统的会计理论和实务并对其进行猛烈的抨击?《会计中的真实性》是如何被出版社所接受的?作者后来又怎么样了?为什么他在 1941 年也就是《会计中的真实性》出版 2 年后就不再发表任何论文?对于上述问题,由于所能接触到的材料有限,我们恐怕也很难给出确切的答案。但近 80年后的今天重读该书,我们会发现,当今会计规范和实务的最新发展,已在向作者曾经的主张悄然靠近,而还有很多我们认为理所当然的惯例,也仍在被先驱者的思想光辉所慢慢颠覆。1982 年,美国著名会计学家斯蒂芬·A·泽夫曾在《会计评论》杂志上对《会计中的真实性》一书进行了较为全面客观的评价,本书以此书评为译稿附录,以飨读者。

　　本书由中南财经政法大学龚翔副教授主译,广东外语外贸大学陈丽副教授为副主译。全书的翻译工作具体分工如下:序言、解释、第 1 至第 5 章以及第 10 章由龚翔翻译,第 6 章由龚翔、苏梦蓝翻译,第 7 章由龚翔、王瑶翻译,第8、第9章由龚翔、伍亚男翻译,第11章由龚翔、刘颖昕翻译,第12章由龚翔、李有渔翻译,第13章由龚翔、尹瑞芸翻译,第14章由陈丽、龚翔翻译,第15章由龚翔、黄芮翻译。最后由龚翔、陈丽对全书进行了总校、修改和定稿。

同时,感谢鄢婷婷、陈榜、梁丹、熊伟、杨亮、黄敬方、张慧慧、常朋芳、戴祥云、李靖、赵晓龙、郭灿华、郭礼仪、商金梅、曾庆华、李潜、张丽、砦磊等中南财经政法大学会计学院硕士研究生在本书的基础性翻译工作中作出的出色贡献。

值本译著出版之际,我们真诚感谢立信会计出版社的领导和本书编辑所给予的支持与指导! 同时,更要感谢本书的原作者为我们提供了这本富有重要参考价值的会计巨著! 由于译者水平有限,本译著中疏漏之处在所难免,期待广大读者批评指正!

您的宝贵意见请反馈至邮箱:blackgxcd@163.com。

龚 翔　陈 丽

2017 年 9 月于武昌

著 者 序 言

本书旨在对现代会计理论和实践进行全面分析,同时对会计存在的诸多严重的缺陷提出明确的补救措施。我们从书中揭露的真相中不可避免地得出结论:由于现代会计方法建立在不健全的会计原则上,当代的绝大部分财务报表很大程度上是不真实且具有误导性的。这些原则需要被修改。在本书中,作者自始至终致力于将每一项会计方法与符合经济性或逻辑性的原则进行比较,并避免采用货币计量假定。本书对现代会计方法进行了全面的批判,并提出了一套实用的、更好理解的替代程序。

本书对于会计专业的学生和在私营与公共领域中的会计从业人员有重要的意义。从 400 多年前卢卡·帕乔利的关于复式记账方法的著作在 1494 年出版以来,会计方法及用这些方法编制的会计报表,都是为了方便而不是为了真相。现今的会计报表是由会计惯例、历史数据和现实情况组成的令人困惑的混合物,在这些报表中,连会计人员都难以辨别会计信息的真假。企业管理层和社会公众已经意识到了这种状况带来的代价。种种迹象表明,会计人员要保持在人们心目中的形象,就要尽快改变会计处理方法。

本书的话题与银行家、经纪人和投资顾问的利益密切相关。会计报告提供的信息对根据这些信息决定企业借贷行为和根据债券特性作出投资决策有至高无上的作用。如果资产负债表是具有误导性的,那么对需要借款的企业的净值的评估就是臆测。如果收益和净值都值得怀疑,那么投资建议就是道听途说或纯粹的猜测。

本书中提供的素材值得引起与管制财务实践行为的法律、法规相关的律师、立法者和政府官员的注意。如果要相关的法律、法规达到预期的效果,他们需要清楚地了解真实的财务报表的构成。在现在的情况下,要求一份财务报表完整而真实地披露财务信息是不可能的。如果一个公司的管理层提出此种披露要求,那么他的会计人员可能无法为数据真实性作出保证。

由于受到现行会计方法的显著影响,企业家可能在适应当前状况方面做得比较好。现在的会计方法经常强迫他们虚增或虚减他们的资产或收益,还可能阻止他们提供有关企业状况的真相。在某些情况下,要取得一张注册会计师的报告,可能要公然虚增,而在某些情况下又需要同样明目张胆地虚减,这取决于事实与公认的会计实践的吻合程度。因此,诚实的企业家可能没有机会告知事实,有时甚至根本不知晓事实,而不诚实的企业家可能从扭曲事实中获利。

因此,了解现在的状况形成的历史原因和补救措施对公众的投资行为是有益的。不了解现今财务报表的局限性,没有人能指望不被这些财务报表所欺骗。投资者需了解今天诚实而正直的会计师们怎么成了虚假信息的提供者。他们需要学会谨慎地理解这些来源存在争议的会计报表,还要理解在现今会计方法没有改变的情况下,为什么这些不真实的或具有误导性的会计报表不可避免地产生了。

既然本书要对一个受人尊敬的职业的公认的实践方法进行批判,在写作过程中,我深知自己将被人们批评成忘恩负义或是更糟糕的人。我承认,站在一个自我满足的职业的角度,这样批评我有一定的道理,但是我要为自己辩护:正因为我高度尊敬会计人员个体的正直,并信赖会计职业整体为公众服务的无私,我才敢这样写。我认为,会计从业人员要巩固甚至加强人们对其的尊重,在提供会计服务时个人的诚实和被动的勤勉工作态度是远远不够的。会计职业需要提供与会计工作需要相称的智力才能。在我看来,这样的智力才能应足以帮助我们确定和呈现真相。

事实上,当今具有典型性的现象是注册会计师似乎与簿记员没有多大差别。当然,他们懂一点法律,熟悉簿记的理论和实践。但是,他们对经济学及与货币和价值相关的经济理论知之甚少。他们不是合格的估价者,他们也不认为自己是估价者,所以他们呈现的数据大体上仅仅是一个簿记员的数据。在很大程度上,他满足于正确地完成了簿记工作,然后使用这些簿记数据,全然不考虑这些数据可能不同于或直接忽略了真相。结果就是毫无会计知识的门外汉被这些数据所欺骗。如果知道了真相,他们也会视会计是最为荒谬的职业。

我相信,现在的状况将造成下面的两种结果之一。一方面,如果会计原则和实践保持不变,可以预见的事实是,不信任会计报表的人会逐渐增加,直到会计职业整体失去社会地位,而会计人员个体也会随之付出代价。另一方面,如果能拓宽会计职业的知识视野,加强注册会计师的求职者对基本的经济学知识的了解,修订会计原则以使社会公众获得最有价值的真实信息,这样我会觉得,会计职业将会得到今天无法得到的社会地位和威望。我觉得应该期望后一个假设成为现实,不仅仅为了会计职业的利益,还为了他们至今仍为片面了解经济现实的社会公众提供的会计服务。

20 年前在芝加哥,当我作为普华永道会计公司一名年轻的职员开始我的会计职业生涯时,人们告诫我,会计"仅仅是常识",可能这个告诫意味着我要矫正从两所大学学到并笃信不疑但还未消化的经济理论。尽管可能如此,依据我后来在公共和私人领域的多年实践,会计"仅仅是常识"这一观点似乎并没有得到证实。在这些年中,我与包括会计人员、经济学者、律师和企业家在内的很多人讨论过这个问题,他们中有很多聪明人已经敏锐地意识到会计没有发挥预期的服务作用。但是,我认为,他们中有一些仍然没有意识到,现在的会计实践的致命缺陷在于它们本身与通常被称为常识的符合经济性和逻辑性的原则相冲突。

本书就是前述讨论的产物。书中的不足之处由我本人负责。本书可能会得到的荣誉则很多要归功于其他人,他们中很多人甚至还不知道他们的观点被吸纳到本书中。我对这些未署名的贡献者由衷地表示感激。

我对阅读整个手稿并提出了建议的朋友由衷表示感激。他们是:注册会计师约翰·S·科因、注册会计师托马斯·H·卡罗尔、注册会计师哈罗德·C·斯托特、赫伯特·W·赫斯博士、托马斯·C·奥特、罗伯特·A·麦克尼尔和W·L·哈萨维。哈利·B·惠特尼为关于货币的章节提供了可靠的数据。几个月以来，弗朗西斯·麦克基尼小姐在印刷和准备整本书的过程中，一直和我一起辛苦地工作，这本书的最终完成很大程度上归功于她的劳动和智慧。

我知道这本书中有很多缺陷。相关讨论不够详尽，许多问题被一些宽泛的原则一带而过。我很希望自己在写作过程中尽量避免朋友们指出的最大缺陷——偏激的情绪和完全的谴责。显然，用文学一点的方式说，我有一个我自己没有意识到的低沸点。我只能向读者保证，我批判的是原则，而不是人，我不相信的是方法，而不是动机。对本书提出的任何建议，我都会欣然接受，那些认为本书对会计文献具有重要建设意义的人们将会使我受益，我会将他们的贡献体现在本书的再版中，相信这一天会到来。

肯尼斯·麦克尼尔

1938 年 11 月 29 日于宾夕法尼亚州费城奥尔登公园

目　　录

解　　释

折旧、摊销与折耗

本书中，"原值"一词指的是"成本减去折旧、摊销或折耗"，依具体情况而定。"重置成本"一词指的是"现在情况下的取得成本"。用到原值与重置成本的概念时，都避免一再提到考虑折旧、摊销与折耗，舍弃了一些与所讨论话题相关的细节。

同样，在涉及同一期间的两项原值、两项重置成本或一个原值和一个重置成本之间的比较时，除非对讨论的目的有重要意义，折旧、摊销与折耗的计算过程都被略去了。这样做的原因是，包含这些计算过程会使说明变得复杂和模糊，又找不出足够理由必须列出这些计算过程。

折旧、摊销与折耗将不被提及，不是因为作者不赞成考虑这些因素，仅仅是为了使文章的阐述更加简洁，因为即使提及了，也对说明的问题没有重要价值。

第 1 章　三 个 案 例

　　会计是一种财务语言。每个会计从业者都是讲解员,他们对与人们自身密切相关但不甚了解的财务信息进行解析。如果解释者部分或全部隐瞒实情,或者在实情中混杂着模棱两可的事实,那么人们可能会被欺骗并受到伤害。

　　毋庸置疑,有少数会计师或商人认为现今会计原则是完善的,或所有的财务报表是依据真实的情形编制的,没有误传他们交易状况的真相。但是不能确定的是,其他许多退休工人、商人,甚至包括会计师们是否意识到了会计原则的缺陷及其产生的严重又深远的影响。

　　不久前,由一个企业爆发的财务报表的真实性问题仅仅引起了其所有者和债权人的关注。然而,在过去的 25 年中,企业组织的所有权发生了很大的变化。如今几乎所有不同规模企业都采用公司制组织,而且对于一个大公司来说,所有权全部集中在少数几个管理层人员手中的情况是极少见的。像这样的公司都拥有成百上千的小股东,他们除了知晓管理层定期提供的财务报表信息外,对公司的经济业务可谓一概不知。

　　过去,由于企业的所有者亲自经营企业,对交易的原始材料非常熟悉,所以他们不会被与其经济事项有关的虚假的资产负债表或利润表所蒙蔽。但现在的不真实的资产负债表和利润表却可能提供给股东们无法纠正的错误概念。如果公布的财务报表夸大了企业的资产或收益,数以百计的投资者们可能会以过高的价格买入某股票,也可能抱着该企业正日益壮大的念头而购买一个日趋破产的企业的股票。而如果公布的财务报表低估了企业的资产或收益,数以百计的失望的股东则可能会以仅占这些股份部分价值的价格将其抛售。因此,可以看出财务报表的真实性已经变得不仅对管理层、债权人和股东很重要,而且对一般公众投资者来说,也是十分关键的。

下面的案例以一种简单而又存在夸张成分的方式描述了现行会计原则时常导致的一些问题。

两个工厂的故事

从前有两个工厂,这两个工厂在各个方面都是相同的,它们的设计、条件和设备是一样的。两者都是由当地的同一个人建立,估值很明显也是一样的。但只有这个建立者确切知道它们的建造成本。

当地住着一位很有头脑的商人约翰和一位愚蠢的商人威廉。工厂的所有者找到约翰,经过激烈的讨价还价,成功地以 5 000 美元的价格将其中一个工厂卖给了约翰。过了几天,他又找到威廉,由于威廉的无知,最后以 20 000 美元就另一个工厂达成协议。

约翰随后组建了一个公司,以便他能够通过出售股票筹集资金来运营工厂。他将工厂按当初支付的金额卖与该公司,即 5 000 美元,并因此得到面值为 5 000 美元的股票。接着约翰聘请了一位德高望重的会计师,要求他编制一张面向公众的可信的财务报表。会计师鉴于约翰的公司用 5 000 美元买下了一个工厂,于是在其编制的财务报表上显示该工厂的价值为 5 000 美元。威廉为了能够通过出售股票以筹集资金来经营自己的工厂,照搬约翰的做法,也组建了一个公司。他按之前交易的金额将工厂卖与该公司,即 20 000 美元,也因此获得面值为 20 000 美元的股票。威廉同样聘请了这个有声望的会计师来编制一张面向公众的可信的财务报表。该会计师鉴于威廉的公司是以 20 000 美元的价格买下了这个工厂,于是在其编制的财务报表上显示该工厂的价值为 20 000 美元。

约翰和威廉的公司接着都在其各自资产负债表的基础上出售了增发的股票。一个银行家用 5 000 美元现金购买了约翰公司的 5 000 美元面值的股票。这个银行家也因此得到了约翰公司 50％的股权。一个农民以他 5 000 美元的现金储蓄购买了威廉公司 5 000 美元面值的股票，也相应地获得了威廉公司 20％的股权。

很快，几乎镇里的每一个人，除了那个农民，都知道约翰和威廉的工厂是一样的，价值相等，不久，威廉就因欺骗农民而被指控并逮捕。威廉以资产负债表是由会计师所编而为自己开脱，于是会计师也被逮捕，并开庭审理。

会计师以自己对约翰和威廉的工厂价值一无所知为由进行自我辩护。他确实不知道这两个工厂完整出售时能卖多少钱。他对它们的构建以及设备成本也不甚了解。由于缺乏确认两个工厂的可出售价格以及建造价格的迹象，所以他将约翰公司支付的初始成本价作为其工厂的价值，以威廉公司支付的初始成本价作为其工厂的价值。他认为这是最好的替代处理办法，同时他也承认两个工厂之间价值差距的确很荒谬，但是他强调，采取初始成本价作为价值是目前唯一的替代方法。他将这些初始成本命名为"持续经营价值"，并挑战陪审团，问如果他们处于他当时的处境将怎么做。陪审团休庭讨论裁决时，分歧产生了。有的陪审员认为会计师该大力调查、问询每个工厂究竟可卖多少钱，思考应采用什么样的方法来确定它们的价值。有的认为会计师应请有关人员对每个工厂的建造成本进行评估，然后将这个数目作为他们的价值。还有的认为会计将约翰的工厂价值计为 5 000 美元，将威廉工厂的价值计为 20 000 美元是正确的，因为没有人知道这两个工厂可以卖多少钱，会计师自然也很难判断一个工厂的建造成本。3 天后，陪审团还是没能达成统一，会计师被释放了。

但是前面提到的那位农民，由于他相信了会计师编制的资产负债表，以 5 000 美元的代价才得到威廉公司 20％的资产与收益分成，而银行家也是根据该会计师提供的资产负债表，以相同的数目，获得了约翰公司 50％的股权。虽然权威的会计师认定两个公司一个资产价值 20 000 美元，一个资产价值 5 000 美元,但是威廉的公司绝不会比约翰的公司多值 1 美分。

会计师十分渴望能把这个问题处理好,可他自己也不知道应该怎么做。因此,虽然在以后的日子他尽量与这两个相似的工厂保持距离,于是也没有再被逮捕,但他还是继续按照帮约翰和威廉的公司编表的方式来编制资产负债表。从那以后,声誉良好的会计师也一直做着同样的事情。

两个面粉厂的故事

从前有两个刚刚成立的公司。每个都拥有 150 000 美元现金,没有其他资产或负债。由此可见,它们的净值都是 150 000 美元。其中一个工厂由一个很有能力的商人亨利全部所有。另一个工厂则是全额属于一个无能的商人比尔。

两个公司都以每年 1 000 美元的价格租了一个小面粉厂,用现金预付了 1 年的租金,并于 1 月 1 日投入经营。所以,此时,每个公司还余下 149 000美元现金的资本。

1 月 1 日,小麦的价格是每蒲式耳 1 美元。亨利对小麦市场很熟悉,认为这是一个难得的购买时机。因此他投资 100 000 美元购入小麦。这时候面粉价格相对来说比较便宜,于是他决定持有小麦直至面粉的价格上涨,那时再将小麦加工成面粉对外销售。

比尔对面粉的相关业务以及小麦市场了解甚少。所以他没有在 1 月小麦价格低时将其购入,而是等待其降价。在此同时,他可以得到公司 100 000美元现金的每年 6％的利息。很快小麦就涨价了,但是比尔仍然收受利息,继续等待小麦降价。最终 1 年过去了,直到 12 月 31 日,小麦的价格仍然在稳定上升,已达每蒲式耳 2 美元。之后比尔害怕小麦价格继续上升,于是他收回 100 000 美元和 6 000 美元的利息,并花 100 000 美元购买了单价 2 美元的小麦。由于价格已变为原来的两倍,所以比尔买到的小麦数量仅为亨利的一半。

因此,至12月31日,亨利和比尔均购入了100 000美元的小麦,但亨利的100 000美元中包含着100%的未实现收益,而比尔的100 000美元却只赚得6%的利息收益。

此时,亨利和比尔都拟订向社会公众出售一半的股本。亨利聘用了小镇上最有名望的会计师,要求其为之编制一份经鉴证的资产负债表和利润表。会计师编制的资产负债表上列示了亨利公司的初始现金剩余,记为49 000美元,以每蒲式耳1美元的初始价格列示了亨利公司的小麦账面价值,计为100 000美元。这样一来,亨利公司的资产负债表上显示了该公司拥有149 000美元的总资产。会计师也编制了一份利润表,报告了亨利公司的已实现收益,在这1年中,由于面粉厂的租金支出,造成1 000美元的净亏损。

接着比尔也聘请了这个会计师来编制一份可信的资产负债表和利润表。会计师编制的资产负债表上报告了比尔公司的初始现金剩余,记为49 000美元,以每蒲式耳2美元的初始价格列示了比尔公司的小麦账面价值,计为100 000美元。相应地,会计师还列示了本年6 000美元现金的利息收益。因此,比尔公司的资产负债表上显示了该公司拥有155 000美元的资产。会计师也编制了一份利润表,报告了比尔公司全年的5 000美元的收益,包括6 000美元的利息收入和1 000美元的租金支出。

随后亨利和比尔都把他们的财务报表寄给了邻镇的一个富有的农民。亨利以75 000美元的价格出售他150 000美元资本的一半,比尔也以75 000美元的价格出售他150 000美元资本的一半。这位农民不太懂财务报表,于是他找到他的银行进行相关咨询。银行家指出了两份资产负债表上的净资产量的区别,说明比尔公司的价值比亨利公司的价值多6 000美元。而根据利润表,银行家还指出比尔公司上1年的收益是5 000美元,而亨利的公司却损失了1 000美元。银行家得出的结论是比尔相对来说更有经营能力。据此,他建议向比尔而不是向亨利的公司投资,于是农民毫不犹豫地购买了比尔公司的股票。

显然银行家和农民都被欺骗了,因为亨利的公司的真正价值是249 000美元,而比尔的公司的价值却仅155 000美元。亨利本年实际上赚取了99 000美元的利润,而比尔的公司全年却只有5 000美元的收益。亨利在1月将他的小麦转化成面粉,获得了100 000美元的收益,比尔也在本月将其小麦加工成面粉并出售,但没有获得任何利润。

当会计师后来被质问时,他坚持自己没有"预计"亨利公司小麦的未实现收益,而以"成本与市价孰低法"来评估亨利与比尔的存货价值的做法是正确的。会计师称自己所采用的存货计价方法实为"保守主义"。从那时起会计师一直用这种计价方法来估计存货的价值。

两个投资信托公司的故事

从前有一小群金融家。这些金融家成立了两个投资信托公司。一个投资信托公司叫美国信托公司,另一个叫国家信托公司。每个信托公司均以100万美元的股本开始经营,这些股本全部为净资产。两个信托公司都拥有很多小股东,但是它们的管理权都在那些金融家的控制之下。每个信托公司的业务主要是投资不同的上市证券,便宜时买入,当证券的市场价格上涨到不再具有吸引力时便卖出。得到的股息分红也立即被再投资。

这两个投资信托公司刚成立不久,股市不景气就给它们带来了一个大好的时机,它们可以用其资本以很低的价格投资一只前景良好的股票。它们都这么做了,美国证券公司和国家信托公司用相同的资本以同样的价格购买了同一只股票。然后股价开始上扬,并在接下来的4年里一直处于上升状态。

如今,管理两个信托公司的金融家们不仅对投资信托业务了如指掌,而且对会计原则也非常熟悉。他们清楚地认识到了现行会计程序给他们带来的绝佳时机,决定一定要抓住这次难得的机会,为了达到自己获利的目标,甚至不惜牺牲公众的利益。在此情况下金融家们制定了一系列计划。

在投入经营的第一年的 12 月 31 日,美国信托公司与国家信托公司由于投资是一样的,所以进展都差不多。虽然由于购买的证券只获得少量收益,分红并不多,但它们的市场价值的增量平均达到了成本的 20%。12 月 31 日这天,美国信托公司被要求卖出其已买的所有证券,以"实现"他们的利润,然后将他们的收益再投资于其他证券。虽然管理层认为其他证券的前景不及现持有的证券,但金融家们在这一点上立场很坚定。因此管理层不得不按要求去做,卖出手头上的证券,再购入其他的。

1 月 1 日,金融家们聘请了一家著名的注册会计师事务所来为两个信托公司编制过去 1 年的资产负债表和利润表。会计师事务所以其廉洁正直和全体职员的卓越能力而深受好评。由它编制的财务报表得到世界各地的银行家和公众的一致认同。它承担了两个投资信托公司的审计工作,审计两个公司的资产负债表和利润表,并向金融家们递交相关报告。

美国信托公司的利润表披露其有 30 000 美元的分红,是通过出售 200 000美元股票而形成的已实现利润。累加起来一共有 230 000 美元盈利,也就是股本的 23%。资产负债表报告了其拥有价值 1 230 000 美元的证券,没有负债。这些证券的价值都是按照"成本与市价孰低"的原则计量的。

国家信托公司的利润表揭示其除了 30 000 美元的分红之外,没有其他的盈利。所以收入总量仅为股本的 3%。资产负债表报告了其拥有价值1 030 000 美元的证券,没有负债。这些证券的价值也都是按照"成本与市价孰低"的原则计量的。资产负债表的脚注披露了证券的现今的市场价值为 1 230 000 美元,但是大多数股民都不会注意到这一信息,他们主要是看清楚列示出来的 1 030 000 美元的资产以及 30 000 美元的盈余。少数人虽然发现了脚注,但也不以为然,他们认为上述 200 000 美元的增值是一种纸上的虚无的利润,只有当其被转化为现金得以实现时才能确认,因为一旦证券市场衰落就会立刻使其成为泡影。而且,利润表上已清楚地表明收益为 30 000 美元。

很快,当两个信托公司的财务报表被邮送到股民手中,当在报纸上公布时,大家都认为美国信托公司当年获得了占原有股本的 23% 的收益,而国家信托公司仅获得了股本 3% 的收益。因此前者的股价在许多股民的疯狂购入之下暴涨,后者的股价由于失望的股民的抛售而狂跌。

金融家们知道,虽然美国信托公司赚取了其股本的 23% 的收益,但国家信托公司实际上也获得了其股本 23% 的收益。他们很聪明地认识到:证券市场的衰落既然能使国家信托公司 20% 的未实现利润成为泡影,同样也会使美国信托公司 20% 的已实现利润化为灰烬,因此未实现的利润和已实现的利润的保障程度是一样的。于是金融家们以高价将手中持有的美国信托公司的股票卖出,并低价购入国家信托公司的增发股票。

到第二年的 12 月 31 日时,两个公司均又获得了 30 000 美元的分红,每个都拥有 200 000 美元的证券未实现收益。此时国家信托公司被要求卖出其持有的全部股票,将收益投资于美国信托公司持有的那些股票。如此一来,本年 200 000 美元的收益与前 1 年 200 000 美元的收益都及时地实现了。于是国家信托公司与美国信托公司的资产就一样了。每个的市场价值都是 1 460 000 美元。两个公司是相同的,各自拥有市场总价为 1 460 000美元的同一数量和种类的证券。

1 月 1 日,上文中提到的那家知名度很高的注册会计师事务所再次被请求为两个公司编制过去 1 年的资产负债表和利润表。美国信托公司的利润表披露其获得了 30 000 美元的分红,除此之外没有别的利润。它的收入被证实仅占股本的 3%。资产负债表显示其持有价值 1 260 000 的证券,负债为零。这些证券的价值都是按照"成本与市价孰低"的原则计量的。

国家信托公司的利润表揭示其获得了 30 000 美元的分红,出售 400 000美元股票的已实现利润。合计 430 000 美元盈利也就是股本的 43%。资产负债表显示其持有价值 1 060 000 的证券,无负债。这些证券的价值也都是按照"成本与市价孰低"的原则计量的。

接下来,当两个信托公司的财务报表被邮送到股民手中,并在报纸上公布,大家都认为美国信托公司本年的收益占原有股本的3%,而国家信托公司的却高达43%。因此前者的股价由于失望的股民的抛售而急剧下跌,后者的股价在许多股民的疯狂购入之下飞速上涨。

但一小部分金融家们非常清楚,美国信托公司过去1年的收益虽然仅确认为股本的3%,但实际值却是23%,国家信托公司的收益虽然被证实为股本的43%,但实际是却仅有23%。他们很聪明地认识到:证券市场的衰落既然能毁掉美国信托公司20%的未实现利润,同样也会侵蚀国家信托公司20%的已实现收益,因为两个公司所持有的是一模一样的证券。因此前者的未实现利润与后者的已实现利润的安全系数是一样的。实际上两个公司之间没有区别。很明显,两个公司拥有价值1 460 000美元的相同的证券,2年前均是以1 000 000美元起家的。它们除了从经常性业务中取得利润外,就没有其他的盈利了。因此,两个公司自开始经营以来获得的收入肯定是一样的,会计师将已实现的利润当成收益,而不把未实现的利润当成收益的会计处理方法是不合理的。于是金融家们除了以低价买回其1年前高价卖出的美国信托公司的股票,还另外买了一些。接着除了以高价卖出其1年前低价买入的国家信托公司的股票,还另外卖了一些。

经过这些交易,金融家们得到的远远大于他们原本希望的仅从股息中获得的部分。于是他们故伎重施,1年又1年,每次都能赚得一大笔钱,从来没有失败过,因为他们知道会计师事务所一直都坚持把未实现利润排除在收益之外。他们越来越富裕,越来越受人敬仰,没有人敢质疑他们,因为公信力高的会计师事务所证实了他们公司的财务报表,每个人都确信会计师事务所从来不会为虚假的欺骗性的利润表或资产负债表做保证。

由于信赖那个可信的会计师事务所,1年又1年,小股民们一直被蒙蔽着。从那时起,这个会计师事务所以及其他的所有会计师事务所都坚持认为已实现的利润是收益,而未实现的利润不属于收益,显然这些金融家们和其他金融家都极力赞同上述观点。

证券法的失效

如今国家的经济交易是在 1933 年修订的证券法以及 1934 年颁布的证券交易法的规范下进行的。有人控诉说这些法案与美国政府的理念是相反的，因为它们侵害了各个州及公民的权利。在实际操作层面，法案的执行委员会，扮演着法律制定者、检察官、证人、法官和陪审团的多重角色。抛开这些，值得一提的是，正如本书的编写目的，已实施的法案的主要目标可能只能实现极少一部分。

事实上，1933 年的证券法的总体目标和 1934 年的证券交易法的最主要的目标，都要求证券发行者的信息真实可信，使投资者能够对其投资的公司现有及将来的价值有一个可靠的判断。而投资者所需信息的最重要的展现途径，或者说对证券的价值的唯一全面的展现途径，就是公司的财务报表。如果财务报表是虚假的，令人误解的，则不管有多少其他的数据呈现在投资者面前，他们都很可能受到欺骗。

遗憾的是，现有的复杂法律由于其庞杂的政府机构和成本花费、时滞以及对交易影响的不确定性，导致其从一开始就效果不佳。更令人遗憾的是，如果会计原则完善了，抛开法案本身和它们错综复杂且昂贵的构架，仅仅通过编制真实的财务报表和培训投资者，我们就可能实现法案的大多数目标。在此环境下，即使没有各州法令中数十项证券法规以及各州的蓝天委员会的帮助，针对欺骗行为的法案仍可有效地遏制欺诈。

监管证券事宜的大多数政府职能，起初由各州的蓝天委员会来行使，最终由众多繁杂的联邦法案来行使，它们源于人们认为自己没有被证券发行者公平对待。人们知道证券的购买是一场巨大的博弈，可以很自然就得出这样一个结论：商人们的蓄意欺骗。正是出于这种动机，许多年过去后，48 个州的绝大多数都通过了蓝天法案，蓝天委员会也同时得以建立。这些蓝天委员会做了微小却十分费力的调查后又通过了新的法条，但除了最严重的证券欺诈,这些新的法条并没有在减少证券灾难性事件中起到很大的效用。1929 年金融危机后,人们认识到委员会的价值不大,但是毛病究竟出在哪里也无从得知。因此联邦政府在蓝天委员会的基础上添加了国家委员会,担负着整个国家的证券管理职能。① 人们显然希望这能弥补州委员会不能单独完成任务的缺陷。

作者冒昧预言国家委员会不会像单个州的委员会在保障投资者的利益方面有效。看起来只要与证券有关的信息是虚假的、令人误解的,上述事实就成立。我们所需要的是修订数据,而不是再增加一个行政机构。如果会计原则能完善到使会计师编制出真实的资产负债表和利润表,这样,所呈现的数字就会有说服力,任何的口头上或书面上的评论就都不能有效地否认它们了。

这个问题是智力问题,不是道德问题。会计行业不能允许腐败。总的来说,该行业的从业者与社会上任何职业的人员一样光荣,他们严格遵守多年来在会计权威机构扩展之下逐步完善起来的会计原则。问题既不是由商人的失信造成的,也不是由投资银行造成的。因为在大多数情况下独立会计师呈现的数字得到了如实的公布。真正的困难在于,制造数字以欺骗会计师、商人以及社会公众的会计原则,具有诡辩性、不合逻辑性、不真实性。

权 威 的 力 量

但是如此不完美的会计原则却被现今绝大多数的会计、银行、商业上的权威机构顽强地保护着。没有一个实务会计工作者、银行家、商人不希望得到尊重。毋庸置疑,权威的砝码是在它们一方的。一些很有想法并试着质疑的年轻商业经理人遭到了激烈的反对:会计师事务所将对他拒绝发表意见,银行家将怀疑他的商业推断,年长的商人则会取笑他的浮躁无知。

---

① 该委员会起初名为联邦贸易委员会,后来称为证券交易委员会。

第2章 现代会计原则

会计程序是在一系列总体一致的法律和惯例的控制下进行的。这些法律条款也常常被描述成各种规则、约定、实务、方法或者是惯例。总的来说,它们都用来说明理论的普适性或会计程序所基于的原则。

会计师的证明的意义

早在 1933 年前,会计师已出具不附保留证明,本书稍作修改后,将其一般形式展示如下:

我们保证我们认为上述资产负债表正确地反映了该公司 1931 年 12 月 31 日的财务状况,利润表也是正确的。

在这一用法上,完整版韦伯词典中是这样来定义"正确"一词的,"符合事实或真相"。

1933 年国会通过了一项证券法令,这项法令要求会计师和证券发行商对重大错报和误导性报告负责。1933 年 7 月 6 日,由联邦商务委员会发布和执行的原始规章要求会计人员保证在经过合理的调查后才确认他们的财务报表的真实性。这项要求在会计界引起了很大的震动,国会内外都作出各种努力来对它进行修订。1934 年 4 月 5 日,美国特拉华州黑斯廷斯市的参议员告诉美国参议院:"审计不是对事实的陈述,会计师也不应该被要求去证明包括资产负债表和利润表在内的财务报表是真实的。这样的证明完全是一种误导。"

1934 年 4 月 7 日,伴随着与美国注册会计师代表的协商会议的召开,联邦商务委员会宣布原始规章已经修订,从此以后会计师也不需要对报表的真实性的确信进行保证。因此,会计职业改变了无保留证明的形式,本书稍作修改后展示如下:

经过合理的调查,我们有充分的理由相信,在出具证明材料时,资产负债表和利润表真实且公允地反映了公认会计实务在经我们调查后披露的事实中的运用。

本章的目的就是要说明为什么上述变化是必要的。会计行业并不是不诚信的。会计行业的个体成员或许和今天世界上任何其他行业成员一样,有着一样的高度正直性。

然而,在一部要求会计人员对重要虚报负责的法律中,会计职业似乎无一例外地被迫改变证明的形式,即要从声明财务报表是真实的改为完全忽略真实性、仅仅声明这些财务报表真实且公允地反映了公认会计实务在披露事实上的应用。

对会计业来说,这是一个耻辱性的承认。很多会计师会感到遗憾,他们所从事的工作在精确性上精益求精,然而在法律上甚至不能被看作是真实的。很显然我们可以看到,即使存在可能让他们对非真实报表负责的法律,所有的会计人员仍很乐意在他们的财务报表上标明"真实且正确",如果他们也确实认为这些信息是真实的话。在维护真实性和准确性的问题上,会计界不再胆怯,每个会计人员也的确都将欣然接受证明他职业诚信的机会,他们继续大胆地声明在他眼里他的工作是正确的,如果事实上他也是这样做的。最简单的事实就是,不管一个会计是多么的诚实或是精确抑或是尽责,如果他遵守公认的会计操作方法,他几乎也必然报出错误的和误导性的财务报表。每个有思想的会计应该都在某一刻意识到这一点了。如果能让每个发现自己能够签署无保留意见证明的会计师能公正地声明——在他看来所披露的信息是完全真实的,则认真寻找这样的可靠会计原则就是值得的。

公认会计实务

一般公认会计实务规定资产负债表中的资产总额要以原始成本计量，按"成本与市价孰低"原则确定以市价计量的流动资产或是按面值计量的现金和现金受偿权除外。至于收益，这一程序的必然结果表现在下面这条规则中——永远不要高估利润，低估损失。这条规则是用来防止确认跟流动资产和固定资产相关的未实现利润。公认会计实务也允许利润表中排除非日常经营业务实现的高额非周期性损益。

因此，土地、建筑和固定资产一般都是按原始成本计量，不论这个成本是高于市价还是低于市价。而诸如存货这样的流动资产，当它的成本低于市价时以原始成本计量；反之，以市价计量。非日常经营活动实现的大额损益，如固定资产的出售引起的收益或损失，经常是不允许出现在利润表上的，但可以直接列在资产负债表中的某个账户，更适合作盈余或是盈余下的其他子项。固定资产引起的未实现损益，理论上是不允许列示于利润表中的，虽然实务中可能是允许的。而诸如存货这样的流动资产引起的未实现收益，则是绝对禁止列示的。而这种流动资产导致的未实现的损失，事实上通常是可以列示的，这种损失能直接按照已实现损失的方式计入利润表中。

如果出售一个工厂，获得了很大的利润，这个利润通常直接被归到盈余，不出现在利润表上。如果一个企业的管理层支持将以更低成本金额列示的固定资产以市价计价，会计人员或许会同意，但他们仍会坚持这部分增加的利润不能出现在利润表上，因为它是非经常性发生的而且它只是预期的收益。例如，它并没有以现金或是现金受偿权的形式实现。但是，如果一个企业的管理层支持将以更低成本金额列示的诸如存货这样的流动资产以市价计价，不管这个最终利润是列在盈余下还是在利润表中，会计人员很可能会觉得很难拒绝确认这个金额。

资产负债表价值的理论

在英国,以下事实看上去是容易被人们接受的:公共会计师不是估价师,由他准备和证明的资产负债表在某种程度上会误报事实,假若他把这种错报仅限于少报的话。在一个有名的英国案例中,法院正式声明"资产负债表的目的主要是列示至少跟声称的一样好的公司的财务状况,而不是说明公司的不可能达到的财务状况"。[①] 有人曾问道,如果会计不是估价师,他又怎样决定价值高估和价值低估的分界线,怎样确保他事实上并没有高估价值呢?

在这个国家,有证据显示会计道德也不是全都接受英国观念的。美国会计界权威人士至少在理论上似乎更倾向于认为,会计的目的应该是提供真实的资产负债表数据以反映企业的真实净值和真实损益[②]。因此知名会计权威 Henry Rand Hatfield 说过:

在前面所有的讨论中,已经假定会计的目的就是毫无保留地完全呈现事实;但有时资产负债表上显示的数据甚至都不真实;当然,只有当它少报公司财富时,与事实的差异才真正成为一个优点而不是一个错误……

这种观点常常被一些理论家所支持,所有国家的一些保守型企业也开先例对这一观点表示进一步的支持……说到先例,我们可以以英国银行为例,该行在其报表上少报了价值几百万英镑的土地和建筑物;而德国的公

---

① Newton v. Brirmingham Small Arms Co. (1906) 2 Ch. 378.

② 本章引用的四部会计著作中可能存在一些错误的假定,因为其中一些书的第 1 版差不多是 20 年前出版的,会有些过时。在作者看来,这些书仍然是这个国家最有代表性的会计著作。Hatfield, Montgomery, Dickinson 和 Esquerre 对现代美国会计思想有着很重要的影响。本文的引用也无疑表现了当代美国观点的重大优势。总的说来,他们提供了一份经论证的现代基本会计理论和对实务的准确的综合说明。对近期声明的讨论表明,会计职能的新观念即将开始,见本书第15 章。

司在列示它们的不动产时有着相同的做法,有时以某一市场的名义金额列示其他固定厂房;美国铁路只要可能有高收益产生就会倾向于低报铁路价值……

但认为少报是值得称道的人忽略了一个事实,那就是在这一行为下也有可能出现欺诈行为。对高估行为的反向做法几乎是正常的也大体上是无害的,这似乎是一个错误,因为它忽略了准确的价值,也不再以会计目标为依据。证券交易所里的某些声名狼藉的卖空行为说明无法预料的事总是经常发生,低估资产以及与之相伴随的低估利润和秘密准备的建立,不管两种错误谁更轻微,它们都离会计的理想标准很远①。

Robert H. Montgomery 在他最负盛名的著作《审计理论与实务》中提到:

如果在价格不断下跌的市场中购买存货,且赋予其的价值高于公开市场中重复交易的价格,则是不稳健的。这欺骗了银行、债权人和股东,因为他们会相信被披露出来的价值与资产负债表日的真实价值一致。②

作者与那些坚持认为审计师不是估价师的人不同,那些人认为审计师没有权力去试图对包括存货和厂房在内的现货估价作出判断;该观点认为,审计师必须做依据其经验和技能所能做的所有事,他才算是恰当地履行了他的职责。③

劝每个股东计划好卖掉他的股票,以在交易完成之前要求出示一份专业的审计报告或许是个不错的主意。当一个人买一匹马时他想找个懂马的专家来检查一下,因此他找来一个兽医。他对账户和价值的了解比他对马的了解还要少,但当他买卖股票时他却不会找来一个财务或估价专

---

① Henry Rand Hatfield, modern accounting, New York and London, D. Appleton & Co., 1913:83,84,85.

② Robert H. Montgomery, Auditing Theory and Practice, New York, The Ronald Press Co., 1913: 104.

③ Robert H. Montgomery, Auditing Theory and Practice, New York, The Ronald Press Co., 1913: 106

家……他并不知道缺少一份审计师对资产负债表的证明可能意味着资产负债表上没有正确地列示资产，而且如果他因为企业看起来没有像他预见的一样发展得好而决定卖掉股票，那他的行为就正合幕后人的心意了，他们会迅速收购所有气馁的投资者抛售的股票。

事实就是审计师在审查隐瞒或低估资产的资产负债表时利用了这一机会。真诚或许只是表面的，管理的真实目的是获取错报的利益①。

Arthur Lowes Dickinson 在讨论固定资产和存货的估价时说：

我们有必要认识到，年轻的正处于成长期的共同体基于资产成本作出的报表可能会对现有所有者产生误导，甚至损害他们的利益，而这都是有原因的。经过几年的时间，由于价格的上升或是下降引起的价值的变化可能是永久性的，它会导致保持原始成本估价的企业相比其他以大幅波动的成本创造资产的企业，面临更不公平的状况……事实上，至今为止有一些众所周知的案例，连续经营很多年的一个企业，它最终的大部分利润并非来自实际经营的结果，而是来自大量的未实现资产增值②。

……资产负债表要披露持续经营前提下企业的真实财务状况。以实际成本计价的存货价值可能比市价高或低，因此，高估或是低估了资产……③

Paul-Joseph Esquerre 对于资产负债表价值的真实性有如下评论：

纽约一位优秀的制造商曾经对作者说，他的资本性资产已经全部拆分转移到秘密贮备金的最深处了，它们的账面价值很荒谬，就像是跟时间同步似的。他说这些话时语调中还有种根深蒂固的自豪感。说话的制造商

---

① Robert H. Montgomery, Auditing Theory and Practice, New York, The Ronald Press Co. ,1913：146

② Arthur Lowes Dickinson, Accounting Practice and Procedure, New York, The Ronald Press Co. ,1914：80,81.

③ Dickinson,op. cit, p. 94.

是一家企业的总裁,这件事情的问题在于:难道他想欺骗股东、政府、社会大众以及他自己吗? 难道他想向董事、股东、银行和社会大众提交一份随附着看似疯狂的附注(事实其实并不像它们所呈现的那样)的财务报表吗?①

实务中的资产负债表价值

上述的引用创造了一个清晰的印象,在所引用的权威人士眼里,至资产负债表日止,资产负债表应当呈现实际存在的真实价值。但是,尽管会计权威们有时可能像是认为报表披露的价值应该是真实价值,然而几乎无一例外,他们所提倡的对这些价值进行一惯性披露的规则基本是不可能做到的。因此 Hatfield 说:

一般认为,不管它们的价值是否下降,维持固定资产的原始成本是合理的②。

前面所说的,通常跟固定资产有关,其很好地应用于公司持有并使用的土地上。按照规则,长期持有的土地不论其市价是上升还是下降,均会维持其原有成本③。

通常被采用的稳健性原则就是,商品以成本价计入库存,除非价值下降,则以低价计价④。

作风保守的美国会计,尤其是银行、保险公司以及其他信托机构的会计,通常会跟德国法律保持一致,当市价低于成本价时,他们会乐于降低投资的价值,但除了在资产负债表附注中列示,他们拒绝列示由于行情变好

---

① Paul-Joseph Esquerre, The Applied Theory of Accounts, New York, The Ronald Press Co. ,1915: 377.

② Hatfield, op. cit, p. 81.

③ Hatfield, op. cit, p. 86.

④ Hatfield, op. cit, p. 102.

带来的资产增值①。

下面这段话是摘自 Montgomery 的《审计理论与实务》：

原材料和会以相同形式转卖而购进的存货：……其价值确认应该按照成本与市价孰低原则②。

土地应该以成本在资产负债表上列示，即使可能已经明确确定价值已经提高，也不能确认升值③。

同样地，如果土地已经明显贬值，习惯上对土地的成本变化直到土地变现时才会予以确认。

任何以买卖证券为其日常业务的公司和企业，它的存货应该像其他企业的待售存货一样看待。

通常，比起那些其他存货的事情，市价更容易确定，但是应该更多地注意个别项目。成本与市价孰低原则，不仅适用于存货全体，同样也适用于存货的各明细项目④。

建筑物的估价引发了折旧这个问题，详见第12章。按照其建议，建筑物应该以成本价列示在资产负债表上……⑤

对于固定资产的问题，Dickinson 似乎认为它们只会以原始成本计价。虽然这一暗示非常明显，但作者还是没有办法找到 Dickinson 在哪里给出过这样的结论。尽管如此，下面关于存货和投资的论述是与之有关的：

因此，通常被认为是正确的会计原则是：如果存货的成本价高于市价，应该创造一个准备账户以将账面价值降低至市价；而当市价高于成本时，则不能因此提高利润，除非通过真实的销售使利润得以实现⑥。

---

① Hatfield, op. cit, p. 92.
② Montgomery, op. cit, p. 104.
③ Montgomery, op. cit, p. 120, 121.
④ Montgomery, op. cit, p. 113, 114.
⑤ Montgomery, op. cit, p. 122.
⑥ Dickinson, op. cit, p. 94.

除非市价低于成本，投资以市价列示，否则，其应该以成本价出现在资产负债表上①。

Paul-Joseph Esquerre 大体上同意其他权威专家的看法，除了他所说的——不管存货和投机的证券的市价是高于还是低于成本，它们应该总是以成本价列示。他说：

一个贸易企业的存货应该以成本计价。如果市价低于成本，在市价的基础上来计算也是合理的，这一观点也曾被支持；但用高于成本的市价计价通常是不被承认的。如果较低者被允许的话，为什么高价就不可以呢？尽管如此，对于为什么不能一直采用市价确实有个好理由。会计是不理会将会发生什么的，它关心的是实际发生了什么；既然未售出货物是以某一特定价格购买的，那么实现的利润应该通过比较那个价格和收益来计量。存货的价值被减少到比成本还低，就要增加该期间的销货成本；存货的价值被增加到比成本还高，就要降低该期间的销货成本。不管是哪种情况，结果都是与事实相反的②。

关于土地和建筑物，由于不动产市场的有利条件常常会引发提高估价的问题……会计人员对于这种利润的看法很可能会与一般的律师对所有收益的看法一样。对于律师而言，在不动产没有变现为现金时，没有什么可以算是利润；对于会计人员，在不动产未被售出时也没有什么可以带来利润。他本能地反对所有估价和以市价为基础的资本性资产的价值上升。③

以投机目的购买的证券应该以它们的原始成本入账，也就是说，以它们购买当天的市价，加上按法律和商业惯例应交的费用以及参与购买的代理商收取的服务费。④

---

① Dickinson, op. cit, p. 117.
② Esquerre, op. cit, p. 171.
③ Esquerre, op. cit, p. 229.
④ Esquerre, op. cit, p. 262.

显然,Esquerre 没有想到他的有关存货的规定仅仅让存货被错误计价的可能性更大,企业的资本净值被误报,显示的利润包括前期的损益。详见第 14 章。

资产负债表相关原则的矛盾

从前面几页中,我们可以看到资产负债表上真实现值的出现与其说是有所企图倒不如说是一件意外,这已经很明显了。那么,这是因为,尽管有时会计权威们确实口头上支持资产负债表在资产负债表日应该列示真实价值,但他们又提倡一些方法使这种真实的价值列示几乎不可能。

因此 Hatfield 坚持要以准确性作为会计的目标,而且对于高估和低估是对这一目标的极大违背这一事实感到悲痛。然而他认为,不管市价是上涨还是下跌,土地都应以原始成本入账。即使增值的情况发生了,不管是对商品还是投资都不能高于原始成本计价。

Montgomery 向银行家、债权人以及股东声明"有权相信列示出的价值都是资产负债表当日的真实价值"。他又声称存货、投资和土地即使发生了很明显的增值,也应该以原始成本出现在资产负债表上,而不列报增值。他也确信土地和建筑物这类固定资产即使是价值已经减值到成本以下,也应该以成本记账。

Dickinson 指出"资产负债表是被要求披露持续经营假设下企业的真实财务状况"和"以实际成本计价的存货可能比市价高或低地列报,因此,高估或是低估了资产"。他又进一步指出当成本低于市价时存货和投资以成本计价。

Esquerre 因为一个厂商提交了附有看似疯狂的附注(事情其实并不像它们所呈现的那样)的财务报表而责备他,然而在另一页上他又规定:存货、土地、建筑物和证券,不管其成本高于还是低于市价,都应以原始成本列示。

利润表的理论

利润表,有时也叫收益表,上面列示收入和费用、利润和收入或者其他类似的名称。企业用它来分析和解释一段时期获得的利润或发生的损失。对于经济学家而言,利润就是净财富的所有增加额,损失就是净财富的所有减少额。下面这段话引自 Montgomery:

……从一个经济学家的角度看,利润等于资本盈余减去所有因使用该资本而发生的必要费用和开支,再减去重置资本或为重置所做的准备。如果没有剩下足够的资产来重置这个资本,其结果就是损失,并且以资本减少的数量来计算损失。利润是通过列示真实企业财务状况的资产负债表而被获知的,通过损益账户来进行正确簿记。例如,一个公司第一年的利润应该是资产减去负债多余的部分(包括后来的追加资本),同时,利润增加的来源将在损益账户中体现。任何期间的利润都是年初资产减去负债后与年末所列盈余的差异[1]。

这就是利润和损失最普通常用的理性定义,也是那些外行们抱怨他们的个人事情时不自觉用的定义。或许能够通过数学证明的真实的利润才是它的唯一定义。就像一个人有 1 美元,再加上 1 美元,他就有 2 美元一样简单。或者,如果一个人 1 分钟前有 1 美元,现在有 2 美元,那么在我们讨论的那 1 分钟他肯定已获得了总净额 1 美元。

例如,假设一个男孩在周六早上开始,他手里有 20 枚弹球的资本,经过一上午熟练的游戏,他的资本净增加了 30 枚弹球,那么他现在就有 50 枚弹球。假定这些弹球可以立即以每个 1 美分的价格出售,那个男孩可能就会算出,他以 20 美分的弹球开始,早上就赢了 30 美分的弹球。如果一个会计此时试图告诉他,他一上午的奋战并没有让他获利 30 美分,因为他

---

[1] Montgomery, op. cit, p. 183-184.

还没有把他赢来的 30 枚弹球卖掉,他肯定不会相信。然而这正好就是很多严谨的传统会计师所倾向的观点,尽管他们还十分确定地坚持那个男孩的对手在早上已经失去了 30 美分。男孩可能连着 5 个早上每天赢 30 枚弹球,在第 6 个早上,他就不玩弹球了,他可能卖掉他累计下来的 150 个弹球,得到 1.5 美元。假设一个会计师每天下午去审查男孩的账,他可能适时地证明最初 5 天的每个早上男孩什么也没赢,在那以后他会证实男孩在第 6 个早上赢了 1.5 美元。但是,对于经济学家和大多数外行来说,那个男孩在前 5 天每天早上赢了 30 美分,而第 6 天早上什么也没赢到。

至少有些证据说明会计师更愿意使利润和损失的会计定义符合不言而喻的经济原则,如果他们能找到这样做的方式的话。Montgomery 这样说:

如果期初和期末都能提供一份完全准确的资产负债表的话,那么期初与期末的差异就是这段期间的净利润或净损失,但是资本性资产的估计和重估价包括太多的投机行为,禁止这种行为是有道理的①。

Hatfield 说:

损益账户,也可以说收入、收益、损失、利得或是其他类似的名称,是一个临时的集合账户,记录由于企业在既定时间的运作带来的净财富的变化②。

有关损益的资产(存货的问题)的评估确实是个问题,因为资产账面价值的变化意味着净财富的相应变化③。

Dickinson 说:

最广泛的观点是,一个企业所有投资的已实现增值可以表示为利润;相对地,损失就是所有投资的已实现减值。但是,由于原始投资的最终实

---

① Montgomery, op. cit, p. 184, 185.

② Hatfield, op. cit, p. 195.

③ Hatfield, op. cit, p. 197.

现源于递延了很长一段时间的东西的本质,在这段时间内,原始投资会陆续部分实现,所以依赖于特定的确定期间的价格估计和认为损失或利润就是任何两个此类期间的估价上升或下降是必要的。

这个方法允许任何企业关注定期重估它的所有资产和负债,把期初和年末的盈余差异分别记作它的利润或是损失;假若公平且合理地进行了这种估价,那么就没有人会反对这个方法了。换言之,资产的每个增值都是利润,每个贬值都是损失;很多私企规律性地采用这种方法(技术上称作"单式簿记")确定利润很多年,也没有出现什么问题①。

如果一段期间内期初和期末的资产负债表在理论和实际上都是精确的,并且也反映了这期间真实的财务状况,盈余的增加或减少减去这段期间允许的利润分配就可以表示这段期间的真实利润或损失了,常常评估的因素也会必要地出现在资产和负债的评估上②。

实务中的利润表

不管怎样,很多的会计师都希望利润表符合经济学原理,现代会计实务原则却不允许他们这么做。资产负债表上的资产以原始成本而不是市价计价的规定和禁止确认未实现利润的规定常常使资产负债表和利润表与事实不符或者忽略了事实。Montgomery 说:

如果一个注册会计师被问到如何定义"净利润"这个科目,它很可能会这样回答:"一个企业的净利润就是收益减去所有成本、费用以及已发生或很可能发生的损失后的剩余。"③

很明显,上述定义的关键在于对"收益"一词的解释。如果认为未实现

---

① Dickinson,op. cit,p. 67,68.

② Dickinson,op. cit,p. 74.

③ Montgomery,op. cit,p. 184.

利润和损失不影响收益的话,那么很显然,不管是利润表还是资产负债表抑或是两者的结合都不能避免时而出错或是误报的可能,即使这些利润和损失明显增加或减少了净财富。下面这段话描述了现代会计实务怎样连续妨碍了对无可争辩事实的确认。Montgomery 说:

在特殊情况下,固定资产科目可能明显增值,确认信用等级的提高带来的收益只需要在资产负债表的附注中体现,在良好的会计实务中,通过确认资产增值或者贷记盈余来调整账目是不被允许的①。

Hatfield 说:

对未实现利润的问题需更加谨慎。在我们第 4 章有关存货的讨论中,我们可以看到,小小的价值波动可能会被忽视;如果资产具有不能在持续经营中实现利得的本质,即使是发生了永久性增值,同样也不应该出现在账户中。因此,即使估计过程包含所有确定因素,厂房的增值估计额也不应放在账户中。阻止确认资产的增值会排除损益等账户的所有贷方记录。但是,只要商品增值或是通常所说的流动资产增值,一致性就更难实现了。很明显,我们可以看到德国法律禁止确认因未售出商品的增值而带来的利润,即使是产品或股票交易的报价已经证实了这一增值。但澳大利亚法律是允许确认这种利润的……会计的观点常常站在谨慎的传统主义那边,他们几乎都毫无异议地拒绝确认未售出商品的利润②。

Dickinson 说:

如果不是从理论和依据上而是从实务上看,盈利过程之外产生的固定资产减值(而非浪费)是无需考虑的,这个原则应该被接受。从长远来看,所有这些资产的价值缩水都是一种损失,除非固定资产和流动资产资本都完全不变,否则是不可能实现利润的。但由较小的价格波动、厂商对先进

---

① Montgomery,op. cit,p. 194.

② Hatfield,op. cit,p. 224.

技术的引进等原因所引起的资本性资产实际价值的变化可能会很大且很不确定,它的真正实现将被延后太长时间,以至于难以规定将此类原因导致的价值缩水作为费用从利润中扣除①。

利润表原则的矛盾性

从前面的内容可以看出,公布一张真实完整的利润表从经济学意义上说将是很难的。这是因为现代会计原则与经济原则是不协调的,会计权威们似乎也不想对这两者进行协调,尽管他们似乎也认同经济原则无可争议的地位。

因此,Hatfield 指出损益账户"是一个临时的集合账户,记录某段特定时期由于企业运作带来的净财富的变化",也让我们注意到资产评估事实上"明显是一个有关损益的问题,因为资产账面价值的变化意味着净财富的相应变化"。然而,稍后他又写道"德国法律禁止确认因未售出商品的增值而引起的利润,即使是产品或股票交易的报价已经证实了这一增值。但澳大利亚法律是允许获取这种利润的……会计的观点常常站在谨慎的传统主义那边,他们几乎都毫无异议地拒绝确认未售出商品的利润"。

Montgomery 声称:"如果期初和期末都能提供一份完全准确的资产负债表的话,那么期初与期末的差异就是这段期间的净利润或净损失。"但是紧接着,他宣称即使在固定资产明显增值的情况下,"增加资产价值和贷记盈余这种账户簿记的调整在良好的会计实务中是很少被允许的"。

看起来更重视会计原则的不连续性的 Dickinson,在承认经济原则的重要性之后又马上提出了与之相矛盾的理论。在某一页他提到,"换而言之,资产的每个增值都是利润,每个贬值都是损失"。然而,在另一页上,他这样反驳道:"如果不是从理论和依据上而是从实务上看,盈利过程之外产

---

① Dickinson,op. cit, p. 73.

生的固定资产减值(而非浪费)是无需考虑的,这个原则应该被接受。"然后,在后面的内容中他又主张:"从长远来看,所有这些资产的价值缩水都是一种损失,除非固定资产和流动资产资本都完全不变,否则是不可能实现利润的。"紧接着,在下一句话中他反驳道:"但资本性资产实际价值的变化……可能会很大……以至于难以规定将此类原因导致的价值缩水作为费用从利润中扣除。"

资产负债表和利润表相互依存

可以看到,在理论上,会计权威们似乎承认资产的每个增值都是利润,每个贬值都是损失,尽管他们不能在实务中坚持这一点。不管怎样,所有的会计权威人士都强调资产的合理估价对于合理地列报利润是必需的。这一点在前面的引用段落中已经得到了充分的证明。

如果一项资产被低估了,其他不变,那么总利润就会被少报相应的金额;如果一项资产被高估,其他不变,那么总利润就会被多报相应的金额。一些利润或损失可能被列在利润表上的损益账户中,但这不重要,重要的是其他一些利润或损失被直接放到资产负债表上盈余细目中或者其他所有者权益账户中。事实是,净财富还是会被错报,如果净财富被错报的话,那么总体财务报告列示的总利润也会被错报。这个规则只有当期初和期末资产负债表都出错了,期初和期末金额都与真实值相差一样的金额,才可能有例外。这种情况下,净财富将会被虚报但这段问题期间的净利润则会正确地列示出来。不管怎样,当资产负债表首先出错时,这段时期的期末净利润值一定会以相应金额出错。

在这点上,现代会计原则的缺点就很明显了。如果资产的低估或高估不仅使净财富多报或少报,也使同样账户的利润多报或少报,那么资产的正确估价对利润表而言变得跟它对资本净值表同样重要了,就像后面提到的那样,假定每个利润表都要按合理的分类披露这一期间涵盖的企业的所有利润或损失。很明显,如果资产不能被正确地列示,资产负债表和利润表肯定也会与事实相背。

为什么财务报表会作假

现代会计原则规定大多数固定资产必须以原始成本计量,即使是这些固定资产的成本明显高于或低于市价。现代会计原则还规定当成本低于市价时,大部分流动资产以原始成本计量。不管是这两种情况中的哪一种,净财富都会被误报。在很多类似的情况下,以不同成本获得的资产可能以不同价值记在同一份资产负债表上,即使它们可能实际上是相同的。

综上所述,不管经济原则如何,现代会计原则规定不能预估利润,并且与经济原则相违背,坚决支持利润只有实现了才能被确认。例如,出售资产已经获得现金或是现金受偿权。这似乎仅仅只是为了强调和描述当成本低于市价时以成本计量资产的必然结果是跟收益有关的。它带来的影响就是支持利润的错报和隐瞒应该列示的股东利润。

但是,"永远不要预估利润但要为最大损失做好准备"这一会计规则,也包含了不管是否已经实现都要在资产负债表和利润表中反映损失的规定。不管怎样,只有在涉及存货之类的流动资产时,这个规则才具有强制性。因此,如果原始成本高于市价,存货的价值就要降到市价,对由此导致的损失通常是允许其作为部分已售商品的成本出现在利润表上的。这似乎有效地建立了一种规则,未实现损失应当确认为损失,这与未实现利润不能确认为利润这一规则形成对比。然而,当涉及固定资产的未实现损失时,这条规则似乎就不起作用了,因为固定资产的降价是不被允许的。换言之,现代会计原则似乎坚持对流动资产的未实现损失应确认为损失,而对固定资产的未实现损失就不能确认为损失了。这种不协调情况带来的后果就是只要存在固定资产未实现损失,资本净值和利润都会错报。

当今会计原则一般允许大额已实现的非日常经营损益不出现在利润

表上,而是直接放到资产负债表上的盈余细目中。将已实现的非日常经营损益直接放在资产负债表账户中的实际结果就是部分或全部地隐瞒了它们。这样看起来似乎就没有什么有效的论点可以反驳这种做法,而且也有充足的理由对有权知道的人公布这种损益报表。这可以通过在利润表上单独展示它们以实现。这个内容将在利润表的相关章节进行更详细的探讨。

第 3 章　现行会计原则的辩词

当我们在第 4 章中考察会计方法的产生和发展时,我们将会明白指导资产定价的会计原则是如何产生的,我们也将明白,事实上这种会计原则几乎不可能采用其他任何形式。然而,随着新情况的出现,会计权威们明显感觉到有必要为与真实情况产生差异的估价方法正名。这些争论有纯理论的争论也有完全基于权宜的实务的争论。理论界认为历史成本为实际价值,这与持续经营的观点是相符的,或者他们声称不确认未实现收益理论是稳健性的表现,这通常被认为对企业管理是有益的。实务界指出经济价值的确定是无法实施且成本很高的。这是本章回顾这些争论的目的所在。

现行会计原则的理论依据

对这种基于历史成本的资产定价方法最为巧妙的理论论证是持续经营价值理论的延伸。Hatfield 很好地阐述了这个理论:

在接受了资产初始计量不应该超过成本价格这个原则以及注意到精确确定成本价格在理论上和实务上的困难之后,剩下的是更为重要的资产后续计量问题。资产是按照买进价计量还是按其他的方法计量? 如果是按其他的方法计量,是按市场价格、现值、还是清算价格计量? 广泛适用和接受的一般原则是:财产清单中的价值应该基于资产项目在"持续经营"状态下对于现今持有者的相关价值来确定。合适的价值应该与持有者相关,而不是其他人,不管这些人是普通客户还是那些可能以清算价格购买的人。①

举个例子,以公允价值买入一块土地用来建造一个工厂。可以假定,该土地可以永久性地为企业服务并永不消失;在第一个例子中,对于该企业来说,该土地的价值为其完全成本价格。根据持续经营理论,该土地为企业提供的服务以及其价格和以前相比是没有变化的。因此,其价值为成本价格,在财产目录中不需要改变,不考虑其市场价格的涨跌。很明显,只要该土地作为厂址不变,那么该土地的市场价值永远也不可能得到确认,如果该工厂放弃这一做法,那么这时该企业就应该停止使用持续经营理论。当然,企业也可能将这块土地以一个令人信服的价格卖掉并购买一块相对便宜的土地来代替它,但是这意味着有两项未实现情形的确认,这在正式的账户中的体现过于模糊。这忽视了这样一个原则,像土地、铁路路基、用水权这样完全固定的资产的市场价格变动不影响持续经营观念下的价值。这在土地例子中能清楚地看到,但是这个原则同样适用于那些能产生固定收益的资产,这些收益能够弥补保持其自身正常运转和更新所需。②

这个理论至少在表面上确实是有道理的,是符合逻辑的,同样也是真实的,然而它的确包含一个难于发现的谬误,这一点本书将在关于价值的章节中详细阐述。不过我们还是要在这里对该理论的一些实际应用方面的问题进行重新审视。

现行价值的初始理论

"持续经营价值"理论或者叫作现行价值理论,起初对准备编制财务报

---

① Hatfield, op. cit, p. 80,81.
② Hatfield, op. cit, p. 82.

告而言是切合实际的、必需的且有用的假说。它现在的主要缺点是将必要性误解为其优点，从而这个理论反而成为错误列报的庇护所。从根本上讲，一项资产的"现行价值"是其作为一个正常经营企业的组成部分所具备的价值，而不是作为一个破产清算企业的组成部分所具备的价值。一个经营良好的银行如果想搬进更大的街区，有可能以高价卖出自己的大楼。然而，当其他银行都认为这幢大楼不是理想之处，并且该楼不适合其他企业时，它也有可能失败。在这种情况下这幢楼可能值不了多少钱。很明显，在这种情况下用公允价值或者现行价值对该大楼进行计价则是正确明智的，因为该企业确实在正常经营之中。管理层、债权人和股东是在与经营中的企业打交道，企业的资产负债表意在告诉这些人企业价值是多少，而不是企业失败时的价值。

现行价值的当今理论

然而会计师们很快发现他们需要对由于接受将原始成本作为资产的计量价值而产生的不一致情况给予证明。在第 1 章的"两个工厂的故事"中就引用了这样一个例子。约翰投资 5 000 美元建一个工厂，威廉投资 20 000 美元建同样的一个工厂。会计师不知道这两个工厂究竟值多少钱，也不知道它们是完全一样的，所以以成本来作为他们的价值。当有人质问时，会计人员会说，5 000 美元对约翰来说是他工厂的"现行价值"，20 000 美元对威廉来说是他工厂的"现行价值"。他的理由是每个工厂的价值是该工厂购买者的购买价格。会计师进一步解释，每个工厂的原始价值必须是基于工厂为购买者服务而被预测的，除非其自身发生了物理变化，否则就必须遵循这个价值不变。会计师还将进一步解释，每个工厂将在其存在的年限内折旧完毕，同时约翰的企业将会得到因较低折旧而带来的收益。会计师说，我们必须假定约翰和威廉对工厂的价值判断是正确的，如果这一判断是不正确的，那么该错误将在工厂的整个存续期间的各自利润表中得到调整。

现行理论的危害

在论据中隐藏着这样一个有缺陷的默认前提,就是约翰和威廉是各自企业的唯一相关者,并且每个人都将在工厂存续期内持续拥有各自的企业,因此在采用"现行价值"的情况下,谁都不会产生收益或损失。这种假设没有考虑到债权人和不活跃的股东。很明显,债权人将会被误导,虽然他们通过经验了解到资产负债表中的固定资产是不可信的,然而在平常的实践中却还是被误导了。银行家经常只用流动资产来计算其放贷的安全性,受押人总是不看重资产负债表中的资产价值,而是相信市场价值或者重置成本。

但是,不仅是在股票背后的资产价值方面,还有公司收益方面,无知的临时股东都被欺骗了。假设约翰的工厂计价为 5 000 美元,威廉的为 20 000 美元,那么威廉的折旧就是约翰的 4 倍。结果就会显示出威廉的利润少于约翰,尽管他们的销售收入相同。

换句话说,会计师在两张资产负债表中列示威廉工厂的资产价值高于约翰的,另外会计师还将在利润表中列示威廉工厂的收益低于约翰的。这两张报表都是错误的,具有误导性。任何一张报表都不能提供威廉工厂和约翰工厂正确的价值比较。

一个股东可能如同抛硬币一样去从报表中弄清是否约翰工厂 1/5 的利润的价值要高于威廉工厂 1/5 的利润,或者相反。如果他关注资产价值,那么他将会得出这样的结论,威廉工厂的价值高于约翰工厂的,所以其盈利能力一般来说也要更强。当然,这时他肯定会被误导。当他关注利润时,他又会觉得约翰的工厂更具价值。这时他同样地被误导了。其真实情况是,尽管经会计师审计后的报表记载不同,两个工厂拥有同样多的资产和同样的利润。

反　　证

假如，一群投资者决定设立一个新企业。其中的几个成员购买了价值 1 000 000 美元的资产。其他成员成立了一家公司，用 5 000 000 美元购买了这些资产，注册会计师以 5 000 000 美元入账。公众购买等同于其账面价值的 5 000 000 美元的股票，然而这也可能实际上少于总数的 1/5。账面价值的可信性如何？难道其是会计师骗取公众信任的工具吗？

几乎在每个大的合并开始时资产负债表中都是有水分的，如那些实际并不存在的列报价值。美国钢铁公司公布的财务报告对公众来说就是一个典型。在其成立时，其资产负债表中有大概 500 000 000 美元的水分资产。通过对其数年利润的研究发现，一项合并可以成功将水分资产用真实资产来代替，甚至其资产负债表可能在某种程度上含有秘密的准备来替代水分资产。然而，是不是所有人都相信值得信赖的会计方法会允许这种错误？那会计服务的目的又是什么？在信息不对称的情况下，债权人、股东以及公众肯定会处于不利的位置。

为现行原则辩护的稳健性原则

现行会计原则经常以稳健性原则来为自身辩护。稳健性原则是：确认可能的损失，而不确认可能收入。这个规则在确认流动资产时的应用是"成本与市价孰低法"。在"现行价值"难以应用或者在关于"成本高昂"和"没有可操作性"的争论明显站不住脚的情况下，"稳健性"原则可为以低于其市价的金额进行资产计价的做法提供依据。因此，当 Hatfield 试图对存货以低于其市价的金额进行计价时，他被迫放弃现行价值理论转而回归稳健性原则，如下：

一般习惯上规定现货商品的盘存应该采用成本价格而不是出售价格。

谨慎性原则进一步要求对于明显无法出售的商品(不包括亏损出售的)应该降低价格甚至降至低于其成本价格。在对存货计价时,如果能够如实反映并进行无偏的判断,则即使采用市价计价而不是成本计价也不会遭到反对而是被称赞。事实上,前面的"现行价值"计价原则要求在出售存货应以当期销售价格减去销售费用来计价。对在出售商品计价时,历史成本已经不起作用了,因为不论买价是高是低,其价值由目前的正常销售价格决定。但是在德国,由于会计实务在某些方面的随意性较大,因此其商业法规为了避免虚增价值而强制使用历史成本计量属性,除非该商品有低于成本价的公开报价(如物产交易所中的谷物)。也许在逻辑上无论报价是高于还是低于历史成本,采用市价法都比较合适,但德国的法律是不允许的,然而澳大利亚的法律却允许这样做。

美国的会计实务与德国的法律是一致的。正相反,马萨诸塞州法庭的一项重要决定认为,必须重视未出售股票的贬值和增值。但是在因火灾而造成的商品损失而不是增值这样一个特殊的例子中,法官的判决就不会被认为是权威的了。无论如何,会计师们的判断是与这种存货处理方式相反的。普遍采用的稳健性原则要求库存商品以成本计价,除非发生减值,则按减值后的价值计价。[①]

会计师以稳健性为由来证明虚假的正确性几乎是没有说服力的。从债权人或急于得到那些便宜股票的管理人员的立场而言,价值低估是稳健和值得称赞的,然而同样的低估对那些希望其股票有一个公平价格的股东来说,可能是无法容忍的,同样也是与稳健性相背离的。在本书第 1 章中"两个信托投资公司的故事"有这样的一个案例,其中提到的会计师事务所以稳健性为由为其会计方法辩护,然而实际操作结果却依然是糟糕的。用稳健性为那些带来大量不公平的不真实性辩护,对那些聪明人来说是没有用的。

---

① Hatfield, op. cit. p. 101, 102.

现行会计原则的实践依据

美国商务部于1934年8月2日发行了一本名为《告股东书》的小册子。该手册中含有一个由商业顾问和预算委员会编制并由一个三人委员会签发的报告，这三个人分别是：Walter S. Gifford, Pierre S. duPont 和 Willian A. Harriman。该委员会表示这份报告是由其研究秘书、哈佛大学工商管理研究生院会计学教授 T. H. Sanders 博士撰写的，并声称该报告是经过数月的认真研究以及与顶尖会计从业人员和其他对该报告所涉及问题感兴趣的人士进行讨论之后所形成的结论。以上所述是为了说明，该报告产生于那些最权威的商业、银行和会计人士之手。

该报告以一个包含了以下陈述的引言作为开始：

公司为其股东编制的财务报表主要包括资产负债表、利润表和盈余表，它是利益相关者用来判断公司所处的地位和所取得业绩的主要工具。在一个公司所有权分散在成千上万的股东手中、成千上万的存款被直接或通过银行、保险公司以及其他信托机构投资于企业债券的国家里，财务报表的被依赖程度是很高的，它是公众十分关心的。事实上，这些能满足公众需求的财务报表是解决保护中小投资者利益基本问题的关键。

这是一个有见识的陈述，体现出对事实的敏锐认知。基于对财务报表重要性的认同，委员会似乎会对财务报表巨大而显著的缺陷和根本性的谎言进行谴责。然而，这种事情却并未发生。相反，该委员会通过以下陈述为这种虚假性进行辩护：

但是，把这些报表上的每个数字认为是无可争辩的事实这一做法，则是对报表赋予了过高的确定性。

考察资产负债表中的固定资产和流动资产这两项原始数字，可能会使问题更加清楚。在一个正常运转的企业的资产类账户中，不动产、厂房和机器在资产负债表中是以历史成本计量的。这是对所有者投入的有形资产的持续记录,该记录十分重要;但是资产负债表的表头有着"12月31日"的字样,这会使那些不懂一般规则的人误认为资产负债表里所列资产数为现值,然而遵循公认会计惯例的资产负债表是不会提供这些资产的现值的。在绝大多数情况下,每年对固定资产进行价值评估是不切实际的,也是不经济的;即使每年评估是可行的,然而得出的信息也不是重要的,因为有其他因素也会影响持续经营下价值的确定,这些因素包括未来收入的资本化现值。

流动资产或营运资产则完全是另外一个不同的问题……从企业信用的角度来看,这些资产的可能现金价值具有绝对的重要性,这些资产的可能现金价值应该在资产负债表中列示。因此,在持续经营理念下,存货按照成本与市价孰低法估价是普遍法则。

换句话说,即使财务报表是评价一项投资的主要工具,即使它被成千上万的投资者所依赖,即使它是保护中小投资者利益的关键,然而财务报表是不被允许披露固定资产的现值的,因为这是不可行、不经济的,同时,投资者需要考虑预期未来收益。此外,尽管"从企业信用的角度来看,这些资产的可能现金价值具有绝对的重要性",但是当成本低于该现金价值时,该现金价值也不会在报表中体现,这是"普遍法则"。这些论据看上去如此不具说服力,以致很难体现其真实性。

在下1章,我们将会看到,若有必要,每年对固定资产进行重新估价不仅是可行的,而且在经过初始评估之后也是经济的。如果会计人员拥有必要的知识和训练,那么他们评估所花费的时间可能还少于草拟一份保险计划或参与其他一些小型审计活动的时间。

因为要考虑未来收益,所以资产负债表中用现值来代替历史成本不一定会带来重要信息,这个论点是根本站不住脚的,不值一评。还有一个相同的观点就是,一张真实可信的资产负债表和利润表也不会对投资者有利,因为这些报表只是对过去和现在的真实描述,然而公司未来的情况也应纳入考虑的范围。这可能只是意味着要么这些令人误解的报表的价值高于真实的报表,要么他们都没有什么价值。如果是后者,那么确实很难想象财务报表是"解决保护中小投资者利益的基础问题的关键"。

我们注意到,除了说流动资产价值低估是"普遍法则"外没有什么更高明的论据来支撑流动资产价值低估理论。因为当市价低于其成本时,会计人员自己会将流动资产以市价列示,所以不能说市价计量是不可行和不经济的。也不能说市场价值是没有任何意义的。正相反,市场价值是至关重要的。那么为什么不应该充分而真实地披露市场价值呢?

进一步参考该报告,其主要结论隐藏在以下几个段落中:

但是,不管这些报表真实性有多强,那些不懂作为报表编制基础的会计原则的人是不可能完全理解这些报表的。如果熟悉这些原则能使他意识到资产负债表中哪些是可以相信的,他就能更好地明白这些数字所能代表的意义。

美国会计学会通过一个和证券交易所合作的委员会建议,每家上市公司向股东发行一本权威的会计原则和实践的摘要。如果这项建议能得到执行,那么出版的每份报告应该包含一个陈述,这样做比较理想,陈述的作用如下:

作为编制财务报表基础的会计簿记符合会计法规和原则。

这些会计原则的陈述必须足够清晰易懂,这样,每个利益相关者就能明白该公司会计实践遵循的依据。这些类似的程序可能还需一段很长时间的发展来彻底解决财务报告问题。

这些观点的确很坦率,值得赞扬,但是对成千上万的股东进行现行会计原则的教育,使他们意识到他们能相信财务报表的哪些内容,这是一个几乎不可能实现的任务。即使这是可以实现的,其最终结果也许仅仅是使股东在阅读财务报表时加倍小心。即使他们知道报表可能不能提供真实信息,他们也仍无法知道其真实信息。他们可能比以前更多疑,而不是更明智。

　　财务报表毫无疑问是投资者获得信息的主要工具。它被成千上万的投资者所依赖。但是财务报表永远也不可能成为解决保护中小投资者利益问题的关键,除非这些潜藏在报表编制过程中的、具有明显缺陷的会计原则允许简单而真实的表述,以使任何门外汉都能很自然地理解。

第 4 章　现行会计原则的起源

自从人类产生智慧以来,人们就或许以某些形式来从事会计实务工作。华盛顿议会图书馆最早的关于会计的历史纪录,是公元前 3945 年苏美尔人的管理文件展品。图书馆里也有能追溯到公元前 2474 年的巴比伦契形文字骨牌,同时也包括许多稍晚期的展品。伴随着文明的发展和贸易、政府职权的扩大,会计对古代地中海的经济稳定增长十分重要并在罗马帝国时期达到高峰。在公元 395 年,Theodosiu 去世后,帝国开始瓦解,自此以后,这一繁冗的会计方法不断变化,在 5 世纪和 6 世纪的动乱中,该方法完全消失。确切地说,从 6 世纪至 11 世纪,人们几乎不认为会计还存在。[①]

会计:11 世纪至 14 世纪

对于当代会计师来说,公元 14 世纪之前会计方法的简略是令人难以置信的。它们中的大部分都是由财产的种类和记叙方式简单的交易陈述报告这两个方面组成。而日记账和分类账则没有被用到。在此期间,英格兰做了许多有关改进会计方法的努力,并且绝大多数是用拉丁语或诺曼法

---

①　关于长期会计史的详细研究可参见:Accounting Evolution to 1900,by A. C. Littleton,American Institute Publishing Co. , Inc. New York. 1933. Also History and Survey of Accountancy,by Wilmer L. Green,Standard Text Press. Brooklyn. 1930. Also History of Accounting and Accountants,by Richard Brown. Edinburgh. 1905。这三本著作很好地涵盖了该主题。

语进行记录的,当时罗马数字的使用已经十分普遍了。

在 1086 年,通过 William 的命令,《最后的审判》这本书汇编成两卷,记录了英格兰当时做的调查,此书是已知的英国在会计方面改进的第一次尝试。它主要列示了皇室领地以及进贡给皇室的税收收益。从 1130 年开始每年编制宗卷并持续到 1834 年,是对《最后的审判》一书内容的延续,并根据各个郡的郡长所做的记录进行修订。

在 12 世纪和 13 世纪,某些英国的大庄园主和某些英国的宗教主发现坚持对拥有的财产和形成的收入进行记录是明智的。但这些记录不规范,而且即使在同一个组别中记录的项目也完全不一样。其中大部分的内容都是用拉丁语和罗马数字进行解释的,没有人尝试去对其记录进行表格化。

有证据表明,在此期间,意大利的簿记方式比英格兰的簿记方式先进很多。也有记录发现,在 1211 年,13 世纪的佛罗伦萨银行记述了许多种交易情况。记录中的分录采用的是随后发展为复式记账的对销记录法。这些记录成为了现代复式记账方法的最早起源。

会计:14 世纪和 15 世纪

在 14 世纪初,英国会计技术的每一点发展都是引人注目的。开始对会计项目分类,并且开始以货币计量的价值按照栏目进行列示。从 1334 年开始,伦敦城的会计在左边的栏目记事,在右边的栏目记录货币价值。这些项目都是用拉丁语和诺曼法语记录的,并且自始至终用的都是罗马数字,虽然每一页都会汇总金额,但并不结转到下一页。罗马数字一直在英格兰和苏格兰广泛使用,直到 17 世纪后半期才被阿拉伯数字取代。很明显,直到 18 世纪上半期,英国的簿记人员才开始结转每一页的汇总数,并把它们记录在下一页。

在欧洲大陆,14 世纪最早的簿记人员是德国吕贝克的 Herman 和

Johann Wittenborg,他们对从 1329 年至 1360 年发生的商业交易进行了描述,但他们似乎没有提到英国同一时期的巨大进步。

然而在这个时期,意大利在有关现代簿记方法的改进中成为了领军者。1340 年的热那亚的账本,构造了迄今为止所发现的最早的对销记录法的完整体系。后来,威尼斯一个名为 Soranzo and Brothers 的公司记录了从 1406 年至 1434 年的公司经营信息。这些项目不仅用对销记录法进行记录,而且还包含了资本性账户和损益账户。在 1430 年的威尼斯,Barbarigo 的公司开启了分类账,从而第一次产生了具有字母表索引的分类账。

此时,在确定风险的情况下,习惯的做法是平衡分类账金额和确定利润数。但也有证据表明,有些分类账只有在全部填写完后才能进行平衡。很明显,威尼斯的 Andrea Barbarigo 从 1440 年至 1449 年没有对分类账进行平衡,他的儿子 Nicola 开始在 1456 年开设分类账,并且直到 1482 年才对分类账进行全面平衡。直到 17 世纪,企业家们开始普遍对其进行结账,并且每年确定利润数。

在 1458 年,意大利一个名叫 Benedetto Cotrugli 的作家第一次在他的论文中论述了复式记账法,其标题是 *Della Mercatura e del Mercante perfetto della Mercantura*。其意指"销售规划与完美的商人"。这篇论文在一定程度上成为后来 Pacioli 著作的基础。它不仅包括了对借方和贷方用法的描述,而且还为结账和将损益转入资本性账户提供了指引。

复式记账法的演进

据说,Frater Lucas Bartolomes Pacioli Dal Borgo 第一个对现代复式记账法进行了详细的解释。他是一个圣芳济会的修道士。Pacioli 的书《算术、几何、比及比例概要》于 1494 年 11 月 10 日在威尼斯出版,并且是第一本有关簿记的出版物,也是第一次论述欧洲的代数学。事实上,有关复式记账法论题的作品都是以 Pacioli 的作品为基础的，他所倡导的复式记账法几乎没有什么改变，至今仍被广泛使用。

Pacioli 提供了三种账户的使用方法：备查簿、日记账和分类账。备查簿被用来描述交易，并记录其运算。日记账和分类账基本上就像当今一样被使用，且确保只有一类日记账被用到，并且在日记账里没有结账分录和转账分录。有趣的是，Pacioli 通过称赞罗马数字的魅力以使用它而正名，并指引商家"必须以上帝之名开始其所有交易，并将他的圣名放到每一个账户中"。Pacioli 指出除了现金之外的所有资产应该按照历史成本计价。而他似乎不了解应计、估值、折旧等，因此这些项目没有被他提及。

虽然 Pacioli 是第一个详细解释复式记账体系的人，但他并不是发明者。他在其著作的开头明确谈道，他使用的是威尼斯的模式，并且他认为威尼斯模式比其他模式更优。或许这种方法是经过了很长一段时间的逐步演进而得来的，而 Pacioli 仅仅是第一个对其全面进行书面描述的人。

会计：16 世纪至 19 世纪

继 Pacioli 的著作出版后，意大利在 16 世纪又出现了一些类似 Pacioli 模式的新著作。贸易的潮流向北席卷，最主要影响了英格兰，这一潮流也伴随着会计发展重心的转移。在 1531 年，德国纽伦堡的 Johann Gottlieb 出版了第一个有关会计账簿使用阿拉伯数字来代替罗马数字的文章。Hugh Oldcastle 编写了第一本关于簿记方面的英文书籍，并由伦敦的 John Gowghe 在 1543 年出版。这本书的标题是 *A Profitable Treatyce called the Instrument or Boke to Learn to Knowe the Good Order of Kepying of the Famous Reconynze, called in Latin, Dare and Habere, and in Englyshe, Debitor and Creditor*。在同 1 年，荷兰的 Jan Ympyn

Christoffels 发表了有关簿记起源于试算平衡的论著。荷兰的 Nicolaus Petrie 在 1588 年出版了有关复合日记账分录起源的论著。在 16 世纪末，德国的 Passchier-Goessens 通过加上账户名称对分类账进行了改进。

在 17 世纪之前，人们经常会忽视日常记录，并过于关注每项风险投资下的损益情况。在 1605 年，荷兰的 Simon Stevin 出版了其作品《数学惯例》，并从此改变了人们的这种习惯。他也是第一个主张将现金账与其他账户分离的人。值得注意的一个有趣问题是，Stevin 的作品当初只是为指导其皇室学生 Orange 王子的。在 1636 年，Richard Dafforne 在英国发表了一篇名为《商人典范》的关于簿记的好文。其论述主要是建立在 Stevin 的作品之上，在以前，Dafforne 将 Stevin 形容为"我们的大师"。苏格兰第一篇有关簿记的作品是 Robert Colinson 在 1683 年出版的一本书，名称为《对所有商人及其交易来说，理想的定量或完善的计量是必要的，包含根据意大利的方法进行簿记的真实形式》。在 1685 年，英国对罗马数字的使用远比阿拉伯数字多。现存的最早期的现代形式簿记范例可能是收藏在爱丁堡的 Advocates 图书馆里的分类账。此分类账产生于 1697 年并采用手工管理。

在 18 世纪，有 200 篇有关簿记方面的作品问世，但其中杰出的作品很少。在 1719 年，John Vernon 在都柏林出版了一本名为《熟练的账房会计，还是学校里学习商业之道的年轻人》的书。而在 18 世纪最成功的出版物是由 John Mair 在 1741 年发表的《簿记方法——意大利模式的商业会计方法论》。该书的第八版在 1765 年出版。在 18 世纪末，英格兰布里斯托尔的 edward thomas jones 用一个言过其实的标题对簿记体系进行了阐述：琼斯通过单式或复式记账法构建的英式簿记体系，不可能忽视任何微小的错误。有效地阻止舞弊方法的产生并适用于各类经济交易。通过皇家专利许可证来保护投资者。费城的 Willianm Mitchell 在 1796 年发表了题为《一个全新完整的簿记体系》的文章，它似乎是美国第一篇会计方面的文章。

会计：19世纪和20世纪

在19世纪，关于会计方面的优秀作品很少。在1801年，Patrick Kelly博士在伦敦出版了《簿记要素》。在1803年，苏格兰的James Morrison出版了一本书名为《簿记实务的完整论述》。缅因州波特兰的簿记教师Thomas Turner在1804年发表了名为《复式记账法下的簿记概要》的专著。在1814年，纽约的James Bennett发表了他的《复式记账法下的美国簿记实务体系》。在1817年，纽约的Charles Gerisher发表了文章《当代簿记与复式记账》。在1828年，J. H. Goddard出版了一卷名为《商人或会计师实务》的著作。C. C. Marsh在1831年发表了《简化的复式簿记科学》。

19世纪中期，最好的文献或许是纽约一名学校老师Thomas Jones的作品。他的文集《簿记的准则与实务》于1841年在纽约出版，并且在之后的1859年出版了第二本著作《借贷不平的矛盾》。这些书第一次指出了借和贷只是随意的惯例，并未尝试像前面文章所说的那样个性化。在19世纪的后50年几乎没有什么作品出现。这似乎说明会计师们从1494年以来花了几个世纪的时间在完善复式记账方法上，但鲜有进步，没有在会计工作的广泛性和重要性方面实现推进。

大约在20世纪初期，英格兰出现了3篇著名作品且至今仍被奉为范文，它们是：L. R. Dicksee的《审计》，George Lisle的《会计理论与实务》以及F. W. Pixley的《审计师及其职责》。这些著作基本上是第一次对减值和资产正确估价问题进行认真考量。但遗憾的是，除了对资产减值的重要性问题有所认识以外，他们对过去4个世纪的实践采取了宽恕和理解的态度，而不是激烈地打破以往的传统认知，坚信会计人员应学习相关知识以成为估价师并因此使其职业内容大大超过专业簿记这一范畴。

在美国过去的几十年里，出现了许多优秀的作品。这些作品包括：Henry Rand Hatfield的《当代会计》、Arthur Lowes Dickinson的《会计实务与程序》、Robert H. Montgomery 的《审计理论与实务》、Paul Joseph Esquerre 的《账户应用原理》。这些作品很好地涵盖了会计工作的所有内容，但与英国一样，他们容忍了过去错误的资产计价方法。有些作者在过去几年内对其作品进行了修订，虽然他们将更多的精力投入在对估价原则的探讨上面，但采用的仍是在最后一章提及的保守性论证，仍认为会计师并非是评估师，没有能力去进行精确的估值工作。对资产的正确估价是保证财务报表真实性的基本要求。

早期的会计师

早期会计师的有关作品非常少。然而一直到现代，人们都把会计工作等同于记账或簿记，并认为"会计师"和"簿记员"是等同的。据记载，最早的会计师协会是 Collegio dei Raxonati，它创立于 1581 年的威尼斯，其成员不是公共会计师，而是政府部门的职员。George Watson 于 1645 年出生在爱丁堡，他是苏格兰的第一个职业会计师，那时他掌管着一个规模很大的私人银行，但他将精力花在其他人的账本上的行为却令人疑惑。据记载，1670 年的英格兰，《商人典范》作者的儿子 John Dafforne 同意接受以每年 100 英镑的费用去编写会计方面的作品。

众所周知，大约 1720 年，英格兰议会雇佣了 1 名伦敦的会计师 Charles Snell 去对南海公司的 1 名负责股票的董事的交易状况进行调查。显然，这是第一份由公共会计师作出的报告。这份报告名为《对 Sawbridge 和公司账户的调查》（作者：伦敦福斯特巷的作家及会计师 Charles Snell）。1742 年，在意大利米兰，鉴于大量出现的会计差错和舞弊，会计师薪酬标准被建立起来。到 18 世纪后半期，苏格兰律师日益普遍地将会计事务和法律事务联系在一起。在 1799 年，当《Holden 的伦敦威斯敏斯特和萨瑟克区三年名录》第一次出版时，人们就注意到了其中就有 11 名会计师。而在 1811 年的记录里会计师为 24 名。

在那时的英国,会计师行业的发展并不明显,并且在 19 世纪中期之前,会计在其他国家也没有什么进步。第一个欧洲的会计师团体是在 1854 年经由爱丁堡皇家特许而组建的,人们称其为"爱丁堡会计师社团"。在 1870 年,"会计师协会"在伦敦成立,但直到它联合了英格兰和威尔士所有现存的会计师团体后,才在 1880 年收到了皇家特许,联合后统称为"英格兰和威尔士特许会计师协会"。很明显,除了英国之外,就没有会计师团体了,但在 1895 年之前的英国殖民地,有一个会计师团体成立在荷兰的乌德勒支,称为"荷兰会计师协会"。

虽然现代会计学起源于欧洲大陆,但是它发展很慢,并且绝大多数欧洲国家的职业会计师并不真正为公众所知。仅仅是在最近几年,为了给公众宣传普及会计的好处,一些欧洲会计师团体才得以陆续成立。在南美、非洲和亚洲,会计职业实际上并不存在。只有英国和美国的职业会计师获得了广泛的认可和公众的尊重。

在美国,第一个会计师团体是纽约州的注册会计师团体,它成立于 1896 年。在 1938 年年初,美国估计大约有 13 000 名注册会计师和 26 000 名非注册会计师从事公共会计工作。

会计原则的演进

可能早期的会计师或者前文提到的作者很少关心会计原则的准确性,而这些在今天则为世人所理解。直到 20 世纪初,会计实务主要关注的是簿记方法的发展。该技术是有难度的,从而吸引了大多数会计人员的注意力,并因此完全没有去思考数据在经济学意义上的真实与否。早期的会计书籍似乎只关注编制会计分录的方法,他们既不探讨会计原则(现在用到此词的意义),也不提及诸如资产减值的使用和计算这类主题。在此期间,会计原则似乎是自然形成的,好比是当时环境下派生出来和无意之中形成的。换言之,像 Topsy 所说,它们仅仅是"成长了"。

因此,为了努力去追溯会计原则的发展,似乎有必要去努力改变从中世纪以来就存在的状况,并尝试根据这些状况推导出会计原则的可能发展。做到这些之后,现行会计原则是如何产生的、它们是如何影响商业世界的,将会变得更加清晰。显然,人们自发甚至是无意识地采用了这些原则,多年以来,这些原则都良好地适应了当时的情况。同样明显地,当这些原则服务的环境发生根本性改变时,这些原则本身却永远不会改变。就像人类所有的制度一样,当环境发生持续变化时,这些原则往往保持不变。

有一种观点认为现代会计的演进可划分为三个阶段:在第一个阶段,会计师或簿记员只与他的雇主相关,而他的雇主是企业唯一的所有者和管理者。在第二个阶段,公共会计职业的产生是缘于 1 名债权人的介入,这名债权人坚决要求独立编制财务报表。在这个阶段,产生了两个利益群体,分别是企业所有者(也是企业管理者)和债权人。第三个阶段,开始于过去数十年,上百个或成千上万个股东取代了单一所有者。从第三个阶段至现在,出现了三类利益群体:股东、管理层和债权人。

第 一 阶 段

在中世纪,早期会计师的作用只是限制在项目或风险的“成本计算”上。在公共项目中,这使皇家或封建领主能及时地监控其财产状况。如果小店主或商家进行了完整及时的会计记录,那么他们并不需要雇佣会计师来为其服务。大型私人企业或许并非具有长期的持续经营能力。在中世纪,大额商业交易与普通日常交易相比更具风险。需要会计服务的大生意必定存在风险,如果成功,或许会获得超额利润,如果不成功,将会导致整体亏损。

因此,一个意大利商人从威尼斯航行到印度,用威尼斯的商品来交换香水、调味品和丝绸。这些交换的物品或许会被带回威尼斯进行销售,也可能船只会遭遇不测,船上的货物遭受损失。每项风险往往是各自存在的,并且风险事件的主要方面发生后,才对其损失进行最终衡量。如果成本为已知,那么根据已有风险和新的风险的结果就能决定它是损失还是盈利。人们禁止基督徒索要利息,并且据我们现在所知,信用延期也是十分罕见的。这种将资金借给商家的债权人可能是基于特定担保做这件事情,或者因为他们的资金能够被全部偿还——而这依赖于特定风险项目的成功或失败。在企业中很可能不会出现消极的所有者或股东。在任何情况下,商家的簿记员仅仅受聘于其雇主——商家,并且簿记员只对商家负责。任何想知道企业情况的局外人要么靠他所拥有的智慧,要么相信商家所提供的信息。

因此,早期的会计可能仅仅是被用来向企业所有者和管理者提供信息。并且从企业性质上来说,企业所有者和管理者关心的只是"计算成本"。换句话说,除了现金外,对所有资产的计量都只是站在历史成本的基础上来进行考虑的。簿记员只会受其雇主的安排,如果簿记员能按照雇主的要求进行记账,那么他就完全尽责了。然而债权人和小股东看不到公司的实际经营状况。将历史成本作为一种价值计量方法对这个时代来说似乎是最理想的了。

第 二 阶 段

然而到了近代,情况就发生了改变。在 1839 年的英格兰,基督徒可以依法收取利息。商业运行变得更为安全,包括银行家和贸易商在内的债权人发现,在非预期的大额损失不可能发生的情况下,对值得信任的所有者放贷或扩大贷款是可行的。在实务中,企业所有者开始被要求提交一份净资产和所得的证明,以便债权人据此扩大信用贷款。为了确保能收到一份诚实的报表,债权人要求报表由独立的会计师而非贷款人的雇员进行编制。因此,公共会计师行业由此诞生。

在这个阶段,公司数量很少。除了一些特别优秀的公司,很少听说公众大量持有公司有价证券所有权。实际上,每个公司都是被一个或两三个积极参与公司管理的合伙人所完全拥有。公司外部利益相关群体,只有诸如向公司贷款的银行家这样的债权人,或按时向公司销售商品的个体商户。因此,编制公司财务报表的会计师就有义务对两个利益群体负责:一是管理公司并知道所有详情的所有者,二是关注债务人按期偿债能力的债权人。

很明显,假定公司没有对其盈利状况或资本净值进行虚假的陈述,会计师能通过编制所有者所期待的利润表和资产负债表来对两类群体行使其职责。债权人只关注公司的盈利状况和资本净值至少有报表描述的那么好。任何对公司盈利状况和资本净值的保守陈述仅仅意味着公司的实际状况比人们想象的情况要好,这当然是其优点。而所有者是十分熟悉自己的公司的,如果他想要低报其所拥有的资产价值,其实对任何人都没有坏处。

事实上,商人们很快就会感到贷款会变得更加容易获得,因为大家知道他们习惯于对其收益状况和资本净值进行保守陈述,就像一个人因"实际比他所说的要好"而受人尊敬。因此,成功的商人喜欢进行保守陈述,而这种保守性陈述也成了企业成功和稳定的标志。债权人开始非常尊重那些对收益状况和资本净值进行保守陈述的企业,会计师也感觉到其唯一的职责就是防止企业进行夸张陈述。这是非常自然的,保守性陈述对任何人都不会造成危害,如果万一出现问题,它也能给债权人提供额外的保障。计提秘密准备开始被广泛允许,现在仍然是这样。拥有大量未披露资产的企业因此肯定会有许多未揭示的利润,直到现在仍然受到大众的羡慕。成功的银行家通常将他们的土地和建筑物用 1 美元来表示,或者完全省略,直到现在仍是这样。价值金额庞大的资产只被披露出一小部分价值;能以双倍于成本的价格迅速卖掉的有价证券以成本价或低于成本价来列示;人们欢迎这种做法,现在仍是这样。

基于上述社会公众对会计师的看法,让我们来看看一个 50 年前的会计师在编制资产负债表和利润表时是如何推理的。首先,他面临着固定资产的估值问题,如土地、建筑物、机器或设备。当时这些资产或许还没有活跃市场。会计师并不知道这些资产能卖多少钱或能否被完全卖掉。他也不知道建造或购置这些资产要花多少钱。他只知道这项资产当初花费了其所有者多少钱。因此对会计师而言,唯一可行的方法是以历史成本来确定这项资产的价值。

但第二天,这项资产就可能以历史成本的一半价格卖给新的所有者,因此,这项资产的价值可能在过了一晚之后就减值50%。当然,这项资产也有可能会以历史成本的两倍价格来销售,因此它在一夜之间就增值一倍。会计师就有必要去解释这种可能性。所以,会计师在描述或判断资产的历史成本价值时,需要创造"现行价值"理论,虽然这种理论的弱点是仅仅只考虑长期所有者而完全忽视短期所有者或债权人,但它还是非常有用的。会计师或许能够找出建造或购置这些资产得花多少钱,然而,评价这种重置成本需要有评估师的协助。这样会让所有者承担新的佣金,并且会计师会在本能上担心评估师将成为其竞争对手,还担心所有者可能因高额费用而完全放弃会计师的审计服务。所以会计师主张"现行价值"理论,这看上去可为高估或低估作辩解,而这取决于是谁在买以及是用股票(另一个"现行价值")还是用钱去买。商品交换中所使用的"现行价值"使得1名神枪射手能对17英亩的庄稼进行估价。但是,50年前的会计理念更有可能面临这种可能性,而不是承认会计师不能独自准确陈述资产负债表上所有项目的价值。

然而,会计师可能确实会发现,在采用"现行价值"时,他可能会站在债权人的立场上高估资产价值。因此,如果所有者希望将这些资产的价值以低于其原始成本的金额记录,那么会计师会很快偏向于这种保守主义并同意进行重新估价。而如果所有者希望将这些资产的价值以高于其实际成本的金额记录,那么会计师则坚决不会赞成这种做法。只有在获得了其已增值的确凿证据,并且会计师已经竭尽所能对所有者进行了劝阻之后,会计师才会同意所有者调高其资产价值。当然，其造成的结果是，在利润表里，是不会对利润进行虚假表述的，在相信收益有所增值之前，会计师会使用所有可能的论据在评价中说服所有者将其放入一个准备账户以抵销对其他一些资产的可能高估。

当会计师面对诸如存货等流动资产的估价问题时，他通常会保持警惕以防止高估和将未实现利润包括在利润表中。如果存货没有公认市场，那么会计师只能在原始成本的基础上去估价。如果存货的市场价格低于其原始成本，他会以其市场价格来计价。换句话说，如果此存货是小麦，购买价是每蒲式耳 1 美元，并且如果当前市场价格是每蒲式耳 2 美元，那么会计师会声明此存货仅值 1 美元，并且以此价值在资产负债表中列示。会计师会给资产负债表增加脚注以表明此存货的市价是每蒲式耳 2 美元，或将该金额放在资产负债表的括号里列示，以作为对所有者的让步。但是在任何情况下，会计师只会以每蒲式耳 1 美元的价值为基础来计算资本净值和企业收益。当所有者要求会计师对此进行解释时，会计师认为只有到小麦被制作成面粉并且销售时，每蒲式耳 2 美元的价值才真正实现，而小麦的价格在此期间也可能会下跌。然后，所有者可能指出小麦即将出现世界性短缺的状况，并因此认为小麦价格上涨的概率比下跌概率大得多。而会计师的答复是此存货应该一直以"成本与市价孰低法"进行计价，因为"稳健性"原则是最好的原则，并且认为"预期"利润向来都是不明智的。

如果在此阶段商家变得困惑，也是可以理解的。他看到会计师可能一方面明显高估某些资产而另一方面又明显低估其他资产。商家可能为每蒲式耳小麦借款 1.5 美元，并且他知道债权人是个精明的商人，然而会计师也只允许小麦以每蒲式耳 1 美元计价。商家甚至可能知道他的竞争对手最近以每蒲式耳 2 美元的价格购买了一批同样的小麦，同一个会计师在竞争对手的资产负债表里是以每蒲式耳 2 美元的价格对该小麦进行计价的。虽然两批小麦完全相同，为什么会计师认为此商人的竞争对手的小麦值每蒲式耳 2 美元而此商人的小麦却只值每蒲式耳 1 美元呢？

当小麦被加工成面粉后,商家的情况也不见得好。在面粉被销售出去之前,会计师仍然坚持面粉要以历史成本计价。面粉可以立即转换成为现金,事实上,也可能在1月1日的早晨就已销售出去了,但2月份才开始编制上一年度12月31日资产负债表的会计师,却不会在编制资产负债表或利润表时在原始成本的基础上增加一分一毫。这当然是非常教条的,其受到了诡辩论的支持。历史并没有记载第一个会计师为金矿所作的努力,他努力说服金矿所有者:金条应以原始成本计量直到它确实被铸造出来。然而毫无疑问,他进行了尝试。

会计师这样做的理由很简单。某些资产没有自由活跃的市场,以至于当会计师处理这类资产时被迫用一些价值指标而不是市价。只有两个指标是可获取的,重置成本或原始成本。会计师可能知道当前的重置成本或许会比原始成本更加接近实际价值,但他个人并不知道如何去计算当前的重置成本。这就需要拥有远超其能力范畴的工程技术知识才能做到了。会计师将不得不要求所有者授权会计师去对当前的重置成本进行评估,而这无异于承认会计师自己是不能正确编制财务报表的。所有者可能认为审计外加评估的成本非常高昂,并因此可能省略这两项工作。会计师为什么应自愿接受这种屈辱和风险呢?虽然会计师知道原始成本会比当前的合理价值高很多或少很多,但会计师还是自然地会决定遵循他们先辈的传统,以历史成本估价。此外,为了银行或债权人的安全性着想,会计师也会自然而然地决定尽可能低估现存资产和收入。

会计师并没有考虑到对企业情况一无所知的小股东,并因此忽略了他们的权益价值。像这种情况还不存在。会计师也没有考虑固定资产抵押者的情况。抵押贷款者从不关注资产负债表价值,而是依赖于其独立估价。对什么都一无所知,以至于只能依赖资产负债表价值的小股东还未出现。对于所有者来说,会计师引入"现行价值"理论是为了固定资产能以历史成本计价,并以"稳健性"为由去证明他以成本与市价孰低法对流动资产进行估价是合理的。会计师可能并未发现"现行价值"理论仅适用于长期所有者,而站在银行家、债权人、潜在的债券持有者或短期股票持有者的立场来说则完全不合理。会计师也没有想到他所支持的稳健性也仅适用于作为管理者的所有者,这一观点有可能为以后不活跃的股票持有者的欺诈行为正名。

虽然会计师的理论有些虚伪和不真实,但他们确实能使所有者的利大于弊,因此所有者接受了会计师的理论。首要前提是,不管会计师做什么,所有者都不会受到伤害。他是公司永久且唯一的所有者,最不可能发生的事就是他们依照会计师列示的数字将公司出售。会计师有时可能使其在银行借不到其拟借金额的资金,但是在所有者心里,他知道这是对自己的一种保护措施。事实上,只有在当所有者没有经营经验,没有足够的资本,以致需通过借款以弥补资金缺口时,他才会与会计师争辩。在此之后,当所有者将其公司经营得很成功时,他不会以自己能借入的最大金额向银行贷款,因此他也就不会关注会计师所做的任何工作。当会计师直到利润实现才对其予以认可时,所有者会采取漠不关心的态度。会计师所做的任何事情都不会改变事实,所有者很清楚,有许多事情并非那么好,并且他认为,如果把自己想象得比实际情况更糟糕,他会更加努力地工作并且更加认真。因此当所有者成长后,他会将会计师的方法作为管理企业的辅助手段;而那些看到所有者的富有和成功的年轻商人则会采纳其思想,以致今天几乎每一名商人都有着同样的思想,他们很少意识到情况已经和所有者最初的时候不一样了。

尽管现行会计准则并不正确或真实,但它非常适合于第二个阶段。因为所有者了解他的企业,所以他不会被别人欺骗。除了流动资产外,银行家和商业债权人几乎会忽视资产负债表上的所有其他项目,并且他们还会保守地认为,这些资产的价值至少等于其账面金额或者可能高得多。通过固定资产抵押贷款的方式将资金借给所有者的人不会依靠会计师的估价结果,而是依靠自己的独立评估结果来作相关决策。完全信赖资产负债表和利润表的小股东或债券持有者并不存在。因此,没有人会遭受损失。每一个群体用他自己的方式以及适应潮流的体系来维护其自身利益。[①]

第 三 阶 段

在 19 世纪后半期,企业的所有权关系发生了巨大的变革。企业规模变得越来越大,并且有许多企业变成了公司。企业中的所有者同时兼任管理者的情况不再存在,取而代之的是,一方面是大量的小股东;另一方面是被雇来的管理层。对固定资产的抵押被分割成债券,然后小额卖给中等收入人群。之后就出现了许多合并与联营,公司证券持有者的数量越来越多,直到今天,几乎每一个任意规模的企业都是公司,它们完全被中小证券持有者所拥有,这些证券持有者除了知道所雇管理层披露的财务报表信息外,对其他情况知之甚少,甚至是一无所知。当今有许多大公司,其股东人数成千上万。在这种大型公司里,最大的股东持股比例低于 1% 并不少见,包括董事会在内的公司整个管理层,常常仅拥有公司很少的股份。据可靠估计,仅在美国就有不少于两千万个公司证券持有者。

因此能很清楚地看到,旧时的由所有者管理企业的模式已成为过去。现代企业最重要的利益相关者是那些对企业知之甚少的小型证券持有者,他们在现行会计原则产生时实际上并不存在。如今的许多大型企业都有大量的现金储备,并借出其资金而不是借入资金。在许多情况下,银行家也完全取消了贷款利息。债权人也都希望所贷资金小于手头资金,并且他们的利息一般也只是证券持有者股息的一小部分。过去对固定资产的抵押被划分成大量的小额抵押债券并向公众出售。信用债券、优先股和普通股向众多投资者发行和出售。与证券持有者的股息相比,银行或债权人的

---

① 为了使体系适应现代需要,Bonbright 教授建议同时编制多个"单目标"的资产负债和利润表,每个报表按照不同的标准编制。见 The Valuation of Property, New York, 1937, 第 253、第 254 页。

利息显得微不足道。

当今会计原则对于完全依赖财务报表获得信息的小证券持有者的利益起到了什么作用呢？首先，公司提供给小证券持有者的资产负债表的信息常常存在严重的错误和误导性。其次，他们提供给小证券持有者的利润表可能与实际情况大相径庭，而这是不诚实的管理者所希望的。其利润表也常会忽略流动资产未实现的资产增值，并且容易排除与固定资产相关的资本利得和损失，不论实现与否。然而有了准则的规范，同样的利润表将肯定会包含流动资产价值的贬损，不论其是否已经实现。其结果是，小证券持有者可能会被告知公司每年都在遭受亏损，并可能因此最终认为企业前景渺茫，然后卖掉其持有的股份并因此损失惨重。而不久之后他们却发现，公司卖掉了其老厂房并获取巨额利润，从而为其股东创造了大量财富。正如本书第 1 章"两个投资信托公司的故事"中谈及的，投资者会因为公司披露的优异业绩而购买其股票，而在随后的年份里，他只会看到这些报告收益出现下滑直至为零。然后，他可能会被迫或者恐慌性地抛售其股票并因此损失惨重，此时他仍然没有意识到公司在这 2 年的实际收益其实是一样的。

换言之，拥有本国和其他国家企业所有权的上百万的小投资者并不能获得其财产的真实信息，而是任由那些掌握内部信息的人摆布，而这些人或许只想从小投资者身上谋利，这一状况的形成很大程度上是因为会计行业认为编制那些在很多情况下具有误导性和不真实性，而且其编制原则仅适用于多年以前情况的财务报表是合适的。而这种情况所表现出来的事实是会计师目前的知识和训练并不能使他们有能力编制正确的财务报表。如果会计师能完成其培训，他们可能就会采用合理的会计原则，并能恰当地评价那些经济价值不能立刻实现的资产，这样的会计师才能算是合格的。会计师若想编制出真实的财务报表，那他们要么自己成为评估师，要么就聘用评估师。财务报表旨在揭示当前的经济价值，只有这样，财务报表才具有实用性。否则，财务报表将会是非常有害的。

第5章 价值的本质

在我们的现代用语中,价值是一个最常用但却最难理解的词语。它广泛运用于心理学、神学、伦理学、逻辑学、美学和玄学等各个方面。Plato、Aristotle、Kant、Lotze、Nietzsche,以及许多现代思想家都从不同方面研究了价值的内涵。然而,没有人能真正对它下定义。Plato 认为这是最难的科学问题。当今对于其重要性的认识被称为"19 世纪最伟大的哲学成就"。在心理学和哲学这个庞大的领域中,对价值真实本质的研究被认为已经形成了一个称为"价值论"的独立学科。然而,价值的本质仍然是未知的。迄今为止,仍没有人能对价值的本质给出令人满意的一般理论。

经济学与哲学的价值概念

尽管人们普遍认为,价值的本质是与价值的含义相关的,但从经济学方面来看,它与价值的含义毫无关联。人们已经相当熟悉经济价值的本质,并且价值的经济理论也已经充分地运用于最实用的目的。因为会计师们和门外汉都认为从价值的经济学概念到心理学或者是哲学概念的思维跳跃,导致了毫无意义,并且有误导性的财务报表的出现。当人们谈论一件东西的市价时,通常会提及"内在价值""真实价值""实际价值"。它们说的价值是什么呢?维持呼吸的空气或许是对每个人最有价值的财富,没有它,我们的生命转瞬即逝。这难道意味着在向自己的银行递交资产负债表时,每个人都应当将空气作为自己最重要、最有价值的资产列示在报表上吗？他是否还应当列示他的健康状况、他的才识、他的性格、他幸福的家庭生活，以及他对上帝的虔诚？所有这些都是人们通常认为有价值的东西。但很显然，有些东西的价值在资产负债表或者是利润表上是没有合适的位置的。

在价值论里，任何事物、想法或者行为都有价值，无论是积极的还是消极的。每个行为或想法都涉及有意识的或潜意识下的价值判断。而生活就是由这些有意识的或潜意识下的各种取舍、决策和价值判断组成的。不论是从宗教、伦理、逻辑、美学还是经济学方面来看，万物都是有价值的。由此可见，哲学本身就倾向对于价值的研究。价值论至今还没有找到衡量或比较价值的方式，更不用说去定义它了。

资产负债表和利润表旨在表达价值。为了达到这一目的，人们必须根据经济概念来表达价值，通常也称之为经济价值，因为这是唯一大家都懂得如何衡量的价值。如果会计师偏离了相对约束的经济概念并因此迷失在价值论的迷宫中时，他是无法表达价值这一概念的。但如果他能透彻地理解价值的经济理论，就能非常容易地表达这一概念了。

经 济 价 值

经济价值是一个社会用来衡量某个特定物品与其他物品的相对重要性的手段，并通过市场交易过程展示它的集体偏好。换句话说，任何东西的经济价值是它用货币计量的交换值，也就是市场价值。一件东西的市场价值是它在实际买卖中的价格。经济价值不是一件东西能卖多少钱，或者可以用多少钱买到。它不是预估的，而是实际的交易价格。经济价值也不仅仅与买卖相关，同时还与实际存在的条件相关。它给买卖双方都提供了一个基于现实情况的可靠基础，在此基础上买卖双方可以对未来价值进行估计。

由于缺乏实际的市场价值，一件东西的经济价值可以通过计算或估计买卖双方交易时的市场价格来确定。这种估计的市场价格并不是存在销售压力时的售价,也不是存在购买压力时不得不支付的买价。因为这两种情况都假定现存的供求比例失调。它代表的仅仅是潜在的买卖双方在没有供求压力并且没有作出任何影响对方行为的条件下估算出来的价格,而不是买卖双方的出价和报价。估计市场价格的方法将会在后面讨论。有必要强调的是,在任何一个市场中,一件东西的经济价值要么是其市场价格,要么是其估计市场价值。换句话说,一件东西的经济价值是而且仅仅是市场价值。市场价格的定义和含义将在接下来的章节中讨论。

如果从价值论学家的角度来看,许多有价值的东西其实是没有任何经济价值的。尽管没有了空气,我们最多只能活几分钟,但通常认为空气是没有经济价值的。母亲的爱、对上帝的信仰、对天花的免疫能力,所有这些对我们都相当重要,但是它们却是没有经济价值的。对经济价值与其他价值之间的差异分析揭示了这样一个事实,即所有具有经济价值的东西都具有三个特性,而不具有经济价值的东西都缺少其中一个或多个特性。这三个特性分别是稀缺性、可交易性和有用性。事物缺少这三个特性中的任何一个或多个都不可能具有经济价值,也不可能在资产负债表或者利润表上占有一席之地。

稀 缺 性 因 素

稀缺性可以这样定义:某种资源存在实际的或潜在的供不应求的特性,或者说具有在获取时会产生一些困难和费用的特质。因此,通过影响供给,稀缺性能左右一件商品的经济价值。小麦可能会出现产量过剩的情况,哪怕是免费赠送,仍有可能是供大于求。但是,它仍然具有稀缺性,因为种植小麦比较困难,还会产生一些花费。并且种植者并不会将小麦送给别人,而是会将收获的小麦储藏起来,或是当他们无法卖掉小麦时,会停止种植小麦。而空气同样也很多,但是获得空气的条件并不苛刻而且是免费的。因此,空气不具有稀缺性,因而也没有经济价值。水很多,但不是所有地方都如此。在沙漠附近的城市里,由于取水困难,花费也高,水也就具有了稀缺性特质;然而,在临近密歇根湖的居民区,水不具有稀缺性特质,自然也没有了经济价值。

如果一个人偶然发现了一块巨大的天然钻石,那么,他得到这颗钻石是不费吹灰之力的。但是由于钻石供不应求,因此,他的钻石同样也具有稀缺性。显而易见,一件东西如果既充足,又对每个人都是免费的,且得到它无需"大动干戈"的话,那么,它就不具有经济价值。相反,一件东西如果很稀有,或不易获得,并且同时具备可交易性和有用性两个因素,那么它就是有经济价值的。

可交易性因素

可交易性可以这样定义:某种事物拥有从一方交换或转移到另一方的特质,并且获得方能够物尽其用。可交易性对商品的经济价值没有影响,因为它不会影响商品的供给和需求。但是缺乏这一特性,任何商品都不可能具有经济价值。可交易性不考虑法律限制或者是实体形态方面的阻碍,除非它们是事物本身的一部分。尽管一个人的劳务合同在未经他的同意时是不能转让的,但是从经济意义的角度来看,这个契约是具有可交易性的,因为它的本质是可交易的。比如,某人拥有一台巨大的机器,安装在一个被高山围绕的农场里。当他想将这台机器卖给其他农场主时,尽管他可能无法将它运出这些高山,但这台机器仍具有可交易性,因为它的本质同样也是可交易的。

人的大脑本身是不可交易的,因此,它不具有经济价值。但是大脑的工作能力具有可交易性,因此它也具有了很大的经济价值。健康、智力、性格、幸福的家庭生活、宗教信仰、母爱以及对天花的免疫能力也是如此。它们本身是不可交易的,因此也就不具有经济价值。但是对它们直接或间接产物的应用可能是可交易的,因此也就可能具有经济价值。没有可交易性的商品一定没有经济价值,因为与之相关的买卖永远无法实现,也就不存在市场价格了。你无法想象一个人如何将他的健康卖给别人。并且,即便人们能够想象出潜在的买家,甚至是潜在的卖家,他们往往也会拒绝进行这些看起来就匪夷所思的交易。

一般人都知道强健的体魄是相当重要的。拥有健康的人不会为了钱出卖自己的健康,而那些身体不好的人们愿意倾家荡产来换得一个健康的身体。无论是对哲学家还是价值论学家,健康都具有价值。但是对经济学家而言,它却毫无价值。如果价值论学家知道如何去计量这些价值,那么他们就可以通过两张资产负债表来比较两个人拥有的东西的全部价值,包括他们各自的现金余额,他们的宗教信仰、远见、智力、健康以及许多他们可能拥有的东西的价值。可是价值论学家并不知道如何计量这些价值,甚至不知道如何去定义它们。所以会计师只能列报那些有可交易性、稀缺性和有用性的项目的经济价值。尽管从哲学概念的角度来说,健康以及其他许多东西都是有价值的,但它们却并不具有经济价值,因而也就不能包含在财务报表列示的项目中。

有 用 性 因 素

有用性,有时也称为"使用价值"或"主观价值",如果一个东西对个人消费者有用或有吸引力,那么可以定义这个东西具有有用性。因为人们的需求、喜好、厌恶有所不同,特定的商品在特定时间的有用性也因人而异。通常将有用性分为三种类型,分别是形态效用、地点效用和时间效用。形态效用是依附于物品的构成、形状或者外观而产生的效用或需求。简而言之,就是源于它是什么。位置效用是依附于物品的地理位置而产生的效用或需求。时间效用是基于物品被使用的时间而产生的效用或需求。

有用性能够影响商品的需求进而影响商品的经济价值。即使在一切都相当富足的社会,1蒲式耳小麦也有价值,因为它作为食品有它的形态效用。而在其他条件都相同的情况下,一个富裕但缺乏食物的社会,同样1蒲式耳的小麦,它的价值会更高。而且,在富裕社会的人们可能愿意花更多的钱立刻得到这1蒲式耳的小麦,而不是等待30天后才拥有。利率是对货币时间效用的表达。因此,一张无息的1年期应付票据的价值是低于同样金额的即期票据的。

商品对个人消费者的效用超过他获得该商品必须支付的价格的部分叫作消费者剩余。例如,一个小男孩靠跑差事换到了一瓶冰激凌苏打汽水。这瓶汽水让他非常受用,收获了巨大的满足感,这远远超过跑差事带来的不便和麻烦。这个男孩或许会继续跑差事来换取第二瓶苏打水。然而,他可能觉得这瓶汽水的味道不如第一瓶。换句话说,它的有用性以及消费者剩余都在下降。如果这个男孩继续购买苏打水,不久之后,他从苏打水中得到的满足感或者说苏打水对他的有用性,将会降低到一个临界点,此时苏打水的有用性将不足以抵销他跑差事的付出,并且这么低的效用(有用性)也无法再产生消费者剩余。当接近饱和点时,继续增加的商品所具有的有用性会越来越少,这就是所谓的效用递减规律。消费者剩余是每个消费者从购买的商品中得到的个人收益。它是这件商品的有用性比交易中他所付出对价的商品的有用性更有价值的那部分。在任何时候,商品的有用性都在随着不同消费者的喜好和需求而明显变化,同时也随着每个个体消费者的不断改变的情况而不时发生变化。正是由于商品有用性特质中的消费者剩余,使消费者产生了对该商品的需求并刺激了消费者的购买。

商品如果没有用就没有经济价值。除非一件商品能满足人的某种需求,否则没有人会愿意花钱去买它。但很明显,一个商品的经济价值与其使用价值或有用性不成比例。这也是理所当然的,因为有用性是个人主观的东西,会因人而异,然而经济价值却是社会公认的,它涉及许多买卖者的共同判断,并且完全受以下两个方面的影响:由于供给关系而形成的稀缺性和基于需求而形成的有用性。然而，经济学家已经创造出"边际市场价值"和"边际效用"这样的术语，将理论中的与买卖双方相关的有用性的约束性概念和经济价值联系起来。假定一个农民将一车苹果运到零售市场上售卖，他要给苹果制定一个价格，让苹果能够在当天全部卖完。如果他将每个苹果的价格定得太高，有些顾客会购买他的苹果，但很可能没有足够的顾客把这些苹果买完。要达到他的目的，他必须降低苹果的价格，使这个价格不高于一个苹果对于最没有购买意愿的消费者的使用价值。这样，他才能卖掉他全车的苹果。因此库存商品中的任意单位边际市场价值仅仅代表着要以固定单位价格售出全部库存时所需要的价格。

相反，对于个人消费者而言，边际效用仅仅代表着购买者从在他最近购买的一单位商品中所感受到的满足感。这种满足感应当恰恰等于消费者从其所购买的任一单位商品中获得的满足感。效用递减规律导致商品对消费者的效用随商品的增加而减少。因此，对消费者而言，最后购买的一单位商品带来的满意度或有用性是最低的。这个最低的有用性的价值至少要等于消费者所付出的对价，否则，最后一单位的商品将无人购买。由于每单位商品都是一样的，因此，其中任何一个被购买后，它一定具有与所有者所拥有的其他东西相当的经济重要性。如果他将其割爱，该商品对他的有用性将等于他所购买的最后一件商品的有用性，这也就是当时这个商品对它的购买者的边际效用。边际效用的概念对理论经济学家们相当重要，但对会计师而言，这个概念可能并不具有很重要的实践性。

很显然，有用性是经济价值的不可缺少的因素。这是因为，如果一件商品既没有使用价值也没有任何需求，那么没有人想要它，因此无论如何定价它都不会存在实际的或潜在的需求。正因为不存在也不可能存在需求，所以也不会有市场价格或估计市场价值。普通的蚊子没有经济价值，而蜜蜂却有经济价值。而一件东西只要人们认为它有价值或对它有需求，它就是有价值的。而在现实中是否有用或是否值得，也就无关紧要了。兔子的脚，作为好运的象征，在现实生活中毫无用处，甚至可以说是有害的，因为它还可能携带细菌。但如果人们相信兔子的脚能给人们带来好运,那么从经济学的角度,兔子的脚就具有有用性。当它同时具有稀缺性和可交易性这两个因素时,兔子的脚就具有了经济价值。

供 给 和 需 求

到现在为止,我们认为经济价值是市场价值或者估计市场价值。一切具有经济价值的东西都必须具有稀缺性、可交易性和有用性这三个特性。此处的稀缺性因素是指在价格为零时有效需求大于有效供给;有用性因素是指一件商品的价格大于零时仍存在有效需求;可交易性是指商品存在实际的或潜在的具有供需关系的市场。这样,讨论的范围就缩小到供给和需求这两个相反的因素,它们之间的反作用形成了市场价格。因此,分析到最后,可以说供需的比例决定了经济价值。

假定每蒲式耳小麦1美元。由于玉米产量下降,迫使大量的消费者转向对小麦的需求。自然,小麦的价格就会上涨。因为此时供需比例更有利于卖方市场。小麦的供给没变但是需求上升了。对于许多以前购买玉米的消费者而言,现在的小麦也具有了有用性。而在玉米产量下降之前,这种有用性是不存在的。这是因为此时小麦作为食物或者饲料比玉米更便宜些。一旦玉米比小麦卖得便宜,那么,小麦的有用性将不复存在,而当玉米涨价或者消失,小麦的这种有用性就会再次出现。此时的小麦或许会涨到每蒲式耳2美元,而它与先前每蒲式耳1美元的小麦别无二致。它对家庭主妇的有用性毫无疑问也是相同的。

假定某人以每蒲式耳1美元的价格购买了市场上的小麦用于个人消费,在小麦的价格涨到每蒲式耳2美元时,某会计师为这个人编制资产负债表。会计师认为每蒲式耳小麦值1美元,并对这个人说:"对你而言,每蒲式耳小麦的价值就是当时花费的1美元,而且你并不打算卖掉它。小麦没有改变,还是原来的小麦。它对你的使用价值也没有发生变化。因此对你而言,它的价值没有发生变化,仍然是每蒲式耳 1 美元。所以,在你的资产负债表上,小麦以 1 美元列报。这是它给你带来的价值。"会计师通常以这种方式对资产进行核算。这种方式不仅仅适用于作为个人消费的小麦,同样也适用于土地、房屋、机器和其他资产。会计师是如何知道每蒲式耳 1 美元的小麦此时或过去对这个人的使用价值呢?或许这个人没有其他方法得到小麦时,会花 10 美元去购买 1 蒲式耳小麦。或者为了不挨饿,他会花 100 美元来购买 1 蒲式耳小麦。

显而易见,小麦每蒲式耳 1 美元的原始成本并不是它对这个人的使用价值。小麦这 1 美元的价值不单是由小麦对这个人或对其他消费者的有用性决定的。它仅仅是当时有效供给与有效需求相抵的结果。也就是说,小麦这 1 美元的价值是由供给和需求两个相反的力量斗争的产物。衡量有用性的价值不能脱离供给的影响。哲学家一度这样做了很多年,但并没有任何实质性进展。当会计在尝试这样做时,它必须让自己的思维从价值的经济概念跳跃到哲学的和心理学的价值概念。如果他所受的训练让他有足够的能力弄清这些概念,他将会意识到自己的立场是站不住脚的。

再次假定每蒲式耳小麦 1 美元。这时,小麦大丰收,市价跌至每蒲式耳 50 美分。此时小麦的用途并没有变,还和以前一样,对它的需求也同以往一样。但是,小麦的价值中的稀缺性因素已经发生了改变。与需求相比,它的供给太大了。因此供需比例变得对买方更有利。结果就是小麦的价值下降了。以前购买小麦的人或许会说:"我花 1 美元买 1 蒲式耳小麦是因为对我来说它值得。它还是原来的小麦,所以,在我的资产负债表里,它的价值仍然是每蒲式耳 1 美元。"这个购买者只不过是自欺欺人。他花 1 美元购买 1 蒲式耳小麦并不是因为小麦对他而言值 1 美元,而是因为那是小麦的市场价值。同时也是因为他认为小麦的有用性不止 1 美元。

一件东西对一个人的价值不是靠他付出多少来计量。空气对我们每个人的生命都很重要,然而,没有人会为空气花钱。一件东西对一个人的价值与其说是依赖于这件东西本身,还不如说是依赖于它的经济价值。稀缺性和有用性的变动,这两个因素会随着消费者个人的情况而有所不同,这一点是必须予以考虑的。上面提到的那个购买者,在他花 1 美元购买 1 蒲式耳小麦的 10 分钟之后,某个人或许会送给他很多的面粉作为礼物。假如他在 10 分钟之前拥有这些面粉,他很可能就不乐意花 1 分钱去购买小麦。在得到面粉后,他或许会卖掉小麦,无论以什么样的价格,他甚至会将小麦赠送给邻居们,这样以便留出储存面粉的空间。就这样,10 分钟之内他的小麦就变得毫无价值,甚至是一个负担。但小麦还是原来的小麦,用处和往常一样的小麦。

那么谁能证实这样的观点:甚至对个人来说,一件东西只要其没有发生变化,其价值就保持不变?经济价值取决于供应方的力量,也同样程度地取决于需求方的力量。任何脱离商品的供给或需求来衡量商品的使用价值的尝试都只会使人陷入无法区别真假的哲学抽象困境中。但是当会计师需要详细解释"现行价值"理论时,他们会不断地尝试使用上面的分析方法为他们以原始成本对固定资产计价进行辩解。

关于价值概念的缺陷

关于价值的广义概念有两个:一个是绝对价值的概念,无论它是供给还是需求,无论是个人层面还是社会层面;另一个是作为市场供求力量博弈结果的价值概念。第一个概念源于哲学,它假设在这个世界上没有人知道如何去计量、比较或定义价值。第二个概念与整个商业社会建立的基础——经济价值有关。这个概念下的价值在某些情况下可以用数学的方法精确表达。每个人在商务中都理所应当使用经济价值,这个假设看似合情合理,因为经济价值是唯一大家知道如何计量的价值。但是,事实并非如此。会计师像门外汉一样一直抗拒无法取悦他们的经济价值,无视供求规律,还准备根据创造者的意图而忽略任何的合理性而建立他们自己的价值概念。

某人按每股 20 美元购买上市公司的股票。但股票的市价很快就跌到每股 10 美元，股票持有者当然不喜欢看到这种情形。对股票的持有者而言，股票本身没有发生任何变化而股票的价值却发生这么大的变化，这简直是无法想象的事情。因此，他认为股票的市价低于股票的"实际"价值并且拒绝承认股票的价值是 10 美元。他认为股票的价格终将"回归"到它的"真实价值"——每股 20 美元上来。他可能是对的也可能是错的。目前，股票的价值是每股 10 美元，而股票持有者希望将来股票的价值是每股 20 美元。但是股票的价格有可能跌至每股 5 美元并保持不变。

　　另一个人按每股 50 美元买了上市公司的股票。股票的市场价值很快涨至每股 100 美元，这个人的会计师并不高兴。对他而言，股票本身对于持有者而言没有发生任何改变，而股票的价值的变化却如此之快，这简直是无法想象的事情。因此，会计师认为对股票持有者而言，股票的市场价值高于该股票的"保守价值"。他否认股票的价值是 100 美元。他认为股票的价值是每股 50 美元，并且未来股票的市价也将降至每股 50 美元。他可能是对的也可能是错的。目前，股票的价值是每股 100 美元，并且会计师认为将来股票会跌至每股 50 美元。但是股票可能会涨至 200 美元并保持不变。这里就让人疑惑了：为什么会计师担心股票市价会降至每股 50 美元，而不是每股 40 美元或者每股 30 美元又或者是每股 10 美元？为什么他不用这些数字作为股票的价值呢？

　　某人购买了一些土地和房屋组建了一个工厂。不久，一个城市在其周围发展起来。很显然，现在工厂的市场价值是其原始成本的很多倍。会计师仍然以原始成本作为工厂的价值，并称这个成本为"现行价值"。他认为对老板而言，工厂的价值没有发生变化。因为无论是土地还是建筑物，它们的作用都没有发生变化。会计师衡量工厂的价值时只考虑工厂的有用性，而不考虑外界的供求因素。他试图对经济情况应用哲学概念，但他却不如哲学家谦虚。因为在这点上哲学家承认自己的失败，而会计却声称自己是成功的。为了自圆其说，他将前文提到的供给理论中的经济价值作为他对价值的定义,而现在他又反过来不相信这一理论了。

人们常常把"内在价值""真实价值""实际价值"与市场价值或经济价值区别开,同时也将市场价值或经济价值与他们自己认为的经济价值,或者他们期待不久之后的经济价值区别开来。这样做时,他们无意识地回到了不考虑供求关系的绝对价值的哲学概念上去了。他们忘记了价值不是由商品的有用性或对商品的需求决定的。如果是由他们决定,那么水将会比宝石有价值,1磅面粉可能值好几磅的松露。人们本能地怀疑经济价值的突然变化。如果变化是逐渐的,他们就会习惯这种变化并接受这种变化。这或许是因为,他们可以有时间将该变化与他们信奉的哲学价值概念进行协调,并得到这样的结论:一定是发生了某些效用上的变化,只是他们没有察觉。但是如果经济价值突然发生巨大改变,他们就会拒绝相信这些变化,否认它们的发生,并称这种变化为市场波动,谈论那些"内在的""真实的"或者"实际的"价值,并且断言不久之后,市场必将回到其"实际"的价值。在这些预测中,他们对错参半。我们的经济生活中充满着经济价值方面的巨大突变,这些变化不只是在多年内的涨跌中折回,同时也很可能在实际意义上永远保持下去。有人发现了铂金的用途,然后它的价值猛涨——永远地;有人发现了人工合成靛蓝染料的方法,靛蓝染料大部分的价值消失——永远地;一条铁路穿过一座城镇,然后这个城镇的土地价格疯涨——永远地。

人们,特别是会计师,应该认识并牢记,我们生活在一个经济价值千变万化的社会,而其中有很多变化是永久性的。会计师不应该对任何经济价值作预判。会计师无权因为他对经济价值未来升降的判断,而用虚构的价值取代经济价值。无论这个虚构的价值是高于还是低于经济价值。会计师所能确定的就是目前的经济价值,而且如果他明明知道却没有使用它,那么他的信用将会受损。因为他的行为必定会使人们蒙受损失。股东和债权人有权相信会计师给他们提供的数据表示的是真实价值而不是个人臆测,而只有经济价值是大家都知道如何来表达的。

第 6 章 货 币

在以物易物的社会里,市场价格通过各种不同的商品来表现,而不是通过像货币这样常用的交易媒介来表示。因此,一头奶牛可能值 50 蒲式耳小麦、5 头猪或者 20 码布。任何特定数量的物品的价值都可以通过很多其他种类的物品的价值来表现。如今世界上很少有地方会不使用货币而采用这种直接交换的交易制度。但事实上,即使在最先进的国家里,这种方式也尚未完全消失。因此,周日的报纸上可能载有大量有关物品交换信息的广告,如用收音机或房子来交换汽车或你所拥有的其他物品。

交 易 媒 介

以物易物是一种非常麻烦的交易方式。设想一个零售店采用此种方式做生意。那么每种待售物品的价格标签上将要列出成千上万种等价物,一份完整的价格目录可能会填满一个市图书馆。某些不宜分割的商品将无法表示为预想的价格,就像一根有轨电车的导电轨可能有一百种报价一样。在这种方式下,我们现在所知的快捷、无障碍的交易将是不可能实现的。

即使是原始社会的人们,也意识到了以物易物这种方式的局限性,从而确定了一些交易媒介,以便于价值换算及交易。无论它采用的是何种形式,这种交易媒介就是货币。在某些阿拉伯部落里,骆驼是货币;在北美印第安,贝壳币是货币;在许多非洲部落里,玛瑙贝壳是货币;在中国,银是货币;而在美国和欧洲,黄金是货币。

除此之外,政府可能会发行一些纸币或铸币作为货币。这种纸币和铸币被称为代用货币。它们面值的维持依赖于实物货币的保证,或者是发行政府对公民财富的征税权力,也就是信用。当政府拥有的实物货币量不足以清偿其发行的代用货币而信用下滑时,代用货币的价值也将下滑。在这种情况下,代用货币将会失去其代表一定数量的实际货币而拥有的价值,而回落至它作为一种商品的经济价值。在第二次世界大战后的德国,纸币马克大幅度贬值,几乎成了废纸。

在货币出现之后,价值趋向于仅仅通过货币来表现。如果被告知每蒲式耳 1 美元的小麦的价值等同于 10 磅铜,人们会说,1 蒲式耳小麦值 1 美元,1 磅铜值 10 美分。这就将所有商品的价值转化为共同的货币单位,从而使不同商品的价值易于比较及交换。在所有文明的社会里,价值都是以现任政府所指定为货币的商品来表现和衡量的,而不是由很多种不同的商品来衡量。被指定为货币的商品称为本位币,或是价值标准。

金 本 位

为什么黄金成为大多数文明社会的本位币,而不是骆驼、贝壳串珠或海贝?这很可能是因为,在经过很多次试验后,人们发现,黄金拥有许多曾被当作货币的商品的理想特质。其中,最重要的三个特质就是耐用性、方便性以及价值稳定性。方便性包含了下面一些特征,如数量充足、质地均匀、易于分割、便于储藏、体积小,这些特征构成了黄金作为本位币所需的物理稳定性。

耐用性是必不可少的。骆驼会死,海贝会破裂,贝壳串珠会腐坏。如果用它们来充当货币,将难以代表政府发行纸币所基于的永恒的财富形式。数量充足也是非常必要的。镭不适合作为货币,因为政府可能垄断供应。价值高、体积小也很重要。很多艘船运输的小麦、铅或者铜的价值才能抵得上一艘船的黄金的价值,更何况,前者还需要很大的储藏空间。价值的稳定性可能是最重要的特征。如果没有这种特征,货币将是一个不断变化的尺度,就像是一个橡皮尺,或是一个每次称量刻度都不同的秤。

黄金之所以能一直作为货币,是因为它比其他商品都更经久耐用,方便且价值稳定。银也被当作货币广泛使用,但是它不如黄金方便,因为它的体积大且重量大。尽管黄金比其他商品都更适合作为货币,它仍有一些不尽如人意之处。就耐用性和方便而言,它虽然不会腐坏,但由于质地柔软,它很容易磨损,此外,它太笨重,如果数额很大,就必须雇佣人力和车辆来运输。而通过使用代用货币、支票和汇票等信用工具,很大程度上避免了黄金在耐用性和方便性上的缺陷。因此,这些缺陷并未构成重要的障碍。这会引起一些耗费或不便,从某种意义上来说,使商业领域增加了一些费用,但是这些费用并未构成沉重的负担。

罪恶的、受尽谴责的黄金兑换比例,与货币的第三种特征也就是价值稳定性相关。这个罪恶如此巨大,破坏力和伤害性如此之强,以致构成了现行经济体系最为严重和致命的缺陷。随之而来的是倒闭、破产、罢工、失业、危机、恐慌、崩溃边缘。然而,它对外行掩藏得如此之好,以至于很可能一百个人中都没有一个人知道它的存在。每一个会计师都应该知道它的本质、起因及可能的补救方法。否则,他就不能很好地理解现行会计准则的不合理之处,无法很好地领会变革它们的令人信服的原因。

黄 金 的 价 值

黄金的价值同其他商品的价格一样,由供给和需求的相互作用来决定。在美国,其他商品的价格通过美元来表示,目前 1 美元相当于 1/35 盎司的黄金。在 1933 年的重估定价之前,1 美元约等值于 1/20 盎司黄金。显然,通过黄金来表现的商品的价值会随着自身价值的变化而变化,也会随着黄金价值的变化而变化。如果黄金的价值跌到了它原先价值的一半,那些以黄金来表现的商品的价值将会翻倍。但是如果黄金的价值以其自身来衡量，那么除非政府发布政令，否则它的设定价值将永恒不变。1/35盎司黄金将永恒等于 1 美元，因为 1/35 盎司黄金就是 1 美元。就如同我们说的，60 盎司黄油就等于 1 磅黄油。事实就是这样，不管黄油的价格如何变化，60 盎司黄油就等于 1 磅黄油。

因此，为了表示黄金价值的变化，必须通过除了它自身以外的其他商品的价值来表现。黄金的价值可以用小麦来衡量，当价值发生变化时，黄金和小麦的价值都同时发生相应变化。如果 1 美元目前等值于 2 蒲式耳小麦，然而之前它等值于 1 蒲式耳小麦，我们可以说黄金的价值翻倍了或是小麦的价值减半了。解决这个问题的最好的办法就是用一系列其他商品的价值综合衡量黄金的价值，因为价值的变化只有在商品相互关联时才可能发生。所有商品的总价值一定是保持不变的，因为包括了所有商品的总体，没有别的东西可以与之比较了。借用数学上的一个概念表达，就是它成了唯一的"参照系"。如果黄金的价值变化了，并通过其他所有商品总和的变化而表现出来，人们可以肯定黄金自身的价值已经改变到精确的程度；反之，也可以说，其他所有用黄金衡量的商品的价值也发生了变化。

一个由除了黄金以外其他所有商品所确定的指数可能由成千上万种商品组成，包括很多不重要的商品，这在实际操作中很难完成。但我们可以通过对一些重要商品指数的定期汇编来得到这项指数的近似值，每种商品的权重取决于其重要性。目前这样的一些指数正在使用中，并且已被公众知悉很多年了。其中包括有关于原材料的批发物价指数，以及反映普通消费者生活成本的零售物价指数。这些指数都是用不同的方法推算的，而它们的波动都表现出显著的一致性。

对这些指数的审查揭示了美元价值的回旋式波动。以 1913 年的美元为基础，1865 年年初的 1 美元大约等值于 48 美分，1896 年的 1 美元大约等值于 1.50 美元，1920 年它下降到约 44 美分，1932 年它又上升为 1.05美元。从 1920 年至 1921 年，1 美元的价值从 44 美分上升到 77 美分，在 1

年内升值约 75%。这就意味着在 1920 年价值 1 美元的商品在 1921 年仅仅值 57 美分,这完全是因为黄金的价值发生了变化,丝毫不是因为这种商品本身的价值或供求发生了变化,或者与除了黄金以外的其他商品比它的价值发生了变化。一台在 1920 年价值 1 000 000 美元的设备到了 1921 年,其价值仅为 500 000 美元多一点。在 1920 年价值 100 000 的存货在 1921 年仅值 57 000 美元。然而货币以其自身所表现出来的法定价值当然是没有变的。

黄金的价值并不比银稳定。如果说有差别的话,银的价值可能比黄金的更稳定。但是就价值的稳定性来讲,金银都不适合做货币。美元和中国银元都不过是橡胶卷尺。事实上,用两者来衡量价值,和用能伸缩的橡皮筋来衡量长度一样都不是好方法。两者都是固定重量的某种金属,但是它们的价值却一点也不稳定。

以货币计量的价值

一个野蛮人估计他的棚屋值 1 头象,他的衣服值 10 只兔子,他的矛和盾值 5 条狗,他的弓和箭值 60 只猫,然后宣称他的所有财产值 76 只动物,没有说明具体是哪些动物。对此,聪明人该怎么想?聪明人很有可能会嘲笑野蛮人,说他们仍和以前一样愚蠢。然而,当由一个现代的会计师事务所处理几乎相同的事情时,人们却极容易非常严肃地去接受这些数字,并假定他们已经完全了解了相关财产的价值。

会计师事务所在编制一份资产负债表时,会考虑到用于价值计量的各种不同币值的美元,有折合成 1913 年美元来算是价值 44 美分的小美元,还有价值 1.50 美元或大约是小美元 4 倍数额的大美元,还有在这之间的大小不同的具有不同价值的美元。如果会计师事务所发现一个人在 1920 年买了土地,它会以价值 44 美分的小美元来对土地计价,当然,这需要很多美元来表示,因为这个单位的价值太小了。但如果这个人是在 1896 年买的土地,会计师事务所就会以价值 1.50 美元的大美元来计价,这不需要太多美元,因为这个单位的价值很大。如果这个人在 1921年购买了财产,计量这些财产的美元的价值几乎是在 1920 年发生相同业务所需美元价值的 2 倍,这样的话,用于计量这些财产的美元数量也就是 1920 年的一半。会计师事务所完成计价之后,会合计一下这些数额,并告知这个人以及他的银行家,这个人值这么多美元。这应该是准确的信息,鉴于会计师提供的数字,银行家很可能仍以不同大小的美元来给这个人提供借款。

类似的喜剧在不断上演,却没有人笑了。银行家们花费数周的时间来考虑所发行债券的利率应该定为 4.75% 还是 5%,却不考虑债券到期后所偿还的美元类型。可能有一半的本金会被还清,也可能本金会翻倍。假定一个企业经营了数年都有利可图,然后正如 1920 年至 1921 年所发生的事情那样,黄金的价值几乎翻了 1 倍。这个企业的销售量可能和往年一样,但由于以价值翻倍的美元来计量,销售额仅仅为往年的一半。然而令人关心的是,这个企业却支付了与往年等额的工资费用、租金和债券利息。它在维持这种状态一段时间后最终将停业或破产。紧接着发生的便是失业,人们纷纷谈论生产过剩,社会上是一片悲惨和痛苦的景象。

商 品 货 币

解决这种问题的关键大多在于本位币或价值标准的稳定。在著名的《货币的假象》一书中,Irving Fisher 称,如果货币的价值是基于一个典型的商品指数,而非基于固定荷重的黄金,这种稳定化就会实现。他的提议是,停止铸造金币,政府只以金块的形式发行黄金。那么 1 美元中黄金的分量应随着商品指数的变动而变动,每 1 美元的代用货币在赎回时都能以代表 1 美元的黄金来支付。对于这个方案,预期几乎没人能意识到有任何变动,交易会像往常一样进行,不过由于周期性的萧条引起的很多麻烦却能够得以避免。市民仅仅会注意到他的生活成本没有变化，他的薪水像其他年份一样能够满足他的需求。工人不会再像现在这样，因某年高昂的生活成本或某年的失业而陷入困境。Fisher 教授指出，所有的这一切都可以通过国会颁布一项货币稳定的法案来实现。Fisher 的方案极具争议性，一些权威人士认为它会产生与预期相反的结果。然而，金融系的学生普遍认为货币的稳定是当今经济领域最重要的一项进步，这与任何特别的方案都无关。

至于会计实践，很显然，会计师在编制财务报表时，都应该尽量使用资产负债表日的货币来表述经济价值。现行的会计程序趋向于把知情的内部人士推到一个欺骗不知情的外部人的位置上，这些外部人包括股东、债券持有者、银行家，或者债权人。根据之前谈到的问题，用原始成本代替现行经济价值所带来的缺陷是显而易见的。会计师应至少每年对价值作一次修正，并用现行的货币来表述现行的经济价值。这样，股东才能明白那些经常让他们感到困惑的巨大的变化，并领会到币值稳定的重要性。他们应该十分清楚地了解这些事实，而不是被蒙蔽。

会计师应该创造一种固定的商品货币，然后用此种商品货币对每套财务报表中的数字进行重述。这样，财务报表将仅仅根据购买力来表述，并能显示出每个期间剔除黄金价值变动影响之后的损益。例如，给定一个企业 1921 年 12 月 31 日的资产负债表，它所列示的用当日货币表示的当日资产的价值，很可能只等于 1920 年 12 月 31 日同样一家企业用当日货币所表示的当日资产价值的一半。也就是说，1921 年的财务报表将会显示出巨额亏损。而亏损几乎全是由于黄金的价值的变化导致的，黄金价值变化会对除了黄金之外的所有商品产生几乎相同的影响。因此，虽然与大部分负债相比，企业的资产很可能发生了减值，并且与固定费用相比，企业的毛利发生了减损，但从购买力角度来看，也就是从固定的商品货币来看，企业资产价值实际上很可能只遭受了很少的损失。所以，它的实际损失应以负债和固定费用的购买力的增值来衡量，而不是以资产和毛利的购买力的贬值来衡量。如果与资产和毛利相比,企业的负债和固定费用很大,那么这个企业很有可能会破产;反之,如果负债和固定费用很小或不存在,这个企业可能根本不会发生损失。

的确,用固定的私有商品货币来表述财务报表能消除由于现行交易媒介的波动引起的价值变动。然而,这项程序目前能否经得起深入考究是受到质疑的。首先,外行人完全无法理解这样的报表;其次,很可能连专家也会对以这种商品货币来重述资产和负债的事实感到头疼。在经济繁荣及萧条时期,大多数资产的价值易于保持稳定,但大多数负债的价值则容易发生波动。因此,除非资产负债表日的法定货币正好等同于所使用的商品货币,否则,在企业的负债可以用现行货币确定的情况下,就有必要提前对其进行计算。同时,当债权人或股东根据当前货币确定他们所拥有的财产时,净资产和净利润都需要用现行货币进行重述。在这种情况下,似乎应尽可能推迟根据固定的商品货币来编制财务报表,直到政府将商品货币确定为法定货币,或者稳定目前的交易媒介。当然,按照法定固定商品货币编制的财务报表与按照私定的固定商品货币编制的财务报表是截然不同的两码事,因为在商品货币法定化之后,负债和资产的价值将不再被黄金价值的变化所影响。

当企业家及外行人拥有的货币数量减少时,他们会本能地觉得遭受了损失,即使这些金额较小的货币可能与之前金额较大的货币具有同等的购买力。当会计师编制的财务报表显示的是货币金额的变化而不是购买力的变化时,他们仅仅是在例行公事。他们所呈报的财务状况的变化和每个人计算的自身财富状况的变化是一样的。资产负债表表头日期这项信息已足够让专家将现值转化为他想要的任何一种商品的货币价值。如果他愿意的话,就可以将一系列财务报表转化为波动的盈利能力。然而,公众及商业领域的人们对这个理论并不熟悉,如果会计师想让他们列报出来的数字被外行人理解的话,就必须根据能被他们理解的概念来编制财务报表。

币值稳定会计

Henry W. Sweeny 在他的著作《币值稳定会计》①中以一个有些不一样的方式抨击了货币价值的变化给会计师带来的问题。Sweeny 认为财务报表的目的在于揭示购买力的变动。为了达到这个目标,他尝试通过一个归集与分摊的方式,将账上的每个项目进行重述,使其购买力等同于资产负债表日的法定交易媒介的商品货币。货币价值的变化是通过反映一般购买力变动的商品指数计算得出的。特定资产价值的变化可能是由三组不同的数据计算得出的,按照优先顺序分别为:市场价格或重置评估成本、个别地区的个别商品价格指数,以及上文提到的一般购买力指数。需要强调的是,市场价格和重置评估成本作为估值基础比经商品指数修正后的原始成本更为理想。

通过这种对账户进行相当复杂的处理所得出来的资产负债表与本书中提出的由简化方法得出的资产负债表极其相似,尽管由于采用了不同的概念,这两种方法在细节上有很多不同之处。那么,如果采用了市场价格或重置成本,根据这两种做法得出的资产负债表的资产、负债及全部净资产都会是等同的。唯一的不同在于净资产在股本与盈余中的分配。如果1年中一般商品指数翻了1倍,在币值稳定会计模式下,原始股本和盈余账户金额将变为原来的2倍,而利润则保持不变,但笔者的做法是保持股本和盈余账户不变,把净资产的增加额作为利润。类似地,如果商品指数减半,在币值稳定会计模式下,股本和盈余账户的金额将减半,并相应地将减少额贷记至利润。

一个简单的例子就足以表明币值稳定会计会令企业家感到多么费解。假设有一家企业只有 2 000 美元的现金、1 000 美元的股本和 1 000 美元的

---

① Henry W. Sweeny, Stabilized Accounting, New York and London, Harper &Brother, 1936.

盈余。本年没有交易事项发生,在年末的时候,这家企业仍然拥有原来那2 000美元。然而,商品指数在当年翻了1倍。笔者报出的年末资产负债表会保持不变,既没有利润也没有亏损。而币值稳定会计报出的资产负债表会显示出企业有2 000美元的股本,同时盈余减为0。并且在币值稳定会计模式下,利润表也会显示出企业损失了2 000美元,或者说它损失了之前所有的股本和盈余。不管这样的数字将采用的概念解释得多么准确,显然它们并不能为企业家和普通大众所理解。

至于损益类账户,根据币值稳定会计得出的最终结果和具体结果都与本书推荐的方法得出的结果大不相同。然而,最终结果的差异都是由于在币值稳定会计模式下,一部分利润和亏损被剔出利润表了,这部分损益在以资产负债表日的一般商品指数水平为基础重述净资产的调整过程中体现出来。那么,如果一家企业拥有1 000美元的股本和1 000美元的盈余,它在一般商品指数翻番的期间赚了4 000美元,在币值稳定会计下,当期净利润只有2 000美元,而另外2 000美元的利润会被当作是一个正常的增加额,而不是利润。这个正常的增加额仅仅是用来让净资产的购买力与期初保持一致。币值稳定会计认为利润不是货币价值的增加,而是仅仅把它当成购买力的提升,即一家企业理论上所值的固定商品货币数量的增加。这个观点很容易改变利润表中几乎所有的明细项目金额,就像接下来展示的例子一样。

币值稳定会计的实例

假定一家公司在1月1日设立时有2 000美元现金、500美元股本、1 000美元应付票据和500美元盈余。传统的会计师和作者都会将资产负债表编制如下。

在截至12月31日的这1年中,公司的销售额为2 000美元,全部收到现金。销售是在1年中均匀进行的。同时公司在1年中也均匀地承担了

1 000美元的费用,这些费用都是用现金即刻支付的。本年中一般物价指数从 100 平稳上升至 200。

资产负债表——1 月 1 日

资　产		负　债	
现金··················	$ 2 000	应付票据··················	$ 1 000
		股本　··················	500
		盈余　··················	500
	$ 2 000		$ 2 000

传统的会计师及作者都会将年末资产负债表及利润表编制如下:

资产负债表—— 12 月 31 日

资　产		负　债	
现金　··················	$ 3 000	应付票据　··················	$ 1 000
		股本　··················	500
		盈余	
		年初余额　·········	$ 500
		本年利润·············	1 000
		年末余额··················	1 500
	$ 3 000		$ 3 000

利　润　表

销售收入·················	$ 2 000
减:费用·················	1 000
本年利润·················	$ 1 000

而币值稳定会计模式下编制的年末资产负债表及利润表如下所示：

资产负债表——12 月 31 日

资　　产		负　　债	
现金 …………… $3 000		应付票据 …………… $1 000	
		股本 ………………… 1 000	
		盈余	
		年初余额 …… $1 000	
		本年利润 …… 0	
		年末余额 ………… 1 000	
$3 000		$3 000	

利　润　表

销售收入 …………………………	$2 666.66
减:费用 ……………………………	1 333.33
营业利润 …………………………	1 333.33
加:货币价值变动收益:	
应付票据 ………………………	1 000.00
	2 333.33
减:货币价值变动损失:	
现金 ………………………………	2 333.33
本年利润…………………………	0

可以看出,上述两份年末资产负债表的净资产总额是相同的,唯一不同之处在于净资产的构成。不过两份利润表的差异却非常大,没有一个项目是相同的。差异的原因在于,与笔者的编制方法不同,币值稳定会计不满足于仅用现行货币来表示现行价值,并将它们与以前的货币表示的以前的价值相对比,它还试图将账簿中的全部金额重述为与现行法定货币的购

买力等同的私有化商品货币。此外,它坚持将利润或损失分摊至具体的资产或负债账户。不论当前是否存在,这些账户的价值在它们存续期间内,并不会随着一般商品指数的波动而波动。

具体地来解释,利润表中的销售收入 2 666.66 美元,只是用一种等同于年末法定货币购买力的商品货币对 2 000 美元的账面金额进行重述得到的。销售在 1 年内均匀进行,在这 1 年中商品指数从 100 平稳上升为 200,因此,销售额的平均数一定是商品指数的均值为 150 时得出的。商品指数水平为 150 时的 2 000 美元的购买力等同于商品指数为 200 时 2 666.66美元的购买力。因此,2 666.66 美元代表了用年末货币表示的销售额的购买力价值。

类似地,费用也是 1 年中均匀发生的,因此,所有费用的均值也一定是商品指数为 150 时得到的。用商品指数水平为 200 时的美元进行重述,1 000美元的费用则变成了 1 333.33 美元。

1 年中,当商品指数从 100 平稳上升为 200 时,应付票据保持不变。应付票据是一种货币性负债,即不管货币的价值如何变化,它总是代表与现行法定货币相同的金额。因此,年末应付票据项目表示的以 1 000 美元年末货币衡量的负债,在年初时等同于以 2 000 美元年末货币衡量的负债。因为事实上,商品指数水平为 100 时的 1 000 美元的购买力等同于商品指数水平为 200 时的 2 000 美元的购买力。因此,在购买力上,这个企业因商品指数的变化而获利 1 000 美元的年末货币。

现金是一种货币性资产,因此商品指数水平的变化总会引起现金持有者购买力的获利或损失。本例中的企业年初有 2 000 美元现金,并在 1 年中稳步增长至 3 000 美元。因此,年末的现金中有 2 000 美元是在全年中一直持有的,结余的 1 000 美元是在商品指数平均为 150 时获得的。即使我们采用币值稳定会计技术,认为现金总是在收到之后再支付的,这一点也是正确的,因为我们已假定销售收入和费用都是现金交易,并且两者都是在全年中均匀发生的。因此现金的支付总是伴随着现金的收入。该企业全年中一直持有的 2 000 美元现金损失了 2 000 美元(年末货币)的购买力,因为商品指数水平为 100 时,2 000 美元的购买力等同于商品指数为 200 时 4 000 美元的购买力。同样,全年中平均商品指数水平为 150 时获得的 1 000 美元损失了 333.33 美元的购买力,因为商品指数水平为 150 时 1 000 美元的购买力等同于商品指数水平为 200 时 1 333.33 美元的购买力。因此,该企业在一个物价上升时期因持有现金而导致的购买力总损失为 2 333.33 美元。

为了便于比较,币值稳定会计每年都要修正所有以前的财务报表,这样,它们就会根据等同于上个资产负债表日法定货币的私有化商品货币来表述信息。如果使用一种永久的固定的私有化商品货币,将会更容易得到相同的结果。但显然,有人认为用资产负债表当日的货币来表述价值以使最终的资产负债表能够被外行理解,要比经常性的修正行为更有优势。最终的利润表并不能完全满足这种要求,因为所有账簿中按交易日的货币表述的、为外行所理解的交易,都根据币值稳定会计模式按照资产负债表日的货币进行了重述。

币值稳定会计的批判

很显然,对币值稳定会计模式进行公正批判必须先肯定他的创始者。Sweeny 已经清楚地看到了公认会计准则的明显缺陷。此外,他开始着手以一种非常确切的、具有决定性的方式去补救这些缺陷,拒绝用波动的法定交易媒介去表述交易事实,而是用代表着一定购买力的商品货币来表述交易事实。得到的结果是一个在可获得数据精度以内的、详尽的、在数理上无懈可击的、能够表示购买力变动的体系。不管你是否赞同币值稳定会计所采用的概念,你都得承认它实现了它所宣称的目的。

在笔者看来,使用币值稳定会计存在两个重要问题。第一个问题是:它所采用的概念可能很难被依赖披露的数据来获取财务信息的普通人理解。会计的目的是提供信息,有一点我们必须记住:任何一种类型的数据,不管有多么精确,如果不能为接收者所理解的话,就不能被称为信息。我们可以想象,对股东甚至对董事会解释实际的 2 000 美元销售额为何被披露为 2 666.66 美元,或者是一直在库的 2 000 美元现金怎么会带来 2 000 美元的损失有多么困难。普通股东及决策者无法从这种数据中获取信息。这些数据只会让他们怀疑会计师是否明智。即使是基本的政治经济理论,也很少有人知悉。币值稳定会计要求信息使用者不仅要熟悉经济理论,还要有丢弃固有观念的能力,同时还要理所当然地从一个不同的视角去看待寻常的事实。这会像试图去理解爱因斯坦一样困难,如果没有多年持续坚定的努力,恐怕多数人都无法做到。

币值稳定会计存在的第二个问题是:即使股东和企业家可以理解并应用这种概念,在大多数情况下,对他们来说,他们所获得的信息不会像根据目前普遍使用的概念披露的相同信息那样有价值。当某人说 1 年前他价值 1 000 美元时,几乎所有人都会本能地认为,他所指的 1 000 美元是用 1 年前的美元来衡量的。当一个人说他 1930 年挣了 10 000 美元时,所有人又会本能地认为,他所指的 10 000 美元是用 1930 年的美元来衡量的。这种概念正是目前普遍应用的,它可以传递无法用商品货币概念表达但又有价值的信息。很重要的一点是,除资本变动及分红外,如果一家企业报告了 100 000 美元的年净利润,它在年底的净资产必定比年初增加了 100 000 美元。币值稳定会计很可能也呈报了 100 000 美元的净利润,但是在盈利了这么多之后,很可能它所呈报的净资产金额比期初还少了许多。我们要知道,盈利意味着货币价值的增加,亏损意味着货币价值的减少,尽管盈利或亏损都有可能意味着购买力的增加或减少。

在飞机上朝着日落的方向航行的人可能认为自己是在向西飞行,或者可能认为他在以地球自转速度与飞机速度的速度差向东航行。后者的说法比前者更为准确,因为它符合更广泛的事实,但是前者的说法却更加简单、实用,对于地球上的绝大多数人来说更有价值。币值稳定会计运用复杂的技术表述了一个概念,无可否认,这个概念比目前普遍使用的更为简单的概念能经得起更大的考验。但是,简单的概念是否就不能提供更有价值的信息这一点还值得商榷。会计工作的一大要求就是用目前广泛采用的概念公正地反映经济事实。唯有先做到这些,我们才能要求会计人员不仅仅去表述事实,还要以目前难以为大众理解的一个很难且陌生的概念去表述事实。

第 7 章　市　场　价　格

人们常说,物品的经济价值就是它的市场价格或者估算的市场价格。那么市场价格究竟意味着什么呢？一个买家可能在一个店里买到一幅仿制的油画,他也可以在路对面一家比较便宜的店里用一半的价格买到一幅一模一样的油画。这些价格就是市场价格吗？如果是这样,哪个价格才代表这幅画的经济价值呢？换句话说,在什么样的市场中,市场价格能代表商品的经济价值呢？

市　　场

从某种意义上说,任何有商品买卖的地方都是市场,而在这个市场上所确立的价格也确实形成了这个特定市场中的价值。因此,如果一幅画在一个店里卖 10 美元,那么在这个店所确立的市场里,这幅画售出时的价值就是 10 美元。如果这样一幅画在另一个比较便宜的店里卖 5 美元,那么,在那个店所确立的市场里,这幅画售出时的价值就是 5 美元。如果这两项销售同时发生,那么这幅画就在两个同时存在的市场里获得了不同的价值。从经济意义上讲,每一个市场就其自身而言是一个世界,是一个购买者与销售者相遇并且约定价格的地方。价格在这个市场上是确定的。但是这个市场不能代表更大范围的整个世界,它甚至不能代表它所起作用的这个社区。这个市场的价格也根本不可能代表一个包含了这个社区的所有有效需求和供给的、更为自由、开放、更有竞争性的市场。所以并不是每一个市场都能产生可以被会计师用于表示经济价值的价格。事实上,很少有市场可以做到这一点。一个价格能否被接受为经济价值是会计师在资产估价中面临的最重要的问题。

为了产生可能被用作表示一个社区或者世界意义上的经济价值的市场价格,一个市场就必须充分发挥供求规律的作用。因为,众所周知,经济价值是供给和需求的互相作用的产物,而市场仅仅是他们双方力量相遇并且在某一价格上达成均衡的一个场所。如果供给和需求任何一方的功能受阻,那么现存的市场价格就不能真实地反映这两种力量相互作用的结果,也无法最终产生市场价格。市场可能仅仅只真实反映了这两种力量中的一部分相互作用的结果,但这样是不够的。只有一个社区中某商品实质上所有有效的供给和需求共同作用所产生的价格才能够真正地测定这个社区中该商品的经济价值。一个适于持续反映经济价值的市场必须拥有完全的自由和竞争的特点,而且必须同时拥有能让人满意的广泛性和活跃性。

自 由 市 场

自由市场是没有政府对需求和供给的自由功能发挥进行干预的市场。如果在一个市场中,法律对自利的卖家设置高价限制,那这样的市场就不是一个自由市场。例如,如果政府规定芝加哥商品交易所小麦的价格最高不得超过每蒲式耳1美元,那么这个小麦市场就不再是自由的,它的小麦价格也不再真实地反映社区所有有效供需相互作用的结果,这一价格也就不再适合作为经济价值。我们无法确定在这样一个市场,是否低于每蒲式耳1美元的价格就不能充分反映供给的相互作用的平衡进而不能成为真正的经济价值,但是很有可能的是,政府的每蒲式耳1美元的价格限制将被卖方利用,他们可能会恶意囤积,这会限制不考虑价格时供给和需求的力量的自由运行。总的来说,政府专制地限制供需或制定限定价格的市场不是自由的市场,其产生的价格也不会成为经济价值。

竞 争 市 场

在某一市场,不仅购买者和销售者之间彼此竞争,不同的购买者和销售者内部也相互竞争,这样的市场就是竞争市场。若要保证完整的市场进程得以开展,市场内必须存在三重竞争,即:购买者与销售者之间、购买者与购买者之间以及销售者与销售者之间的竞争。这样的三重竞争是市场进程中不可或缺的要素。只有它才能形成可以自然成为经济价值的价格。

如果缺少了购买者和销售者之间的竞争,结果可能是仅仅产生一个动机不明的私下形成的价格。一个控股公司可能以一个远低于竞争市场价格的低价购买其子公司的一些资产。这样做的动机可能是欺骗小股东。一个董事长可能以一个严重超过竞争市场价格的高价将一些土地出售给他的公司。这样做的目的可能是以损失公司利益为代价而为董事长谋利。

如果缺少了销售者之间的竞争,市场形成的价格将会是一个垄断的价格,而不再是一个竞争市场的价格。有一些人可能会垄断小麦市场并且暂时地将小麦价格提升到一个前所未有的高度。如果不受法律限制,一个为某个沙漠小城镇提供自流井水的公司会暂时地将其利率提高至 100 倍,直至挖到新的水井为止。一个控制着一大片地区的需求的大型罐头公司,可能在一段时间内压低农产品价格而损害该地区的农民。这些事情可能不会发生,因为垄断商可能需要将价格固定在一个真正有利可图的水平,但是事实是垄断者完全不可能知道竞争条件下真正的经济价值。因此,垄断价格不可能是经济价值。

一个特制品公司生产一种专利产品并将其价格固定在某一水平,除非所讨论的商品存在替代品,这个销售价格就不应作为经济价值来使用,这一市场也不是竞争市场。因此,这个特制品公司就不应当以这个销售价格在资产负债表中估计其未售出商品的价值。一个金属公司生产精炼铜并与其他生产铜的厂家在开放市场上竞争销售。这个铜的销售价格就表示了铜的经济价值，铜生产厂家也可以以此销售价格合理地估计其未售出铜的价值。百货公司不属于竞争市场，因为百货公司本身是唯一可能的销售商。母公司向其全资子公司销售财产的价格不构成经济价值，因为缺少了买方与卖方的竞争。

当我们对一个市场进行判断的时候，如果显示买卖双方，买方之间和卖方之间的三重竞争中的任何一个竞争出现缺失，这个市场就一定是非竞争性的，它也就不适于形成能代表经济价值的价格。

广 泛 市 场

如果一个市场可以广泛到有能力产生代表世界上所有供给与需求的相互作用的价格，则可以被称为世界市场。除了有政府干预的过渡时期外，芝加哥小麦的价格实质上是由整个世界的所有潜在供给和需求决定的。铜的市场价格由美国国内和国外的供需平衡来共同决定。某些美国城市的证券交易所反映了世界的供给和需求。这些市场就有可能被认为是拥有了最大程度上的广泛性，因为它们直接或者间接地聚集了世界上潜在的买家和卖家的注意力。

但是，想象这样一种情形：在一个小社区里，小麦的买家和卖家相遇并且根据他们对世界供求的了解以每蒲式耳 5 美元的价格进行交易。他们所确立的价格确实构成了这个已经建立的市场中的价值，但是这个市场远不算是广泛市场。如果其中一个买家或者卖家获知了芝加哥的小麦价格，这个小社区的小麦价格将立即被修正，因为任何一个买家或卖家都会从芝加哥买进然后到小社区卖出，从而使社区价格同芝加哥的价格一致。因为芝加哥市场要比社区市场大很多，所以，上述过程对芝加哥市场价格的影响将是极其微小的，但对社区市场的影响却是非常大的。因此，可以这样说，市场越广阔，市场价格就越可靠，更容易形成经济价值。

市场必须广泛到何种程度会计师才能接受其产生的市场价格为经济价值？这是一个需要以已存在的事实为判断依据的问题。在经济学家看来，一个社区中的经济价值最终只能由自由、竞争的市场上形成的市场价格来显示，这种市场应该足够广阔到可以反映这个社区几乎所有的供给和需求。一个会计师面临的问题是某个市场是否大到可以包括一个企业经营中的所有供给和需求。总而言之，一个市场中应有这样的买家和卖家，人们可以合理地推测出他们非常了解所销售的商品在更大范围中的整个世界的有效供给和需求。如果不具有这样的买家和卖家，市场就不应当被认为是足够广泛的。因此，一个小型地方城镇的房地产市场可以被认为足够广泛，其市场价格可以反映经济价值，因为这个小镇中对房地产的所有供给和绝大多数的需求都来自周边地区，当地房地产商也毫无疑问地对地方条件很熟悉。但是对于象牙市场，一方是消息灵通的买方，另一方是对世界象牙价值一无所知的非洲土著人，这样一种在象牙方面的半公开交易就不能组成一个足够广泛的市场，这种市场对一个在世界范围内从事象牙贸易的公司来说，其市场价格不足以代表经济价值。

活 跃 市 场

市场的活跃程度是以其中销售发生的频率来衡量的。如果可以得到报价和行情，活跃性就不是必需的，因为报价和行情数字的起伏会给经济价值提供可以依据的线索。如果不能得到报价和行情，在没有更多的实际销售的情况下，会计师就没有办法测定自上次销售后可能发生的涨价或跌价了。如果这种情况持续时间相当长的话，发生未知价值变动的可能性也将非常大。

形成一个合适的市场所需的活跃度很大程度上取决于所讨论的商品以及其对价值变动的灵敏度。这需要会计师依据可能事实作出判断。如果情况显示上次交易的市场价格不可能接近现行市场价格，上次交易的价格就不能代表现行市场价值。

可接受的市场

尽管希望市场能持续反映经济价值这一要求过于苛刻,我们也不能推断能反映经济价值的市场根本不存在。在美国,自由、竞争、广泛和活跃的市场一般在重要的原材料和少数产成品市场中存在。包括:股票、证券、棉花、羊毛、橡胶、易拉罐、铜、铅、锌、烟草、小麦、玉米、黑麦、燕麦、大麦、蚕丝、可可豆、兽皮、辣椒、汽油、原油、排骨、猪油、动物皮、咖啡、糖、糖浆、亚麻、棉籽、棉籽油、棉籽粉、麸皮、糠、肋条肉、黄豆、苜蓿籽、猫尾草、黄油、鸡蛋、番茄、航海用品、鱼和家禽。

一旦了解了上述物品覆盖领域的广阔,对市场和市场价格的了解对于一个会计师的重要性也显而易见了。能帮助会计师轻易并准确地找到真实经济价值的市场价格在现代社会已经十分常见了。

市场价格的测定

人们通常用秤来测量体重。一个人站在秤上指示器会立即从 0 增加到 150 磅,这就是他的重量。秤对身体向上的推力与身体施加的向下的重力相等。假定身体向下的力代表需求,秤向上的推力代表供给,则指示器显示的重量代表价格,这样就很好地解释了市场价格是如何测定的。市场价格是供求平衡时形成的价格,价格高一点,供给就会大于需求;价格低一点,需求就会大于供给。如果供给和需求发生变化,在原来的价格水平上不再相等,一个新的平衡点就将出现,这个新的均衡点即为新的市场价格。市场是一个非常灵敏的价值指示器,如果供给和需求间的关系发生变化,市场价格将跟着变化,正如当一个人体重增加或减少,秤会显示不同的体重。在每一种情况下,现存的市场价格都会准确反映当前的经济价值,正如,在每一种情况下,体重器都会反映当前的体重。

很少市场可以活跃到一个特定商品或物品的销售能不间断进行的这种程度。不同销售的时间间隔可能是几个小时、几天、几周或者几个月。在没有现实交易的情况下,供给和需求的相关情况可以通过买价和卖价来显示。买价是指所讨论的市场中任何一个可能的买方所提出的最高价格,卖价是指任何一个可能卖方愿意卖出的最低价格。因此,如果小麦的最高买价是每蒲式耳 80 美分,最低卖价是每蒲式 81 美分,那么我们对小麦的行情分析将得出结论:小麦价格是 80 美分或 81 美分。如果供大于求,接下来的一笔小麦销售就会以 80 美分成交,如果供不应求,接下来一批小麦会以 81 美分销售。如果在这期间,在没有发生任何销售的情况下,潜在买方和卖方取消了原来的买价和卖价而提出了新的价格,那么买价和卖价也将可能被改变。

试想在某个市场的某一天,最后一笔小麦交易的成交价格是 82 美分,这次交易以后市场以买价 80 美分和卖价 81 美分收盘。这三个价格中哪一个才是小麦的市场价格呢? 在这一天结束时,会计师应该以哪一个价格为基础对小麦进行估价呢? 在试图回答这个问题之前,我们必须对公开的买价和卖价的特征和来源进行调查。很不幸的是,由于不同记录机制的局限性,公开的买价和卖价通常不能完全地说明供给和需求。在房地产市场这样的无组织的市场中,对买价和卖价的记录未作任何的规定;如像各种各样的股票和商品交易市场一样的有组织的市场中,规定的机制也时常出错。

例如,纽约证券交易所的一个内部成员,他可能为自己交易,也可能为他的客户交易。为客户买卖通常采用投标出价的方式,称为定购。这些定购可能是限制性定购、市场定购或者判断性定购。限制性定购是指以不超过某一每股价格的价格定购一定数量的某种股票,或者是以不低于某一每股价格的价格销售这种股票。市场定购是指以立即可以获得的最满意的价格定购或提供股票,无论这种价格是多少。判断性定购是指允许经纪人基于自己在某一个或多个事情中的判断的定购,简单的可以是只涉及 100 股的一个指令,复杂的可以是对几百只或者几千只股票进行几周或者几个月的积累和清算。

在这些可能存在于证券交易所的不同的定购中,通常只有限制性定购在测定市场收盘时公开的买价和卖价中占据重要的地位,有些时候,甚至有的限制性定购也不会在考虑范围内。试想,假如一个经纪人办公室中的一位顾客以 80 美元的价格定购 100 股 Auburn 的股票。这个定购以电话的形式告知了交易所的经纪人,而当他将这个定购带到了 Auburn 的柜台时,他发现这里的 Auburn 股价已经是 85 美元。这个券商会继续忙于其他的定购,而不会愿意在 Auburn 的柜台等股票降到 80 美元。于是,他向 Auburn 的股票行家预订,如果价格下降到 80 美元,Auburn 的股票行家将代其执行并且收取一小部分的佣金。这个行家已经在他的笔记本中记录了一些以不同价格买入和卖出 Auburn 的股票的限制性定购,所有这些都是为不愿等在 Auburn 的柜台的券商定制的。现在假定有另一个不甚忙碌的券商,有人以 84 美元的价格向其定购 1 000 股 Auburn 的股票。这是一个很重要的定购,所以这个券商决定不将其委托给行家而是亲自等在 Auburn 的柜台,希望 Auburn 的股票卖到 84 美元,这样他就能够自己执行这笔定购而无需支付佣金。然而,Auburn 的股票当天没有卖到 84 美元,而是以 84.5 美元收盘。收市之后,Auburn 行家从其笔记本中发现最高买价是 80 美元,最低的卖价是 85 美元。因此他以 80 美元和 85 美元提交了 Auburn 的股票的买价和卖价。其他股票的行家也提交了他们的买价和卖价,这些价格被作为当天股票交易所的收盘价格刻在磁带上并在报纸上公布。但是,在 Auburn 的股票这个案子中,公开的出价和定价并不十分准确,因为在交易所存在一个价格为每股 84 美元的 1 000 股的买价没有公布。而且还有一种可能,如果有机会,有些券商愿意在交易所收市时以 84.625 美元的价格卖出或者以 84.375 美元的价格买入。然而,除非前面提及的券商将这些买价和卖价予以公布,并且表明在收市时仍然适用,否则公众并不了解这些相关信息。

因此,即使买价和卖价可以获取并且被限定了可能达到的价格范围,我们也并不能根据它们准确地获知被讨论商品供需的真实情况。如果一件物品的公开买价和卖价是 80 美元和 85 美元,那么很明显对这两个数字的任何修正都一定是将它们越拉越近,而不是将它们越拉越远。如果真实存在一个买价是 80 美元,一个卖价是 85 美元,一个低一些的买价或者一个高一些的卖价,都不能影响 80 美元或 85 美元这一价格的有效性,因为买价和卖价定义的是最高的出价和最低的定价。我们同样确定的是,不可能存在买价是等于或者高于公开的卖价的,因为这样的情况发生的话,交易将会发生,相关的买价和卖价也将会退出市场。相似地,也一定不存在卖价等于或者低于公开的买价的情况,因为此时交易也将发生,相关的买价和卖价将会退出市场。如果买价和卖价所针对的商品数量不一致,那么较少一方的全部以及较多一方对应数量的部分也都会退出市场。

若理解了前文的论述,我们能得到一个显而易见的结论:公开买价和卖价若可获得,就组成了市场价格的重要指标。它们也许不能表明全部的事实但是它们确实说明了事实,并且尽其所能地只说明了事实。我们已经将市场价格定义为当供给和需求相等时的价格,价格稍高,供给将大于需求,价格稍低,则需求将大于供给。如果是这样的话,市场价格必定处于公开买价和卖价之间的某个水平。要抛开买价和卖价,而将最后一笔销售价格视为市场价格,唯一的情形必定是收市的那一笔交易,其供求正好达到均衡。这样一个销售价格也必定落在可以接受的最高买价和可以接受的最低卖价这个范围之内。如果小麦的收市价格是每蒲式耳 82 美分,而买价和卖价为 80 美分和 81 美分,市场价格必定不能高于每蒲式耳 81 美分或低于每蒲式耳 80 美分,因此收市时的每蒲式耳 82 美分的交易价格就可以忽略不计了。

但是问题就马上出现了,究竟买价和卖价之间哪一个才能被看作市场价格呢?这是个很难的问题,正如所有的难题,我们无法得知作决定所需要依据的所有事实。如果谁可以确定最高买价和最低卖价,他就拥有了一个支持合理结论的坚实事实基础。但不幸的是,没有人能确定。原因在于,正如前面已经解释的,记录和公布买价和卖价的机制通常是不完善的。在这种情况下,最符合逻辑的做法就是将公开买价和卖价看作已经存在的最高买价和最低卖价。如果存在误差,我们没有办法测定误差存在于买价还是卖价,但绝大多数情况下,误差要么根本不存在,要么可以忽略不计。通常,活跃的股票和商品的买价和卖价是很相近的,相对不那么活跃的股票和商品,存在未被记录的买价和卖价的可能性也是极小的。

如果接受了公开买价和卖价,剩下的就是纯粹的推理了。在上面的例子中,最高买价是 80 美分,最低卖价是 81 美分。但是这两个数字不能同时作为市场价格,只有一个数字可能被采用。需求在价格为 80 美分以下时存在,供给在价格为 81 美分以上时存在。在价格为 80 美分时需求大于供给,在价格为 81 美分时供给大于需求。那么价格在中间的部分呢? 没有供给也没有需求。很明显,80.5美分表示与供给价格和需求价格等距的一点,它是可以使供给和需求价格相等的唯一价格。因此,市场价格是80.5美分,而且只要 80 美分仍是最高买价,81 美分仍是最低卖价,80.5 美分就是小麦的经济价值。

说到这里,可能有人会提出这样的异议,买价等于或者低于 80 美分的小麦数量可能远大于卖价等于或者高于 81 美分的小麦数量。例如,市场上有 100 万蒲式耳价格为 80 美分的小麦需求,但是只有 1 万蒲式耳价格为 81 美分的小麦供应。在这种情况下,小麦投机商一定会认为小麦市场很强势,并由此得出小麦价格很可能上升而不是下降的结论。但是,会计师并不关心小麦未来价格的预测,他们只关心在现存条件下对小麦市场价格的测定。除非供求关系发生变化,小麦的市场价格不会发生改变。而且这种变化也不能精确地预见。可能的情况是,在很短时间内,买价为 80 美分的 100 万蒲式耳的小麦订单被撤销,取而代之的是一个卖价为 81 美分的 100 万蒲式耳小麦订单。在这种情况下,会计师不应当随意预测,无论如何他一定要尽可能地贴近事实。小麦最低供给价格为 81 美分,最高需求价格为 80 美分,没有 1 蒲式耳需求的价格会高于 80 美分,也没有 1 蒲式耳供给的价格会低于 81 美分。因此,在这一情形下,小麦的价格就是 80 美分或 81 美分。会计师可能会合理地将这一价格降到一个与买价和卖价等距的数字,但是他没有合理的理由对未来的情形变化进行预测,不管他认为这种变化发生的可能性有多大,或者这种变化会多快发生。

由上述可知,市场价格事实上就是买价和卖价正中间的价格,并且只有当部分有关买价和卖价的事实不可知的时候这个市场价格才可能存在误差。在允许偶然出现误差的基础之上,我们有足够的理由相信这样测定的市场价格比采用最后一笔交易的价格更精确。这是因为最后一笔交易的价格不一定考虑了最后一笔交易发生之后存在的供给和需求状况。采用最后的最高买价是完全不合理的,因为这种买价不可能代表市场价格。买价和卖价之间的差距越大,对潜在卖方就越不公平。如果一个公司拥有一大笔不活跃的、所报买价为 40 美元、卖价为 80 美元的债券,想要卖掉其股票的股东不应当被误导而相信债券仅值 40 美元,因为这一价格对于那些想要购买股票的人来说是巨大的优势。基于现有情形,该债券最公平的价格是 60 美元。

无论买价和卖价何时可以得到,测定经济价值应当将两者都考虑在内,而不是仅仅利用买价。只有当买价和卖价无法获得、最后一笔交易的价格很可能比推断市场价格更能显示供需状况时,才可以使用最后一笔交易的价格来代表经济价值。

市场价格的应用

以上提到的内容与现在的会计实践截然相反。如果一个现代的会计师想要对市场上的某个物品估价,他通常会使用最后一笔交易的价格或者公开买价。正如上文解释的那样,最后一笔交易的价格或者公开买价都不是市场价格,所以,采用这两者作为市场价格都是错误的。当买价和卖价都是可以得到的,而会计师仍采用最后一笔交易的价格,很可能是因为他缺乏对价格是由供求决定这一点的认识。而会计师将公开买价作为价值,一方面是因为他要少报价值以迎合债权人,另一方面是因为他认为他要做的是记录清算价值。但是如果一件物品售出时,它的价值不是它可能被买卖的价格,而是它实际被买卖的价格;如果它不被买卖,其价值则应该是在实际存在的供需比率下的推理价格。假设一个高的买价是 80 美分,低的卖价是 81 美分,会计师不会武断地将卖价降到 80 美分。他明白正如少报资产和收益会对许多人造成损失一样,多报同样会造成损失;正如许多人对买价感兴趣一样,他们也同样对卖价感兴趣。他会意识到买方和卖方都指望他给他们一个可以作为未来预测基础的对现存事实的公正披露。武断地提高牌价到 81 美分并且将这个数字用作价值将是最坏的做法。会计师的职责是实事求是地处理所看到的事实,而不是站在其客户的立场上依据一些不存在的行为对事实作出调整。经济价值是由确实存在的供给和需求之间的相互作用来测定的,与在不同情况下将要发生的情况无关。

例如,一个会计师正在编制一个拥有通用汽车 10 万股的信托投资公司 12 月 31 日的资产负债表和年度利润表。这个会计师可能已经在第 1 章节了解到两个信托投资公司的故事,从此决定将这个股票估价作为其经济价值,将未实现的利润和损失作为收益处理。可是,一旦他做出了这个决定,他马上会感到困惑和恐惧。他会想到他基于清算基础估计了这只股票的价值,即,以这只股票可能被卖掉的价格为基础估价。他可能知道通用汽车股票 12 月 31 日的收盘市价是每股 40 美元,但是他也知道,如果信托投资公司想在 12 月 31 日卖掉这 10 万股通用汽车的股票,这些增加的股票将会使该股票市价下跌到远低于每股 40 美元。他还知道,如果这 10 万股股票被卖出,公司必须支付一大笔经纪人佣金,如果公司在交易中获利,一大笔所得税债务也将随之产生。因此,他会想,每股 40 美元的价格远高于实际售出时的价格,因为经纪人佣金要从上升的价格中扣除,并且在编制资产负债表和利润表之前,所得税债务也应当在账簿中反映。因此,他将自己陷入一个困境,他必须估算股票会以什么价格出售,然后必须在这个估算数字的基础上计算经纪人佣金和所得税。那时,他可能情愿放弃,转而使用他以往古老的做法,采用原始成本作为价值。

这个会计师推理的缺陷在于他忘记了自己的责任是记录现存条件下的现实价值,忘记了记录在一个完全不同条件下的价值显然不是他的责任。会计师知道 12 月 31 日当时既定条件下通用汽车股票的收盘价格是每股 40 美元。为何他武断地假设那一天供给会突然增加?并且数量达到 10 万股?按照他的思路,我们也可以合理地假设出一笔 10 万股的需求的增加。这个股票没有卖出,而且可能过 50 年都未卖出。当它被卖出的时候,交易可能是自己操作的,从而没有经纪人佣金。那时,所得税可能也已经被废除了。未来可能有许多诸如经纪人佣金或者所得税的因素妨碍这笔交易。会计师不应把自己当成预言家,债权人和股东可能比他做得还好。他的职责是揭示现存事实,而不是沉溺于个人预言中。在他的报告或附录中,他可以披露如果股票被卖出将会发生什么,什么交易会成交,经纪人佣金会是多少,如果所得税税法不变将要支付多少所得税,或者一旦内战爆发,或者所有通用汽车的经理都被谋杀将会发生什么,如果他愿意,他都可以声明自己的看法。但是无论他多么确信,他都没有权利以预言为基础编制财务报表。如果财务报表是为了反映 12 月 31 日的事实,他们就应当尽可能地反映当天的事实,不能以未来的可能性为依据将事实予以修改。那样做只是欺骗股东和债权人,剥夺了他们据以预测未来的事实基础。

一个公司可能持有 100 万磅的精铜存货,每吨的经济价值是 7 美分。这意味着在 7 美分这个价格买卖铜同样容易。这个公司可能是铜购买者,也可能是铜生产者或销售者。也许 100 万磅的铜不能以每磅 7 美分的价格买卖,多于 100 万磅的铜才能够以每磅 7 美分的价格买卖。这将取决于交易期间铜的供需比率的变化。换句话说,它将取决于未来的情形。会计师无法预测未来的情况,但是在一定时间范围内,他确实知道在确切存在的情形下铜的经济价值是多少。因此,他在公司的资产负债表中以在资产负债表日存在的情形下铜的现时经济价值反映这100万磅的铜是有道理的。公司最终支付或者实现的具体数量,未来才能决定。会计师已经尽到了他的责任,他为利益相关者提供了可以据以预测未来的对事实的真实披露。

经纪人佣金和其他支出

现在解释对交通费、经纪人佣金以及其他在买卖中普遍存在的此类项目的处理。如果一个芝加哥面粉磨坊在芝加哥贸易委员会购入小麦,他不仅要支付小麦的市场价格,而且还要依据购买程序支付将小麦运往磨坊的交通运输费以及经纪人要求的佣金。如果他想要将这些小麦在芝加哥交易所再卖出,他需要将小麦运到指定的芝加哥谷仓中,并且支付经纪人佣金以完成其销售程序。那么,问题就在于该磨坊购买了小麦并将其运至磨坊后应当如何估计小麦的价值呢?现行会计程序规定将交通运输费以及经纪人佣金与小麦的实际成本相加总,把所得总数作为小麦的原始成本,即小麦的价值。

稍加考虑我们就会发现,这种资产估价方式是错误的。为了对事实作出公正的披露,使其对可能的买家和卖家具有同等价值,资产负债表应当显示资产的经济价值。经济价值是指这项资产在特定时刻以同等条件买或卖的价格抑或估计价格。如果把小麦的市场价格与经纪人佣金以及交通运输费之和作为其价值,那么披露的价值对该面粉磨坊股票的潜在买家和卖家将是不公正的,这将有利于潜在的卖家,却不利于潜在的买家。问题的关键在于:小麦能以市价加上交通运输费和佣金的价格被购置,但是却只能以市价减去交通运输费和佣金的价格被售出。那么,既然可以以市价减去交通运输费和佣金的价格售出小麦,为什么要以市价加上交通费和佣金的价格对其估价呢?

很显然,小麦在同等条件下均可买卖的价值是不作任何增加或者扣除的市场价格。既可以最贴切地反映销售能实现的最高净额,又可以最贴切地反映购买及运输的最低总成本的市场价格,是最接近的市场价格。因为在两个竞争的市场上,经纪人佣金基本上是相同的,所以很明显,如果交通运输费最低,那么市场价格与销售净额或总成本之间的差异一定最低。一般情况下,可交易资产应当以距离该项资产所在地最近的市场上的市场价格定价。交通运输费、经纪人佣金以及类似的项目应当作为费用而非资产处理。不这样做的话,现任股权持有者可能会失去据以估算一个公司价值和收益的公正的事实基础。

在某些情况下,当特定的资产存在两个或者两个以上的市场时,使用最近市场的价格作为唯一的经济价值指标是不准确的。这种情形很少见,但是一旦出现,我们在考虑最近市场的价格的同时,有必要考虑另外一个市场的价格。例如,芝加哥和纽约都存在小麦市场。在纽约,小麦现货的卖价一直比芝加哥高出近每蒲式耳 6 美分,主要是因为从小麦主产地的中西部运出需要更多的运输费用。设想在特定的日子里,小麦在芝加哥的价格是每蒲式耳 1 美元,在纽约的价格是每蒲式耳 1.06 美元,每蒲式耳 6 美分的差额代表芝加哥和纽约之间的运费率。一个芝加哥人将其小麦定价为每蒲式耳 1 美元是正确的,一个纽约人将其小麦定价为每蒲式 1.06 美元也是正确的,因为所有这些例子中,当考虑所有的费用因素时,所使用的价值都非常接近地表示了最高可实现销售净额和最低总成本。但是假如小麦在一个俄亥俄州人手中,俄亥俄州离芝加哥的距离是离纽约的 1/3,理论上,这个俄亥俄州人可以在芝加哥以每蒲式耳 1 美元加上每蒲式耳 2 美分运输费的价格购买小麦,也可以在纽约以每蒲式耳 1.06 美元减去每蒲式耳 4 美分运输费的价格销售。他的小麦理应定价每蒲式耳 1.02 美元,这个价格也是可以在同等条件下买卖的真实市场价格。换句话说,这

6 美分的差异应当以资产距两个市场的距离为依据进行分配。资产在位于芝加哥和纽约之间距离的 1/3 处,因此,芝加哥每蒲式耳 1 美元的价格应当加上差异的 1/3 即每蒲式耳 2 美分。这样就得到了每蒲式耳 1.02 美元,即上述小麦的真实市场价格。只有当以下这样的现象同时发生时,我们才需要这样分配:供应源地点确定,资产运输的价格很高,两个可接受市场与供应地的距离存在很大差异,资产位于这些市场之间,并且距其中任何一个都有相当的距离。

结　　论

关于可接受的市场价格的话题我们可以得出以下结论,市场价格,而不是原始成本代表现行经济价值,只要可以获取,他们可以被用于任何情形下的财务报告中,不能依据随后的事项或者对未来事项的假定做出附注以外的任何修改。当资产存在两个或两个以上可以接受的市场时,会计师一般会采用距离资产所在地最近的市场的价格。如果与供应地距离的差异导致两个可接受市场对同一资产显示出两个不同的市场价格,而且资产位于这些市场之间,那么价格的不同应当依据资产的位置按比例分配。经纪人佣金、运输费、仓储费、保险费以及此类的项目属于费用而不属于资产。他们仅仅是为了未来获得预期收益而导致的实际现金支付。他们和其他类型的费用一样不属于资产负债表上的资产。这个话题将在第 8 章的资产负债表的功能中作更充分的讨论。

同时我们也可以得出这样的推论,市场价格是在供给和需求相等时的价格。如果一笔交易正在发生,其价格是那一特定时刻的市场价格。交易发生之后,市场价格就是现存最高买价和最低卖价的中间值。因为交易是瞬间的概念,而买价和卖价则一直持续直至其制定者取消或者因交易产生而消失,因此资产应当用于买价和卖价而测定的价格进行披露,除非他们不可获取。如果买价和卖价不可获取,则采用最后一笔交易的价格。

　　前已述及,所有这些都是基于所讨论的市场是自由、竞争、足够广泛和活跃的。如果市场不存在,或者存在的市场不是自由和竞争的以及不够广泛和活跃,将产生新的问题,我们接下来要讨论的就是这一问题:估计市场价格,也就是在不存在可接受市场价格的条件下如何表示经济价值。

第 8 章　估计市场价格

前一章论述了可流通资产的估值,即对在自由、充满竞争以及充分广泛和活跃的市场上交易的那些资产应当一直用市场价格来估计其价值。然而有一些资产只在缺少其中一个或一个以上限定条件的市场中交易,还有一些资产不在任何市场中交易,这类资产被称为不可流通资产,它们的经济价值只能通过估计存在可行市场时的市场价格来确定。

一件商品的估计市场价格,是以一个自由、充满竞争的市场为中介,将现有的供给和需求联系起来时该商品市场价格的估计值。如果关于现有供给和需求的所有事实都可得知,那么对市场价格的精确估计就变得简单了。遗憾的是,这些信息十分缺乏或难以获得。因此估计的市场价格需通过相对间接的方法来确定。换句话说,必须逐个或综合分析所有影响供给和需求的因素,以此得到一个精准的市场价格,即经济价值的度量值。按照这一思路,经济学家们提出了四个重要的理论。

卡尔·马克思理论

其中一个是劳动价值理论,一般称为社会主义或卡尔·马克思理论。这一理论认为不同商品的经济价值应该与生产这些商品所需投入的劳动量呈正比。资本是劳动的凝结,地租和资本利息可以忽略不计。抛开别的缺陷不谈,该理论对估计市场价格起不了多大作用。从获取基本原料起开始计算生产商品所需的劳动量十分困难,因为不同类型的劳动具有不同的效率和难度,仅仅通过衡量劳动是否具有必要性来判断是否将其计入劳动量是武断的。而且这一计算所依据的事实在很大程度上可能会如这一计算所要揭示的市场价格那样不为所知。

边际效应理论

第二个理论是价值的边际效用理论。这一理论认为市场价格是供给和需求平衡时的价格,销售者不愿意低于这一价格销售商品,购买者也不愿意高于这一价格购买商品。同时,它认为任何商品的边际效用决定了其对商品所有者的经济重要性。购买者根据其边际效用调整购买行为时,遵循这样一个原则:一种商品的边际效用将会决定购买者对这一商品的购买倾向。因此,该理论认为,一件商品的市场价格必须与该商品的边际效用呈正比。然而姑且不论该理论的优缺点,它仍然不能对估计市场价格提供帮助,因为在缺少市场价格时,一件商品的边际效用也是未知的。

替代成本理论

第三个理论是价值的替代成本理论。这一理论认为,一种商品的购买替代了其他商品的购买,一种商品的生产替代了其他商品的生产。某些商品生产得越多成本越低,而另外一些商品则生产得越多成本越高。由于一些特定商品的数量可能会因为需要购买其他商品而改变,购买者会改变其购买预算,购买对自己相对重要的商品而放弃购买部分商品。因此,在购买者的偏好以及决定产品替代成本的技术条件之间,会出现一个使生产和消费达到充分平衡的价值。该理论试图通过揭示供给成本的变化趋势对需求的影响,以及需求的变化对供给的影响,来解释整个价值创造机制。除了不再将供给和需求视为静态的力量,而试图说明供给和需求的变化是如何相互影响的,该理论也只是将价值重新定义为产品供给和需求的产物而已。该理论同样不能用来估计市场价值,因为它没有为前述的计算提供已知的数据。一般情况下,在缺少市场价格时,替代成本如同市场价格本身那样不为人所知。

重置成本理论

最后一个理论是重置成本理论。该理论认为一件可再生商品的市场价格正好足够支付该商品的重置成本。重置成本是商品的生产成本加上合理的利润。简单地说,重置成本是原始成本延续至今所剩余的价值。显然,该理论为找到估计市场价格所依据的价值指标提供了很大的帮助。总之,重置成本十分明确并且相当容易确定。会计师和社会公众都熟知它。在对商品报价或编制预算前,几乎每一企业都必须计算重置成本,这是一项日常工作。评估公司多年来都在计算重置成本,并且几乎所有领域都有能快速、精确计算重置成本的专业评估师。

作为一项经济学理论,价值的重置成本理论也许为其受到的只能单向而不能完整地对创造经济价值的总体力量进行解释这一批判进行了辩解。而替代成本理论毫无疑问地以一种更加令人满意的方式起到了这种作用。与其说公众需求严重影响了特定产品的生产量和生产成本,不如说生产成本严重影响了公众需求。然而目前所要讨论的不是为解释供给和需求之间的相互作用建立一个全面性的理论框架,而是关于在特定的时点如何确定供给和需求的状态。问题是如何估计市场价格,而不是解释决定市场价格的因素。不管人们在看待这个等式时,是如同劳动理论中倾向于供给这一边、还是如同边际效用理论中倾向于需求这一边、或者如同替代成本理论中倾向于两边,供给和需求趋于平衡这一趋势都会变得日益明显,并且如果知道其中一个的话,另一个也十分容易确定了。所有理论都认为供给和需求会逐渐达到平衡,生产成本会与商品的边际效用趋于一致,并且不论是来自供给的推动还是需求的推动均非常重要,因为供给和需求最终会在市场价格处达到平衡。如果供给能够精确估计,那么需求就能够大致估计出来,如果对其中一个的估计发生错误,那么这个错误只可能是发生在两者尚未达到完全平衡时。

如果一件商品的市场价格低于其重置成本,生产将会停止,因为生产并销售该商品会导致亏损或不能得到足够的利润。随着生产的停止,由于消费总量未变但供给减少,供给和需求的比率将会朝着有利于销售方的方向变化,这将使市场价格逐渐升高直到该商品的价格能够促使该商品的生产继续进行。同样,如果一件商品的市场价格高于其重置成本,由于销售该商品能够得到更多的利润,因此生产将会增加。而产量的增加会导致供给增加,从而使供给和需求的比率朝着有利于购买方的方向变化。这将降低市场价格直到该商品的价格抑制生产的进行。这就使市场价格围绕重置成本波动,并正好在重置成本处达到平衡。尽管存在以下缺点,在缺少一个可接受的市场价格的情况下,重置成本还是成为迄今为止所发现的最好的经济价值指标。

重置成本的缺点

然而重置成本并不是衡量市场价格的敏感、精确、全面充分的价值指标,它只是目前所找到的次优指标。它有两个重要的缺陷:一是它只适用于那些能够自由再生产的商品;二是在经济不平衡的时期,它可能不够精确。

重置成本只适用于那些能够自由再生产的商品,因为只有一项商品能够再生产时,它才能有重置成本。同样,只有当能够根据利润动机和自身意愿来增加或停止生产一种资产,前述章节所提到的推动因素才能发挥其作用,使经济价值与重置成本趋于一致。因此,重置成本不能作为诸如土地、矿产、专利权、商标以及版权的价值指标,也不能作为那些不可流通的企业证券的价值指标,因为严格来说这些资产是不能再生产的。企业有可能追加发行证券,但如果这些证券试图复制那些已经公开发行并出售的证券,它们可能仅仅改变整个公开发行并出售过程中的一些细节。一家新企业的资产组合可能会与某家现存企业的资产组合极其类似,但它不能复制这家企业的证券。它的员工将会有所不同,它的名称、经验以及地理位置都将不同。简而言之,它将是一家发行不同证券的不同企业。

重置成本在经济景气和萧条的极端时期可能会不那么精确。在经济景气和萧条时期,一般会加快需求的变化,这将导致经济价值以异常快的速度变化。然而在需求发生瞬间变化时,生产的改变却仍然是缓慢的。从而使经济价值主要因需求的变化而发生改变,这个状态一直要持续到来自供给的推动力能够起到反作用才会改变。在经济景气时期,对汽车的庞大需求可能会造成短期缺货,进而导致短期内汽车的经济价值远远高于其重置成本。相反,在经济萧条时期,汽车的经济价值可能会很低,以至于汽车生产商可能会被迫停产或者出现亏损经营。然而,令人欣慰的是这些商品都能够自由再生产,并且都不在自由、充满竞争性的市场中交易,也就是说,会计人员必须依靠重置成本才能确定其经济价值,而这些商品的价值一般也不会发生巨大、快速的变化。经济景气和萧条一般都是由投机行为的兴起和崩溃而引起的,为了实现其快速获取巨额利润的目的,这种投机行为必须集中于那些在短期内无法再生产而且在市场上容易销售的商品。

在这种环境下,会计人员应该不断关注之前提到的经济力量。他要不断地提醒自己——自己所要做的是估计经济价值,而不只是确定重置成本,重置成本不是经济价值。重置成本在经济景气时期可能会远低于经济价值,而在经济萧条时期又会高于经济价值。在缺少一个可接受的市场价格时,由于其围绕市场价格波动,重置成本是可获得的最好的经济价值指标。

历 史 成 本

在账面价值或市场价值未被使用的情况下,现行会计权威机构一致将历史成本描述为价值指标。然而富有经验的会计人员不认为其代表了经济价值,而是倾向于将其描述为"历史成本"或"会计惯例"。一个时点的记录将足以说明历史成本近似于经济价值纯属偶然。如果历史成本产生于全面、自由及竞争性的市场中的交易,那么在交易发生这一时刻它代表了真实的经济价值,因为它代表了一个自由、竞争性的市场价格。然而,这不能保证历史成本在之后市场价格发生很大变化时还能代表经济价值。另外,如果历史成本不是在全面、自由及竞争性的市场交易中产生,它可能仅仅代表以现金或易物方式支付的一个非公开价格。这个非公开价格在交易发生时不一定会近似经济价值,而且在供给与需求环境发生变化时,纯粹是各种偶然的因素使该历史成本接近经济价值。

更进一步来看,如果交易是通过易物方式进行的,历史成本可能既不能代表经济价值也不能代表非公开价格,而只是一个通过一件物品与另一件物品交换得到的"会计惯例"。美国会计师协会最近发布的关于财务报表的公告中指出,"它们反映的是个人判断、会计惯例以及已记录事实的综合,而使用这些判断和惯例会对他们产生实质性影响"。如果一次商业交易是物物交换,那么根据会计惯例,换入资产的价值就等于换出资产的账面价值,即使这两项资产的价值相差巨大,也需要这样处理。如果股票与资产交换,那么根据会计惯例,换入资产的价值应该是换出股票的票面价值,尽管有时这些股票的票面价值与换入资产的实际价值相去甚远。在这种背景下,我们能够清晰地了解到历史成本不是一个衡量现行经济价值的适当指标。一开始它可能代表了经济价值、非公开价格或会计惯例,但随后它就只能代表历史成本或会计惯例,它们其中的一个偶尔可能会接近现行经济价值。

重置成本的确定

重置成本是重新生产该商品需要耗费的成本加上为完成这一程序而

提供动力所要求获得的足够利润。这个定义假设:不论两件商品的结构是否存在差异,只要它们的效用或服务性能相似,那么这两件商品都是相似的。精确地匹配一项给定资产的物理结构所发生的成本被称为复制成本。精确地匹配一项给定资产的效用以及服务性能所发生的成本被称为重置成本。由于这些概念的含义有时相差较大,在运用它们时要多加注意。一家工厂可能为了生产某些特定资产而拥有一台笨重的机器,这台机器可能值 10 000 美元,并且其复制成本可能也需 10 000 美元。然而由于科学技术的进步,制造或购买一台更小的机器可能只需要 5 000 美元,但这台更小的机器也拥有同样的性能,使用寿命与笨重的机器相同,并且与笨重机器其他每一方面的效用都一致。在这种情况下,这台笨重机器的复制成本是 10 000 美元而重置成本将会是 5 000 美元。

"公允价值"这个术语已经在评估类企业被广泛运用。在实务方面这一术语与重置成本是同义的,当然上述两台机器都会发生一定的折旧。

重置成本的确定一般涉及两类资产:其中一类是标准资产,它们能够在基于可精确再生产——由该企业重新生产或者其他企业生产——的条件之上被生产以及销售;另一类资产是特殊资产,它们必须有订单才会被生产。第一类资产的数量毫无疑问要更多,大多数企业所拥有的大部分资产都属于这一类。第二类资产大多数是有订单才生产的建筑物和特殊设备。评估标准资产的价值不要求会计师拥有丰富的技术知识,然而评估那些特殊、有订单才生产的资产的价值可能需要丰富的工程技术知识和技巧。

大多数评估类企业对标准资产的重置成本的确定需四个相对简单的步骤:首先是列出每一项资产并尽可能详细地描述它;其次是确定企业目前生产或购买每一项资产可能消耗的成本,这一成本没有包括利润;再次是按照新的发展环境下的标准水平,通过每项资产的使用寿命、一般环境以及相对效率计算该项资产的折旧,这一计算与会计师在一般审计中所做的基本一致;最后是从生产或购买新的资产发生的成本中减去该项资产总的折旧,然后将这一结果作为其现值。这一实务并不理想,但毫无疑问它能够将历史成本更新,并消除那些交易中的多方合谋以及根据会计惯例进行记录的历史成本可能存在的错误,比起现行使用历史成本的会计方法,它能够更加精确地确定现行经济价值。从实务角度来看,该方法应该得到赞许,因为并没有更好的方法可行;然而从理论上来说,此方法可能遭到两个方面的质疑。

首先,上述程序可能倾向于正确看待垄断成本和价格,即使这一价格是在广泛、自由、竞争性的市场中确定的。一件产品的每一个生产商都试图做到与该产品的其他生产商有所不同,因此,在一定程度上,每一生产商都希望自己的产品能够实现垄断性供给。如果这一垄断性程度大,那么他花费的成本可能比实际必须消耗的成本更多,而且仍然因为能够获得充足的利润而继续生产。在这种情况下,这些成本有可能成为垄断价格指标,而不是被当作一个自由、竞争性的市场价格(这一市场价格可能被当作经济价值)的指标。

当厂商为他的产品定价时,他可能在某种程度上会确定一个垄断价格。这一价格可能会高于或低于当存在不止一个生产商或者生产者与消费者在一个竞争性的市场中买卖时产生的价格。然而不论是在不能卖出一件商品的经济萧条时期或者是无法满足需求的经济景气时期,厂商都会坚持他的定价。从某种程度上来说销售价格是垄断性的,它可能不能反映竞争性的市场价格,这样,如果在采用上述计算重置成本的方法时利用销售价格的话,就有可能不能得到准确的经济价值。

实际上生产标准资产的厂商所享受的垄断性程度一般比较低,因为替代产品随处可见,从而施加了一种特殊的经济压力。而且,毫无疑问,慈善垄断者的例子很罕见,垄断者发生的成本也几乎与竞争性条件下需要的成本一样低。然而,当会计师遇到有效垄断时,他就不应该像对特殊产品那样用垄断者发生的成本或定价来确定产品的价值,而自己判断在竞争性的条件下所发生的重置成本,否则上述方法就可能会在没有更可行的方法时被使用。至少可以确切地说,按照上述方法确定的重置成本能够比现行的历史成本或会计惯例更准确地反映经济价值。

其次,这种对标准资产价值的评估方法在特定条件下可能会导致对归属于不同持有者的同一资产的估价相异。一个汽车生产商可能会生产大量同样的汽车,每辆成本 70 000 美元,对分销商出售价格可能是 75 000 美元/辆,然后分销商给经销商的价格可能是 80 000 美元/辆,而经销商对消费者的卖价可能是 100 000 美元/辆,这些购买者没有一个能够以低于相应的价格购买到汽车。评估者对生产商的每辆汽车的估计值就是 70 000 美元,而另外他又有可能对这些虽然相同但属于上述三种不同购买者的车估计出不同的价值。出现这种情况是因为存在具有不同限制条件的市场,而这些市场都有一个不同的价格,这些市场都是非竞争性的,因此不能全面地反映经济价值,都只是在其自身限制范围内反映其价值。从会计人员努力估算市场价格(在这一价格下购买者和销售者都会在自由市场上自由买卖)方面来说,发现这四种不同的价格无疑是荒谬的,然而上述三种买家实际上都必须在他自己的市场上购买,就好像这一市场是自由、竞争性的全球市场时对他产生约束力一样,他可能无法离开这个市场。股票持有者盈利或亏损取决于这个市场,在一个公司不能正常运转的市场中,基于供给和需求而确定的价值显然是不公允而且错误的。因此,在限制性市场条件下,价值必须在市场中的公司能够正常运转这样的条件下计算得到。在该案例中,即使每个企业都处于不同的环境、即使每个企业都必须在自己所处的环境下计算其价值,不论在另外的环境中条件是否不同,它们的状况都是一样的。这一状况与现行会计原则因使用原始成本而受到责难是相同的,除非当使用重置成本时现行会计原则不会使原始成本发生改变。

尽管对属于不同所有者的相同资产使用不同的重置成本这一做法不大理想,但我们并不能因此认为重置成本不利于对不同资产的价值和盈利能力进行比较,对原始成本的运用也是一样。每个例子使用的重置成本将代表每一所有者的资产在其市场中的现行价值。这些价值将会在同一天被计算出来,并且将包括在资产取得日到资产负债表日之间各自市场中价格发生的所有变化。所有相同的资产都会以同样的价值在每一个体的资产负债表中披露,这些价值接近使每一所有者都容易购买或销售该资产的价格;接近对该所有者开放的市场中其资产的现行货币价值;接近新加入者试图与其竞争时所要付出的现行资本支出。总之,这些价值以美元形式披露每一所有者资产的现行价值,而且这 1 美元表示的价值在不同所有者之间都是严格可比的。它们代表了每一案例中在用的现行资本,以这一资本计算得到的利润将会精确地表明每 1 美元净值中报酬所占的百分数,只要货币价值被正确披露,那么单位给定的货币价值将代表不同情况下实物资产的数量这一事实的重要性就会很小。货币作为一般等价物,是所有企业进行比较的一般标准。

现在假设原始成本取代重置成本作为价值的情况,资产负债表中披露的原始成本对于这里讨论的资产负债表日的资产价值并不能作出有效解释,它导致的结果往往是同一所有者手中的相同资产具有不同的价值,而当使用重置成本时这种情况是不可能发生的。将原始成本作为价值时,净现值就会成为一种猜想,因为历史成本并不需要与净现值有任何相似之处。如果净现值没有被正确报告,那么说明利润已经被错误地披露。因此使用原始成本作为价值会导致对一个企业的资产价值、净现值以及利润的错误报告,这种错误报告的数额和程度会随着每项资产历史成本的变化而变化。因此,不同的企业间不可能进行准确比较,即使在一个给定的企业,利润与现行资本之间的关系也不能得到准确的计算。

确定特殊且必须有订单才会被生产的资产的重置成本比确定标准资产的重置成本更加困难,并且需要评估人员有更丰富的技能知识。这些资产一般包括建筑物、特殊设备、模具、夹具以及另外一些具有特殊使用目的的资产。如果一个会计师没有足够的知识来确定在竞争性条件下截至审计日一项资产的价值,那么他就应该聘用能够快速并准确得到必要的计算结果的各地专业人员。例如,建筑承办人以及建筑家必须不断评估拟建建筑的成本,并将此作为他们日常工作的一部分;机器工程师以及其他类似工作的人员能够很容易评估目前重新生产特殊的机器或工具或与它们具有相同服务性能的资产的成本。评估出重置成本后,就需考虑会计师比较熟悉的折旧计算问题,这是会计师在不同审计过程中经常遇见的问题,这一过程产生的数据就被用作现行价值。

使用指数以确定重置成本

有时表示购买力变化的商品指数,在用来确定一些特定资产特别是工业类建筑的现行重置成本时更有优势。这些指数由大量的公众和私有机构定期报告,它们包括表示生活费用波动的一般商品指数,也包括表示在不同地方再生产不同产品的成本波动的一些特殊指数。通过将特定指数表示的波动运用到相关资产的原始成本计算中,就能够得到一个十分精确的现行重置成本数据,这种方法的优点是简单、成本低并且速度快。

然而,必须时刻关注原始成本是否真实代表了一次善意购买而不是私人价格或者是一项会计惯例,同样更应关注所用到的指数是否确实与被评估的资产相关。很多混乱可能是使用不适用于被评估企业的指数引起的。

按照一般规则,在确定重置成本时使用指数得到的结果,可能不如评估类企业使用的计算方法得到的结果精确,这是因为每一指数在其适用范围内可能都具有一般性,因此不能充分考虑各个资产所处的特殊环境。还有一个缺陷是不能在短时间内迅速得到足够精确的指数,许多指数的计算周期都超过 1 个月,另外一些指数即使已经计算出来也需要过几个月才能得到。因此会计人员也只会偶然使用指数法来确定重置成本,即使使用这一方法可能会十分有用和方便。

交通运输和安装成本

现行会计实务将交通运输和安装费用计入原始成本,现行评估实务同样限制在计算重置成本时考虑这些因素。从理论上来说这种方法是错误的,原因与前述章节提到的关于经纪佣金和其他费用的讨论是相同的。市场价格是商品交换价值的货币表现,一旦商品的市场价格被精确确定,这一市场价格就代表了该商品的经济价值,而并不需要对该价格进行任何的调增或调减。

然而从实务角度来说,会计人员很少为其估计出的经济价值的绝对精确性辩护。重置成本不是经济价值,它是在缺少可接受的市场价格的情况下一个可行且最好的经济价值指数。如前所述,它可能在经济景气时期大幅低于经济价值,又可能在经济萧条时期高于经济价值,一般情况下它会大致等于经济价值。按一般规则,会计人员应该将未经调整的重置成本作为经济价值,交通运输和安装费用不能计入重置成本中。然而,重置成本明显不适合代表现行经济价值的情况也可能发生,出现这种情况时,为了反映现行状况下的经济价值,就很有必要对重置成本判断进行精确评估。

有时候会出现这样的问题:一些特定的费用是属于一项资产的安装成本还是属于该资产重置成本中固有的一部分? 在一栋新楼房中可能安装一个蒸汽锅炉,而安装成本却可能与锅炉买价相等甚至超过这一价格。一些争议可能存在于是否应排除安装成本而对锅炉进行单独计价,还是将买价以及安装成本共同计入锅炉的价值并作为该楼房重置成本的一部分这个问题上。如果会计人员严格根据第一种假设作出判断,那么最后他就会将建造楼房所用的砖头以及砂浆以重置成本计价,而将与之相关的运输费以及建筑成本进行费用化处理。同时,如果会计人员严格根据第二种假设作出判断,那么最后他就会将整个企业作为一个整体来计价,而不是将各项独立资产和负债的价值进行组合。

作者知道没有绝对可靠的可以用来将评估资产进行分组的测试。不能进行功能性的测试，因为其往往只是对功能进行的任意划分。一个螺栓、一台机器、一栋楼房、一台设备以及整个企业；它们各自的功能都已融入其他设备的功能中。对"最高价值"的测试也很少被采用，因为这会产生更复杂的问题。一般一个企业整体的价值大于其各项资产价值的简单相加，最高价值方法可能得到一个能够代表被评估企业在股票市场上所有证券价值总和的数据，很明显，这不能给人们提供任何有用的信息，在这种情况下最安全的是遵循惯例。房屋虽然安装了一些必要的设备，比如电线、锅炉以及电梯等，但习惯上都是将其作为一个整体处理，这些设备的安装成本也作为整个房屋成本中的一部分。出于生产目的而拥有的设备一般都是单独计价，如家具、办公设备和存货等。这种方法几乎能够适用于所有企业，使不同企业之间具有可比性。尽管这不是一种成熟的理论而是一种权宜之计，但它能比其他可行的选择更好地服务于实务需求。

总　　结

前述章节表明存在着交易大量不同类型资产的可接受市场，这些资产被称为市场性资产，并且认为市场性资产在资产负债表日应该始终以市场价格进行计价。这一论述解决了市场性资产的计价问题，但不能解决非市场性资产的计价问题。

而在本章，重置成本被用来作为那些可以自由再生产但属于非市场性资产的价值指标，毫无疑问大部分非市场性资产都属于这一类。然而这类资产不包括另外一小部分资产，这部分资产属于非市场性资产，并且不能被自由再生产，这些问题将在下一章节中论述。

尽管有其缺陷，在缺少可接受的市场价格的情况下，重置成本是最好的、可行的经济价值指标，对一家企业生产的待评估的标准竞争性资产，可通过确定他们当前的生产成本来确定其重置成本；对一家企业决定购买的待评估的标准竞争性资产,可通过确定它们当前的购买价格来确定其重置成本;对于那些特殊的、有订单才能生产的资产,以及那些不在竞争性条件下生产和销售的资产,可能需要通过计算在当前竞争性条件下,再生产这些资产或再生产与它们具有相同的性能的资产所消耗的成本来确定。

交通运输以及安装成本不应该计入重置成本中,但当它们实际上是相关资产的物理性再生产的一部分时除外。因此,运输以及安装木地板所发生的成本应该计入该房屋重置成本中,但是将一台钢琴运输到该房屋中并且将其安装在最顶层的工作室中所发生的成本,就不是这台钢琴的重置成本的一部分。

第 9 章　真实的财务报表

到目前为止,我们回顾了当前会计原则造成的某些流弊,描述并且评论了当局用于捍卫这些原则的论据。纵览会计原则的起源和发展,值得注意的是,这些原则主要是现在已不复存在的早期情况的自然产物。我们有理由说会计原则正如托普西所说"刚刚产生",而不是由聪慧之人有意编制的。另外,我们研究了经济价值和货币的本质,并且论述了市场价格和市场价格不能立即获得时对其进行估计的方法。然而,尚未提出能补救当前会计准则造成的流弊的全面计划,亦没有解释怎样来面对并战胜在改变当前准则的道路上所遇到的问题。这些都是本章的目的。

问题的解决方法

作者认为,可以通过重建会计实务的最完善的环境和确定在这一环境下会计的理想目标来解决这些问题。此后,便可确定当前环境与完善的环境的差异以及这一差异所要求的在实现理想目标的过程中所作出的妥协。这样就可以在兼顾理想目标的前提下,尽量少对权宜之计作出让步,并且在当前条件许可的情况下贴近理想目标。

换句话说,我们似乎可以合理地认为,如果通过假设一个理想的情况并且根据现实情况对其进行调整来解决问题,比起一开始就立足于权宜之计,仅仅依照权宜之计的指示向着理想情况迈进,可能会出现更少的偏差。

后者是会计沿用至今的方法,而它的实际作用是助长了权宜之计而不是贴近理想状况。如果理想状况盲从于权宜之计,就要通过捏造权宜之计所需要的能证明惯例是合理的理论来改变理想情况。当条件变化时,这种做法的结果是特别糟糕的。一个特定的行动也许在一系列环境之下是非常必要的,即使这个行动也许会严重背离所谓理想的行动。如果捏造理论来证明这个错误行动的合理性,那么不久之后,当环境发生变化并由此允许一个更加理想的行动之后,人们将倾向于紧贴理论而不是改变计划。这个倾向是会存在的,因为理想进程的不可达到只是暂时性的,却被预先捏造的理论遮掩甚至否认了。

如果会计师确定他们的理想目标,并且始终将理想摆在首要位置,同时坦率地承认在理想无法实现的环境下会计方法在实务运用中的缺点,他们就会在情况发生变化时为了能够更加接近理想目标,而改变会计处理方法。之后,会计行业就会科学看待自己的行为,逐步成为一个进步、有远见的职业,而不是一个依靠诡辩和似是而非的推论来捍卫其古老教条的一成不变的职业。

理想的会计环境

从某个角度来说,文明的发展不过是人际协作的发展。贸易甚至以货易货,是一种相对高级的协作形式。在密林的野生动物之中很少甚至没有以货易货,在原始人类社会,贸易也是非常有限的。在这些条件下,每一个个体都想独立于其他个体并生产自己需要的全部物质。随着人类智慧的发展,人们逐渐发现,如果劳动得到专门化分工,每个人成为各个职业领域的专家以造福于整个群体,他们就可以生产更多并因此拥有更多。显然,在这种情况下,贸易就变得必要了。

在原始时期群体的规模是非常小的,但是随着文明的推进,群体发展得越来越规模化,直到至少从某个角度来说,人类的进步很大程度上是他们学会如何在越来越规模化的群体中进行协作。历史上的挫折在很大程度上是由混乱的群体并入高度整合的群体中引起的,因此需要再调整直到联合后的群体变得足够统一,再次允许群体中的个体进行广泛的合作。黑暗时期是北欧蛮族试图使自己融入包括罗马帝国在内的高度文明的群体的时期。这个时期相对于以前存在于罗马帝国内部的高度协作来说是黑暗的,但从北部蛮族的立场来讲,黑暗时期是通向更大群体中更高程度的协作并进而通向更高文明的长足进步。如果贸易甚至以货易货,暗示着高度的智慧和合作,则金钱交易贸易暗示着更高程度的智慧和合作。最高程度的智慧和合作的贸易形式,则是以一个自由和竞争的市场为媒介来实现的。只有当社会变得高度组织化和一体化之后,这样的市场才可能存在。经济史的研究表明,自由和竞争市场的发展与贸易的发展和人类社会一体化的发展明显是并行的。如果人类社会确实正处于逐步紧密一体化和高度组织化的进程中,作为这个发展的伴随产物,将形成一个更加自由竞争的市场,在这个市场中,经济价值将在买家报价和卖主供货的过程中被创造和改变。

在理想的环境下,所有贸易都是通过自由和竞争的市场这一媒介来进行的。非公开价格的产生,大量的促销组织和铺天盖地的广告在经济学概念里意味着浪费。促销和广告的目的主要是为了影响买家,使他们服从于心理压力,而不是为买家提供他们需要的商品。支付非公开价格的买家实际上非常易于买两件不同的物品。他认为他所花的钱是为了购买商品,但有可能并不是所有花出去的钱都只是为了那件商品。他的有些钱可能是为了一个完全不同的东西而花费,例如广告、销售员的营销推广活动以及所有他可能受到的复杂微妙的心理影响。可能有人认为,而且很可能有充分理由认为,所有这些广告和销售费用都是对社会的一种经济投资,只有这样,社会才允许生产规模化,从而使成本降低到足够抵消广告和销售费用的程度。然而,他们不可能有力地证明这样的广告和销售费用在一个更加聪明的社会中也是合理的,这样的社会十分了解能够满足其需求的商品,并且有能力通过自由和竞争市场的媒介来提供这些商品的购买和销售。

文明似乎不屈不挠地趋向于创造越来越自由和竞争化的市场,在这个市场里,能够获得真实的经济价值,而且有远见的买家或者卖家可以以最小经济程度的浪费来获得或处理商品。因此,可以假设这是通往理想环境的一个趋势,并且应该重建会计原则,以便能利用它提升会计工作的服务水平。

理想的会计目标

在前一个章节已阐明,Lucas Pacioli 于 1494 年首先描述了威尼斯的现代会计技术。值得注意的是,由他所描述并由会计从业者使用了几个世纪的价值,是以原始成本为基础的,因为原始成本是唯一可利用的数据。而当自由和竞争的市场出现以后,以原始成本列报资产的做法已是如此古老,并且在会计人员的头脑中根深蒂固,以至于捏造准则来证明这种做法的合理性,而不是为允许列报经济价值这一做法而辩解。这一点是很自然的,由于不存在债权人和股东信息闭塞的情况,那时似乎没有任何令人信服的理由表明披露经济价值要优于披露原始成本。并且,如果没有专业人士的参与,绝大多数资产的经济价值是未知的或很难估计的,自然而然,会计从业者不应该仅仅因为经济价值在少数事例中能够被获取就倾向于改变他们的原则。

但是,不妨假设所有资产的自由竞争市场从一开始就存在了。换句话说,假设每一个会计师在任何时候都可以获知任何一种资产的经济价值。毫无疑问,如果是这样的话,自然就会预期到会计原则会以经济价值的列报为基础。符合会计实践的做法有着最小的阻力。若受阻力最小的做法是列报经济价值,这些经济价值应该已经被列报,不仅仅因为它们容易获取,更是因为它们提供的利润和资产负债表信息,明显比起那些在不同日期会产生不同原始成本的、欺骗性的而且经常是毫无意义的数据信息更加具有重要性和可靠性。

管理者、债权人和股东多数希望了解公司的某些重要事实。每名会计从业者对这些事实的本质心知肚明。关于资产负债表信息,这些人想要知道公司的资本现值,即净资产的现值。应该真实地向他们提供有关资本账户与盈余账户的信息。他们希望了解其中每一类资产的现值。他们希望了解公司在实际现值下的负债是多少,债权人是谁。

管理者想获取这些信息,以便他们了解公司当前的财务状况,并且以便他们理智地分析资产、负债或者资本的可能变化。显然,代表现值的数据比代表历史成本信息的数据在上述方面能提供更多的信息。债权人想获取这信息,以便他们可以计算他们的债权得到偿还的可能性。而显然,资产的原始成本与这一可能性只有一种间接的关系。股东想获取这些信息有一部分原因是因为管理者需要,另一部分原因是便于他们在该公司的财产和准备持有股权的其他公司的财产之间作出理智的比较。似乎可以确切地说,以现行经济价值为基础编制的资产负债表提供给三类利益相关者的信息,将比当前糅合了历史成本、会计惯例和市场价值的信息更有价值。

关于利润表,似乎可以确切地说,前述三类利益相关者会对一个公司损益的所有真实信息感兴趣。他们对只了解一部分损益不感兴趣,也不会对他们有所隐瞒的其他损益感兴趣。他们一定不会满足于仅获知已实现的利润,而对未实现利润却一无所知。目前的报表提供给他们的信息包括当年的已实现利润和上一年度未实现但在这一年度可能实现的利润。

很显然,如果当前的经济价值可以轻易被获知,会计人员将会在他们的财务报表中提供这些价值。另外,这些价值将为管理者、债权人和股东提供具有重要性、有用性、完整性和真实性的信息,而现在提供给他们的信息却远不具备这些特征。

现实情况与理想状况的差异

上述论断表明,在会计实务的理想环境中,所有资产的经济价值在任何时候都可以轻易得到确定。上文也表明,在这个环境下,会计的理想目标应该是在资产负债表中列报资产当前的经济价值,在利润表中列报所有的损益。但是现实情况依然是上述理想的环境并不占优势。由于它不占优势,可能会妨碍上述理想目标的实现。让我们看看现有的实际环境与理想环境存在哪些不同。

很少有人意识到广泛、活跃、自由和竞争的市场在当今世界存在的程度。随着社会的组织化和一体化的发展,这些市场不断涌现,直到现在,大量原材料和相当数量的加工制品的经济价值能够很便捷地被获知。仅就美国而言,可行市场通常要交易至少四十种不同类别的商品,并且许多种类可以再分为不同的个别商品。这些市场在"市场价格"的那一章已被命名。每当会计人员面对在上述市场中交易的资产的定价问题,他可以参考每天的报纸或行业杂志来迅速而轻易地确定资产当前的经济价值,或者直接参考经纪人或者市场本身的情况。在这个程度上,当前的环境应该符合前面提到的理想环境的要求。在确定有可流通资产的价值方面,会计人员不需要在他现有水平上接受更多的训练,除非他必须理解价值的本质和价值的确定方面的经济学原理。列报可流通资产的当前经济价值不会引起额外的审计工作或费用,因此"不可行"的观点不可能在这里存在。

不可流通资产占了绝大多数,它们是可自由再生产的,由于它们要么没有在市场上交易,要么未在一个足够广泛、活跃、自由和竞争的市场上交易,它们的经济价值不可能仅仅参考报纸来确定,但是可以通过计算他们当前的重置成本来估计。这些资产可能是由被审计过的公司生产,或者由被审计过的公司购买。如果资产由被审计过的公司生产,那么在决定它们当前重置成本时会计师将比评估师更有利。如果资产被购买了,会计师将至少跟审计师处于同样的有利地位。然而，在这两种情况下，会计师均很可能无法确定当前的重置成本，除非他雇佣了评估师，或者他自己同意学习和掌握评估师的技术。

鉴于通过列报接近这些资产当前经济价值的数据而获取的极大好处，似乎不可避免地认为，应该召集评估师来帮助编制财务报表，或者应该将会计师和评估师的职能集合在同一个人身上或同一家企业之中。这两种方式都会给现在的会计师事务所带来不便和烦恼，整个会计行业都会自然而然地严厉抵制这种做法的出现。没有人喜欢别人说他并不了解如何恰当地履行他的工作，历史中再没有像让人放弃由来已久的原则那样让人感觉勉为其难的事情了。对多数会计人员来说，若被告知不再有资格做编制财务报表这一项他们和前辈们已经做了几个世纪的事情，并且还要利用他们某些时候的竞争者——评估师的工作，或者学习他们的技术方法，是极其讽刺的。但是，要想使财务报表提供当前的事实，而不是提供糅合当前事实、历史数据和会计惯例这些难以理解的信息，除此以外似乎没有别的解决办法了。

还有一些不能在可行的市场中交易，而且天生不能自由再生产的资产。这些资产包括专利、版权、商标、矿产和油井。因为这些资产往往构成自然垄断，几乎不可能在广泛、自由和竞争的市场中交易。因此，没有可以用来作为经济价值的市场价格。同时，因为这些资产不可能被再生产，也不可能计算它们的当前重置成本。即便其重置成本是可以计算的，该计算结果也不会表明其经济价值，因为这些资产是不能自由再生产的，它们的供给不会随着使重置成本成为价值指标的经济规律增加或减少。显然，在资产不可流通，不可再生产的情况下，当前环境根本不符合前文概述的理想环境。至少从这个意义上讲，充分实现在理想环境下的理想会计目标似乎是不可能的。

对权宜之计的让步

这里的问题是，在现有的情况下采取怎样的会计准则才是切实可行的,而且与前文所述的理想目标的差异尽可能少。尽管我们都主张这个理想目标是完全合意的,但必须承认理想目标在当前的环境下是无法充分实现的。问题的关键是,在对权宜之计作出尽可能少的让步的条件下使理想目标与当前环境更加适应。

值得注意的是,在资产能在可行市场中进行交易的情况下,市场价格或者说经济价值是很容易被获取的。在处理这些资产时根本不需要对权宜之计作出让步。当前的环境完全符合理想环境,因此,会计准则也许完全地依照理想的会计目标来制定。会计师仅仅在处理可流通资产时才会使用经济价值,以代替目前对原始成本、会计惯例和市场价值的混用。这样一来,会计师将在财务报表日披露这一简单事实。

关于可再生产的不可流通资产,必须承认当前环境并不充分地符合理想环境。然而,评估师或者会计师可以合理可靠地估计出这些资产的经济价值。虽然环境并非完全理想,但是其近似环境是存在的,通过一些努力的训练,不会与理想会计目标有严重的偏离。这里的问题主要是接近理想目标后获取的好处是否与付出的努力呈正比。当一个人意识到不这样做所引起的坏处时,就会认为这些努力是合理的。

实际上,会计行业要么必须作出这种努力,并且必须按照他们对外宣称的事实情况编制财务报表;要么最后必须告知公众:为了那些深谙虚假列报事实的内部人的利益,财务报表将历史数据、会计惯例和当前事实进行混合,没人能在其中辨明虚构的真相,完全是在欺骗聪明或者无知的人。这样的坦白,一旦被公众充分地理解,将导致公众对会计工作的蔑视,或导致公众要求财务报表尽量真实地列报查明的事实。当然,要避免第一个结果的出现,是需要会计师的努力和学习的;而第二个结果的实现,是需要各方的努力和学习的。在这些情况下,似乎无法避免地认为,得到的利益和付出的努力是要呈正比的,而且不可流通的可再生产资产应以估计的经济价值计价。

最后剩余的,是第三类资产,即不可流通且不可再生产的资产。专利、版权、商标、矿产和油井在这个种类中占大部分比例。基于任何精确基础来确定这些资产的经济价值似乎都是不可能的。幸运的是,这些资产的数量是很少的,而且其重要性对财务报表产生重大影响的情况并不常见。然而,这些财产是确实存在的,并且它们在某些情况下确实会产生重大影响,如矿产资产。在理论上,当前会计准则指出,这些资产应按照原始成本扣减摊销和损耗后的余额计价,但是在实际情况中它们易于在收入允许的情况下被迅速核销。由于会计人员无法确定这些资产当前的经济价值,导致的问题是会计人员应该怎么去计价。只有两个方法看上去是可利用的,并且每种方法都会导致产生背离事实的数据。会计人员可以遵循当前的会计原理以这些资产的原始成本计价,或者可以在经济价值完全未知时,不对它们进行计价,并且在资产负债表中不列报它们的价值,仅在附注中补充披露与之相关的、真实的描述性数据。

事实就是这里讨论的资产似乎不存在已知的现行经济价值。因此,披露出来的任何价值都极具误导性。如果会计人员将这些资产估价为零,他将无法像为历史成本计量辩护那样为零估价辩护。然而,与历史成本计价的做法相比,他将被要求更确切地为零估价辩护,因为绝大多数人都将资产的历史成本作为其当前的经济价值,而很少有人相信这些资产是无任何价值的。这或许就意味着将这些资产估价为零比起以历史成本计价更能说服人,因为利益相关者的精力都将集中在资产价值的不确定性上。但是,将这些资产的估价为零也会面临一些问题。首先,利用历史成本计价或许会更接近资产的真实价值。这一点无论对资产负债表还是利润表都是适用的。其次,在资产会对财务报表产生重大影响的情况下,如矿产,将资产估价为零的做法,会严重背离事实而使财务报表变成一纸荒谬。再次,还有可能出现这种情况:这些资产若估价为零,很多外行们就不会意识到提取折旧和摊销的必要性。即使在附注中提供了关于资产完整真实的数据和历史成本信息,大部分外行们或许也不能有效地加以利用。

在这种情况之下,对这些资产的计价就必须有一个权宜之计。当前,有时的做法是将其估价为 1 美元,像在通用电气公司的专利权一案中便是如此,或者就以历史成本计价。作者认为,如果人们的知识足够理解这些资产的真实特性,那么从长远来说,他们使用历史成本扣减摊销或损耗计价,对于估价为零和当前无法达成一致的实务来说都是更好的,尽管远远无法达到理想的会计目标。这里的知识,是指人们看到以这种方式披露的历史成本后,就会注意到该资产不能准确计价的事实。"以历史成本计价,不受制于准确估价"这句话或许应该永远置于这些历史成本的披露之前。这样,人们就会意识到资产负债表的这部分,以及利润表中与资产折旧或损耗相关的那部分并不值得信任,只是一种权宜之计。假若这种方式实行了几年之后,很多人或许就可以理解了,对这些资产来说,重要的是它们价值的不确定性。人们也会意识到,从真实数据中得出的结论通常要比财务报表提供的结论更加准确。

真实的资产负债表

我们现在可以依照上面建议的方法来解读一张资产负债表,也就是说,流通资产以市价计价,不可流通的可再生产资产以重置成本计价,还有少数不可流通的、不可再生产资产以历史成本计价。除了少数不可流通的、不可再生产的资产之外,这种方法可以生成这样一种资产负债表——在任何期间的期初至期末资产净值的波动都可以准确地表示出这个期间所有资源的净损益之和。这个净值的波动能够立刻揭示此期间整个企业的经营情况。的确,这个波动包含了所有的损益,无论是资本性的、本期的、已实现的还是未实现的,读者也必须通过利润表寻找细节,然而,仅仅从一系列资产负债表来看,他可以获得企业所实现的总损益的准确数字。

在这样一张资产负债表上,通过查阅固定资产的价值,读者可以得到潜在受押人决定是否给企业借款所需的信息。如果一项抵押已经存在,读者通过阅读资产负债表,就能够马上确定这项抵押的安全状况。如果抵押马上到期,读者通过资产负债表便可立即发现是能够以有利条件收回款项还是以不利条件收回款项抑或根本无法收回款项。在当前的资产负债表中我们是无法得出这样的信息的,通常情况下,从这些表中,我们是无法发现一项长期债务是否安全,或者一项超期的抵押贷款是可以轻易地偿还还是会将企业拖垮。长期以来,受押者已经意识到了,会计师对于固定资产的估价是完全不可靠的,而且,有一项不变的法则——对这些资产重置成本的独立评估必须在抵押贷款完成之前进行。关于当前或潜在的抵押的状况,当前资产负债表提供的信息是没有多少价值的。这样,对于企业资产的价值是足够支持一项新的抵押,还是只能归还一项旧的抵押,企业的债权人、股东甚至是管理层有时都很迷惑。

通过比较,按照上述建议的方法编制的资产负债表中披露的流动资产和流动负债,就能得出准确的流动比率和速动比率。按当前方法编制的资产负债表,读者很确信流动比率至少如其显示出来的一样有利,但他们无法获知有利的程度。有时,企业可能会公布一个较低的流动比率,这可能会使企业不能从银行获得短期贷款以购买额外的存货或实现其他一些合理的目的。这项贷款对企业来说可能是高度正确的也是有利可图的,但是,由于披露出来的流动比率,贷款可能被拒绝,或者可能会以比企业按当前价值披露其流动资产的情况下更高的利息发放贷款。在资产的经济价值远高于其历史成本的情况下,以"成本和市价孰低法"计量流动资产有时是很有害的。

若按照建议的方法编制资产负债表,股东在不知悉相关事实的情况下,是难以从企业中获益的。以前,很多企业的资产价值在多年内都有极大的提升,然而,由于这些资产是以历史成本计价,因此股东并不知悉。所以,认识到资产负债表中显示的误导性事实的内部人员,就能够不断地积累公司的股票,直到这些资产被出售和企业宣告发放巨额红利。这种情况实际上通过对股东隐瞒企业的真实所得而欺诈了股东在企业盈利中的应有份额。如果资产负债表显示的是资产经济价值,而非历史成本,这些情况就可以避免了。

　　按照建议的方法编制的资产负债表,不可能会产生巨大的秘密盈余或掺水股。很明显,若资产是以经济价值计价,无论是秘密盈余还是掺水股都不会存在了,因为秘密盈余完全是来源于对资产的低估,而掺水股是来源于对资产的高估。在两种情况下,股东和债权人都被剥夺了了解公司真实情况的权利,尽管他们确实怀疑存在上述情况中的一种,也无法确定秘密盈余的数量和掺水股中水分的多少。资产负债表中的水分的影响与秘密盈余的影响当然相反。很多股东可能年年都被告知说企业经营得很好,结果却看到公司倒闭,尽管资产负债表显示企业的状况仍然十分繁荣。在当前情况下,没有哪位股东能够对公司按期偿还到期债券的能力毫不担心。这在资产价值不可靠的情况下必然如此。

　　按照建议的方法编制的资产负债表,能够真实地反映出企业当前所使用资本的实际数量。这个数量,与当期盈利一起,可以在我们与其他企业比较管理效率时提供一个准确的指标。两个企业,可能 1 年各赚 1 000 000美元,但是我们可以发现一个企业使用了价值 10 000 000 美元的资产,而另一个企业使用了 20 000 000 美元的资产,很明显,事实上前者的盈利能力是后者的 2 倍。显示资产当前价值的资产负债表可以立即揭示这一信息,而以当前会计实务原则编制的报表则会掩盖这一点。对资产当前价值的掩盖使对企业之间的比较非常困难,而且,没有股东的英明领导,使企业管理效率参差不齐。

　　按照建议的方法编制的资产负债表,将完全展示企业的资本性损益以及由于经济周期引起的资产价值的巨大波动。现在,大部分股东似乎都没有完全了解这些波幅的大小,而他们之所以不知道这一点,在很大程度上是因为资产负债表中显示的大部分资产价值无论是在经济繁荣还是在经济萧条时都是不变的。通过教育使人们理解这一事实的真相所能带来的社会福利,是不可估量的。货币价值的稳定性对大多数人来说是一个毫无意义的词组,但是一旦他们体会到现在多数企业都在经历的经济风暴后,他们会迅速意识到这个词组可能描述了我们当前经济的第一需要。繁荣和萧条可能比所有其他因素加在一起能造成更大的经济危机,它们对企业资产和财务标准的影响大大地隐藏在目前披露的财务报表里。企业资产的价值会贬值到无法偿还抵押贷款的程度,或者会增值到能理所当然地把它们转换成现金。然而在这些情况下,股东和债权人均对真实的状况一无所知。

按照建议的方法编制的资产负债表将告知股东和债权人资产价值的重大变动。作者认为,如果股东被告知这些变动,他们会对我们的经济结构的不稳定性感到震惊。这样的信息也许造成工人和政客们意识到在当前情况下公司需要一场赌博。它也许会使公众彻底转变投资是绝对安全的,以及秘密储备的形成主要是受贪念驱使这一观念。

真实的利润表

现在考虑按照以上建议的方式编制的利润表。这份利润表类似于在此以前编制的利润表,但也有一些很重要的差异。报表中将包括所有已实现和未实现的资本性损益。对这些资本性损益将会在报表中的一个专门部分单独予以披露。由库存商品的市价变化引起的未实现的损益将计入报表传统的营业利润部分。折旧将以资产的现行经济价值计算,而不是像现在这样以历史成本计算。折旧的计算方法在下一章会有更为详细的介绍。除了这些和其他一些较小的区别外,利润表将以习惯的方式编制。

按照上述方式编制的利润表除提供当前利润表中的信息外,还能提供包括其他全部损益在内的一份完整报表,以便读者能了解公司某一期间内的所有损益。像当前多数利润表一样,制造业的利润表将披露销售总额、营业利润总额和经营活动净利润。然而,紧跟着企业经营活动净利润,报表将详细描述资本增值与固定资产和非经营性资产的折旧,无论其实现与否。最后得到的净利润将等于报表期间期初至期末的企业资产净值的变动(不考虑股利和资本结构变化引起的变动)。

会计专家认为,按这种方式编制的利润表所体现的巨大的资本性损益会使企业经营成果显得微不足道。专家们的看法似乎是,对股东和债权人隐瞒资本性损益比冒险强调资本性损益而不是公司经营活动产生的损益要好。接受这个观点的错误之处在本书的其他地方已经提及。有权利获得公司财务报表的那些人有权知悉所有的损益,而不应该由会计人员确定提供什么信息和隐瞒什么信息。显然,如果股东不能获得他们有权知道的信息,他们的权利就被掌握该信息的个别人所剥夺了。

对于作者来说,资本性损益的巨大重要性可能是不应对股东隐瞒信息的最佳论据。正如迪金森所说,有案例表明,在许多情况下,一个多年经营失败的企业由于固定资产资本利得的巨大性掩盖了其经营损失。按照上述方法编制的利润表将会给股东和债权人有关资本利得和损失过程相关的周期性信息,同时这会使内部人士难以利用股东对增值或减值的不知情而通过积累或出售股票来获利。实际上,企业家越来越意识到影响企业经营的外力至少与企业经营所需要的技能具有同等重要性。在经济萧条期,当所有资产的价值下降时,企业能获得营业利润纯属例外,即使它也许有最纯熟的管理;反之,在经济繁荣期间,当所有财产的价值增加时,企业出现经营亏损也是例外,即使它的管理水平也许是相当平庸的。

严格来说,企业经营所得的利润是否能从纯粹的来自外部的损益中完全分离出来是十分可疑的。如果在生产开始日和销售日之间物价水平发生了变动,公司的每一笔产品销售都包含了非经营活动的损益。不论管理者的管理技能如何,都将如此。在经济繁荣期企业边际利润会较大,而在经济萧条期企业边际利润将会变小或不复存在,并且这个趋势的存在与公司的管理技能无关。那么如何能够对外宣布当前的利润表仅仅反映了来自经营活动的结果,而不是纯粹来自外部的损益呢?很显然,与企业经营活动无关的损益可能无可避免地遍布整张经营报表,并可能达到对确定其性质起到决定性作用的程度。

尽管如此,仍必须承认会计师和外行人士为区分来自公司日常活动所得的利润与非日常活动所得的利润作出了不懈的努力。总的来说,这种活动具有重要目的,倘若打乱它,便可能会一无所获。第一种类型的利润通常与购买、生产和销售流动资产相关,因此通常使用"本年利润"来描述它们。第二种类型的利润通常与固定资产相关,有时称资本资产,或者与溢价出售存量股票相关,因此常常被称为"资本利得"。或许使用"营业利润"和"非营业利润"更加适当,除非"营业利润"被严格限定为日常经营活动产生的利润。因缺乏一项更加令人满意的专业术语,所以本文将使用"本年利润"和"资本利得"。

事实上,在企业经营活动利润和非经营活动利润之间不可能划出一条非常清晰的界限。如果采取一种十分宽泛的解释,已实现的土地和建筑物的增值也可能是与营业活动有关的,因而计入本年利润。而如果采取一种十分狭隘的解释,销售毛利也许会被看作是来自经营活动的本年利润和来自外部经济环境而与经营活动无关的资本利得两者之混合。笔者认为,最佳的可行解决办法是从公司的惯常观点与日常作用和目的出发考虑问题。除折旧、摊销和损耗外,固定资产经济价值的变化应明确作为资产利得或损失。有价证券的价值改变,虽然是流动资产,也属于资本利得或损失,除非它们的所有者参与了证券交易。而存货的价值变化构成本期利润,因为存货的获取和销售均被假设为企业的日常功能和重要目的之一。这一分类的主要目的是将外部、偶然和非本期的利润从构成企业主要功能的活动产生的利润中剔除出去。这个宗旨对会计师来说并不陌生。

在资产负债表已经合理编制之后,按照上述思路编制利润表就会变得非常简单。已确定的资本利得和损失,无论实现与否,均应记入资本利得和损失账户的借方或者贷方,作为盈余公积列示或在利润表的第二部分列示。未实现的存货利润应按照一般会计实务经常采取的有关未实现存货损失的做法一样纳入销售成本的计算。至于其他的,应该按照报表的常规方式编制,并且得到的本年利润数据应该转入盈余公积。按照本章节建议的思路,关于资产负债表和利润表编制的详细讨论,将包含在以下章节中。存货和利润的关系,以及存货和利润的合理核算,将在第 14 章中讨论。

第 10 章　资产负债表——资产(1)

一直以来,资产在可行市场中的价格被认为是其经济价值的最好表现,其重置成本次之,最差的就是资产购买时的历史成本。一般认为,资产负债表披露经济价值时,若此资产在可行市场上存在价格,则披露其市场价格;若不存在相应的市场价格时,则披露资产的重置成本;若由于资产的性质使这两种价格都得不到时,则披露购置时的历史成本。根据这种方式来编制资产负债表,将会涉及会计方法的变更,最好能依次讨论资产负债表中的不同项目,以便能比较其处理方法与现今方法之间的差异。

土地(地表使用)

当前的会计学权威认为,因为企业持有的土地将永久使用,所以无论其市场价值是上升或是下降,都应该以历史成本计量。法庭已经对此种观点作出裁决,认为这不仅需要公司在其账簿上反映市场价值的增减,而且这样一来可能影响到利润的披露,因此这种做法是不对的。关于这一点的争论在于土地的"持续经营价值"。土地不会被出售,其对于公司的价值表现为最初确认的历史成本,土地对于公司的作用是不会变的,因此其对公司的价值也是不变的。

令人惊讶的是,这样的理论竟然能够经得起作家、会计师、律师和企业家半个世纪以来的推敲。

首先,土地将被永久地持有仅仅是一种误解,公司作为一个虚拟的法人,可能在很长一段时间内持有一块土地。但是作为自然人的股东却在持续地买卖其所持有的公司股份,因此,相应份额的土地的所有权也在不断变换。每一份股份都代表着拥有一部分土地的所有权,当股票被卖掉后,其对应的土地即有了一个新的所有者。如果土地价值没有得到准确的计量,出售者在出售股份的时候就无法知道其持有的股票的价值。这样,就可能被那些知道股票真正价值的内幕人员摆布,从而造成出售者无法得到由于土地增值而产生的利得。

其次,那些认为土地的历史成本现在代表或曾经代表着土地对于公司的价值的观点是不对的。因为货物的主观价值或使用价值是无法用其历史成本来计量的。成本是一个经济学事实。主观价值是一个心理学概念。主观价值总是超过购买时的成本,否则,便不存在盈余以促使购买者去购买。在大多数情况下,购买者在一项交易中所能获得的盈余是未知且无法确定的。这些已在第5章中进行了详细的讨论。

最后,那些认为由于土地对于公司的用途不变,因此土地的价值也是不变的假设也是错误的。通过货币数量表示的价值代表着一定重量的黄金,而黄金本身就是一种最不稳定的商品。如果黄金的价值降低了,则通过黄金所表示的土地价值将会上升。土地对公司的作用,在公司经营的第10年与在公司经营的第1年是一样的,正如我们通常认为所消耗的每1吨钢铁的价值都是相等的。

笔者假设一个公司在大城市中拥有面积很大的一片厂房。随着时间的推移,这个城市不断地发展,这些厂房的价值也不断地升值。而这些价值的增长却无法在公司的账簿中反映出来,同时那些股东们要么不了解自己所持股份的价值,要么被当前通行的会计理论误导,认为厂房的持续经营价值永远不会高于其历史成本。而那些投机者们在公开市场上购买了大量的公司股票,当这些股票的价格上涨的时候,很多的小股东将会出售他们所持有的股票。这是因为公司的公开财务报表显示,无论是从资产的角度还是从盈利的角度,股票的价值均低于其市价。然而,股价持续上涨,最后公司出售旧厂房搬到了乡村中,并获得了上百万元的利润。这些足够偿还公司庞大的债务,并使公司达到一个新的财务状况。重点在于,公司的股东们被剥夺了享受公司多年来积累的资本利得的权利,因为他们不知道这些利得,同时缺少评估股票价值的必要信息。

当前的会计和法律权威却有相反的看法,他们认为财务报表不可能反映所有的真实情况,但没有财务报表将会更糟。在价值的改变得以实现之前并不能构成利得或损失这一令人泄气的理论下,股东们不应一直对其资产的价值和因价值的变化而产生的利得和损失毫不知情。股东们应该被告知资产的价值变化以及这些利得和损失尚未实现。他们应该知道,虽然土地价值的上升可能会提高股票的价值,但不会立即给公司带来更多可供分红的现金。在这种方式下,股东们与内部人员的信息不对称在一定程度上得到降低,同时有可能免于因不能从财务报表获得真实的情况而成为谣言的牺牲品。

部分权威人士认为,用于转售的土地应按"成本与市价孰低法"来计量,同时,当其在市场上的价格高于其原始成本时,绝不能以市场价格来确定。这种观点主要是基于会计中的"稳健性"原则:"预计费用而不预计收入"。这个原则已经在第 2 章和第 3 章讨论过了。

真实性原则要求所有的土地——无论是为永久持有的还是用于转售的,都应该以尽可能接近其在资产负债表日的经济价值列示。若该土地存在一个自由、竞争、广阔和活跃的市场时,则其在市场中的价格是其经济价值最好的指标。这样的市场一般都存在于人口密集的社区。

世界上的每一块土地都是独一无二的,因此,一块土地的出售并不能决定另一块土地的价值,这种说法纯属诡辩。在每个社会中,都有那些与房地产价值有密切联系的人,他们知道发生的每笔交易。只需付出很少的费用,这样的人就可以根据目前的市场状况给出每块土地的大致买价和卖价以及该土地的特性。因此,很容易得到相当准确的市场价值。这一市场价格应该被用来表示土地的价值。

建　筑　物

　　当前的会计权威认为建筑物应以历史成本扣减折旧和减值后的余额计量。对这一事项的假设和支持这一原则的论证与对于土地的处理建立在相似的理论基础上，即建筑物将不会被出售，因此他们对于所有者的价值是不变的。这就是关于"持续经营价值"的理论。显然，在土地部分陈述过的反对理由，在这里同样适用。首先，股票所有权的不断改变使对应的建筑物所有权也不断变化。其次，假设建筑物的历史成本能代表其对于所有者的主观价值或使用价值是没有依据可言的。再次，建筑物的使用价值随着货币购买力的变化而不断变化。最后，随着经济的衰退，这些建筑物可能会被不断出售；随着经济的复苏，这些建筑物会不断被以高于或低于其历史成本的价格回购。

　　举一个关于这种理论的应用实例：公司拥有一个生产厂房，其使用年限是 20 年，历史成本是 100 000 美元。从理论上讲，每年均会有厂房价值的 1/20 被计入公司的营业成本，在某种意义上说，这将作为商品的一部分被出售。假设货币的购买力保持不变，为了完全抵销折旧的影响，理论上每年都要花费 5 000 美元的维修费用。但是如果购买力下降了。例如，如果薪酬和日用品的价格上涨，可能每年要花费 6 000 美元或 7 000 美元来使厂房保持往期的状态。从理论上讲，如果花费了足够的维修费用，这个建筑物在 20 年后还能像全新时一样完好，同时它在账簿上的金额仍然为100 000 美元。但实际情况是，公司实际上已经出售了其全部的原厂房并以 20 年来花费的维修费用总额购买了新的厂房。

　　虽然这些总额可能是 150 000 美元甚至 200 000 美元，但是"持续经营价值"理论要求建筑物仍然以 100 000 美元列示。然而，如果一栋完全相同的建筑物的购买价格是 150 000 美元，这个理论则认为这样的第二栋建筑物应以 150 000 美元列示。

作为会计人员,在以 100 000 美元列示第一栋建筑物时,根本不是在列示其价值,因为 20 年后建筑物的价值不可能不发生变化。会计人员认为他在列示建筑物的成本,其实不然,因为建筑物的真正成本是在建筑物不断被磨损和重建的 20 年间所花费的维修费用总和。事实上,会计人员为了遵守那些存在缺陷的"持续经营价值"教条,列示的是一些毫无意义的数字。

会计人员一直被关于诸如土地和建筑物等固定资产的两种错误观念所误导。首先,他们主张如果固定资产的外观没有变化,那它对于使用者的价值将不会变化。然而,他们总是在市场价值降低时迅速减少流动资产的价值,如存货。事实却是,无论是从所有者的角度还是其他角度,资产的价值总是在不断变化。如果黄金的购买力下降了一半,那商品的价格将会翻 1 倍。比如,一台原来能够生产 100 000 美元产品的设备,此时可以生产 200 000 美元的相同产品。在相同的利润率下,企业可以获得双倍的利润。为什么土地的价值在以黄金计量时不会翻倍呢?就像所有的企业家们知道的那样,先前的价值只能购买到一半相同的设备。不将设备以翻倍的价值列示则低估了其他所有商品一半的价值。其次,会计人员认为,忽略固定资产价值的变化是恰当的,因为这些变化来源于企业外部的因素,并且只能对经营成果产生微小的影响。他们把这些变化描述成"波动"。笔者认为,企业每年最终显示的损益,更多的是依赖外部力量而不是依赖公司自身的经营能力。不妨看看煤矿业、纺织业、造糖业、咖啡业、橡胶业和石油工业的长期衰退以及航空业和通信业的兴衰。这些行业的命运变化既不是缘于制造业的景气与否,也不是缘于管理的明智与否。它们的命运好坏更多地要归因于影响其产品市价的国际状况,或者是耗费的商品和人工的市价。这样的状况极易完全超出公司管理者的控制范畴,就像月球脱轨一样。

此外,当那些非经营性活动的成果未知时,经营活动的成果到底有多重要呢?当前的会计理论原则使股东能获得显示完美经营成果的财务报表,同时还能接收到关于经营失败的警讯——由于抵押的固定资产价值向下波动,抵押贷款不能续期了。如果股东知道公司固定资产的增值很可能已经抵销了经营亏损带来的影响,那么他还会因经营亏损而失望地卖掉自己的股票吗?不少企业多年来都报告并不乐观的经营损失,最后其清算价值却足以使所有者获利,所有的这些都是因为那些不被会计师们入账的固定资产增值。

那些所谓的资产价值波动一般不会频繁发生,而是一个长期的过程,可能需要很多年的时间来发挥其作用直至反向变动。一旦拒绝确认波动,没有人能确定他们不久将会回到它们开始的地方。相反,随着时间的流逝,他们将被更多地提及,直到他们产生的价值和账面价值不再一致。毫无疑问,建筑物的历史成本无法准确地反映其价值,它的各个方面都存在着缺陷,那是因为其不具有任何表示经济价值的属性。距离购买的日子越久,现行价值和历史成本之间的差异就会越大。建筑物当前的重置成本比历史成本好得多,因为当前的重置成本大致估计了在当前的竞争环境下来购建建筑物的成本。重置成本可以消除从购买到现在的价格水平变化,这些变化会在很大程度上影响建筑物的价值。

有人认为最好的价值指标便是可行市场中的市场价格,其次便是重置成本,最差的便是历史成本。但是对于一些特殊的建筑物来说,常常不存在可行市场,主要因为建筑物可能是基于特殊目的而购建,因此拥有有限的潜在买家和卖家。如果这个市场是存在的,如城市中的标准办公室或者居民楼,那么它的价格应该能够代表建筑物的现行价值。在征求房地产商们确定的土地的市场价格时,很可能会一并征求其确定的建筑物的市场价格。然而,会计师们却常常找不到合适的市场来决定建筑物的价值,特别是某些具有特殊用途的建筑物。此时价值常常是由当前的重置成本的评估价格来确定,如果会计师没有资质确定这个金额的时候,他就必须请求评估师来加以确定。虽然要求评估者足够熟悉建筑物的类型、数量以及材料和人工的成本,但是确定一个建筑物的重置成本并不是一个长期和困难的过程。对于那些在投标前必须估计建筑物成本的承包商来说,这是一项常规工作。首次评估一旦完成,此后审计过程中的修订就不需花费过多的时间和精力。如果会计师事务所没有人能够执行这项工作,那么就要考虑该事务所是否有编制财务报表的资格了。

机器、用具和设备

当前的会计权威认为,机器、用具和设备这些资产应以原始成本减去足量的折旧和减值来计价。其与土地、建筑物的理论具有相同的缺陷。机器、用具、设备和其他的资产一样存在减值的属性,其通常情况下不存在满意的市场,它的价值应该等于重置成本减去减值和折旧,而折旧和减值被认为是因磨损而发生的。在对小工具、部件和模具这种损耗特别快的资产进行计价时更应如此。无论是用原始成本还是重置成本作为其价值基础,损耗的问题都不是一个新问题,会计人员都必须面对它。

确定机器、用具和设备当前重置成本的过程大致分为两个方面。一方面,是特定或定制项目的估价;另一方面,是那些大规模的标准件的估价。考虑到那些特殊物件的生产情况,会计师通常只能通过材料、劳务的现行成本以及原始成本的摊销来确定其重置成本。当价格和工资水平的变化情况被确定后,上述过程就不是一件困难的事情。

然而,三个因素中的一个或多个因素常常使对特定或定制项目的评估变得十分困难。原始成本可能得不到,它们不可避免地由各种费用组成,或者这些项目可能是在企业以外的地方生产。这些情况需要彻底的评估。如果会计师在审计日确定相关项目或其等价物为什么而构建时不熟悉相关实务,此时,会计师就必须雇佣专业的评估人员。在进行了初始估价之后,随后年份的审计工作将变得很简单。因为只有在此期间的新建项目需要做完全的评估。对于原有项目的重新估价,则仅仅只需将当前的商品价格和工资水平变化纳入成本确定范围即可。

标准项目的当前重置成本的计算对于会计师来说并非是件很困难的事情。如果这些项目构成了企业当前的产品，那么会计师仅仅需要确定当前的成本就行了。在这件事情上，会计师本人应该比评估人员更能胜任工作。在实务中，以标准模式购买的项目仅仅在需要弄清其在资产负债表日的新购价格时，才需根据现有的经济条件来决定前述价格是否需要调整并确定其重置成本，以体现其现有的经济价值。如果生产这些项目的行业处于正常经营状态，则不需要作出调整。如果经济的剧烈波动对行业产生重大影响，则调整是必需的，以使价格与现有经济价值保持一致。这涉及会计师的判断，但是他不能忽视有关重置成本作为经济价值指数的相关经济原则，而这在第 8 章已作了相关阐述。

投　　资

当代会计权威人士普遍认为，作为短期投资持有的证券，如果以原始成本或是市场价格计价，那么它的价值是被低估的。很少有权威人士认同短期投资的价值高于其原始成本的这一观点，除非是持有至到期的抵押和债券。此处应用了摊销原则，这个原则将在后续章节中讨论。

针对作为永久性投资而持有的证券，会计权威人士在不同的情形下，给出了一些不同的规则。在持有的永久性的投资都是或几乎都是另一个公司有表决权的股票的情况下，现行会计实务要求编制合并资产负债表，在该表中，两个公司的资产负债表项目被合并，而投资项目因此消失。若永久性投资是以控制为目的持有其他公司有表决权的股份，但没有完全控制时，按照现行的准则要求，合并资产负债表上的数字应该为原始成本加上或减去相应比例的当期盈余或子公司股利分配后的亏损。对非控制性持有的永久性投资，现行的会计准则要求按原始成本计价，而非其当前的市场价格。

倘若合并资产负债表是合理的，那么合并控股公司和它全资子公司的资产负债表也是合情合理的。如果将公司视为一个整体，将它们所有的相关资产和收入都公之于众，那么就不会存在虚报。一些控股公司对它们全资子公司的投资采用成本计价，同时把股利作为一种收入，在最坏的情况下，这种核算方法可能被用来恶意误导投资者和造假。母公司可以不管其控制的子公司收入的多少，任意宣布股利发放的数额。并且，如果投资以成本计价，那它的价值就无法动态地反映子公司内部条件，也无法抵销宽松或收紧的股利政策带来的影响。在这种方式下，控股公司实质上可以任意披露预期收益，不管是否盈利。这种做法虽然站不住脚但却相当普遍，特别是在那些公共事业控股公司之中。

当一家公司以控股为目的部分持有另一家公司的股票时，必须通过个别和合并资产负债表与利润表来作出公允的评价。个别财务报表应当披露少数股权股东的持股状况。合并的财务报表则需要从整体上全面披露主要股东的持股状况。由于合并报表后是不附个别报表的，因此，时常被严重误解。就像如今被广泛公开的那样，一些大的控股公司仅仅在破产法第 77 条规定之前发布它的合并报表。随后的事项显示，在母公司的资金运转特别困难的情况下，它的某一子公司的资金流却是十分顺畅的。通过将财务报表合并，同时又不披露各个公司单独报表，就能让集团公司资金表现出合理的流动性。然而，类似上述情况的子公司拥有的利润并不多，为了满足当前自身的需求，往往并不会将自己流动性好的那部分资产转移到母公司。结果就是母公司的证券持有者极有可能被光鲜的合并报表所表现出来的股息支付能力所欺骗。无论何时这样的情况总是可能发生，除非它们后面附着各个子公司的报表，否则没有会计师应当对合并财务报表负责。

当不具有控制关系时，无论市价高于还是低于成本，无论是永久性持有还是短期持有，所有的投资都应该以市场价格计价。这是因为，从真正意义上来说，不存在永久性持有的股票。在未来的某个时点，投资终将会被收购、合并、解散或出售。当这个时点到来的时候，把前任股东持有股份

所创造的财富给予现任股东是不恰当的。如果一个投资者持有股票 50
年，每年都按价值来获得股利，那么 50 年后才告知他股票的价值显然是不
公平的。在这期间，投资者可能已经去世，或是由于在这 50 年对额外分红
的无知，而变卖了自己部分的股票。当一个会计师将一个资产打上永久性
标签时，他就不是一个会计而是一个先知了。在他的预测中，可能只是描
绘出了一些暂时的概率，但是有一点是肯定的，他的预测迟早有一天会被
证实是错误的。永久性在这个世界上是不存在的，变化是自然的法则。当
一个会计认为一项资产是永久存在的，而不去披露其现有的价值时，他就
把现任股东的利益转移到了后续股东身上；反之，亦然。从某种意义上来
说，他促使了不公平的发生。

第 1 章中的"两个投资信托公司的故事"就充分揭示了当市场价值较
高时按成本计价的害处。关于这个错误的原因将会在这本书的其他部分
讨论。简单地说，当所有方面都被考虑进去后，整个过程无论是在理论上
还是在实践上都存在缺陷。如果一个资产负债表是公正的，那么它必须反
映资产在资产负债表日的经济价值或是近似价值。如果没有反映，从某种
程度上来说，它就可能变成了欺诈的工具。

关于摊销原则的谬论

将购入成本加上或者减去折旧和摊销费用作为债券投资的计价方式，
是一种奇怪的初始计价方式。假设人寿保险公司被认为具有偿还能力，那
么它的资产应该以市场价格计价，即等于当前的合同价格加上其他合理的
负债。在 1905 年，包含一个代表性指数的 60 只债券，以能使其获得略高
于 4%收益率的价格卖出。而此后，债券价格持续下滑，到 1907 年 12 月
31 日，在同等的指数条件下，此时的 60 只债券只能以 4.9%的收益卖出。
与前 1 年比较，在它们的投资组合中债券的市场价值大幅下降，几乎所有
的人寿保险公司都敲响了衰退的警钟。由于债券的风险很小，它通常被持

有至到期,此时关注点集中在市场价格是否是一个正确的估价基准,摊销原则在这里显示出了它的优势。在会计权威人士的认可和鼓励下,许多金融机构的会计方法都采用并遵循摊销原则。为了便于被写入学生的课本和以演讲等全面的方式表现出来,不同的摊销计算方法被简化。会计的这个分支如此宽泛和复杂,以至于它被作为了一个单独的领域——"投资会计学"。

从表面上来看,持有至到期投资的摊销原则似乎合情合理。假设一个高回报的债券购进时的价格是80,20年后偿还价格是100。大体上说,为什么债券的价值不以每年的价值计价,并将每年的利息作为收入计入债券的价值? 20年后债券的价值为100,以现金的方式收回,这样所有的一切都平衡了。又假设一个高回报的债券购进时的价格是110,偿还的时候的价格是100。大体上说,为什么债券价值不以每年较少的价格计价,将每年价值的减少额从利息中扣除以确定其真正的收入? 那么20年后债券的价值为100,以现金的方式收回,这样所有的一切也平衡了。

投资的摊销是建立在除了一些意外情况之外,在结束的时候十分完美的天才理论上的,而这个正是这本书所关心的。从永久持有者的立场来看,它可以避免麻烦而顺利达到经营的目标,同时使管理层忽视其中令其不愉快的过程。然而,这个理论显然与事实不符,因此并不合理,它仅仅在资产被永久持有的情况下才成立,并不能保证债权人、储户或者客户的利息是存在的,而这对于股东尤其不公平。

这个理论不合理的原因是债券是以市场价格确定价值,而这个事实被蓄意隐瞒。对于永久持有者的持有至到期投资债券,该种理论认为,除了原始成本和到期日期,唯一的影响因素便是本金和利息的可收回风险。但是永久持有者仅仅存在于法律的假设中,而现实中大多是短期的股份持有者。这些股东们不断地买进和卖出股票。如果一个股东以公司资产负债表上的数字作为交易的价格基数,那么他就被欺骗了,因为同样的资产在市场中的价值与这些数字是不一致的。股东是否能从这种差异中获利,在某种程度上取决于他是一个买入者还是卖出者。

举个例子,假设某一固定类型的投资信托公司,只投资债券并且入账遵循摊销原则。随着减值的开始,它们所持有的证券投资组合的价值远远低于其账面价值。而一个等待多年投资机会的投资者,以可辨认净值去购买投资信托公司的股票。那么此时投资者将被投资公司的股票所欺骗,因为在市场中花较少的钱便可以购买到同样的债券。当他将他的这些股票以高于账面价值的价格卖出时,他又一次被欺骗了,因为此时债券的价值比他出卖的价格更高。开始有人疑惑了,固定的投资信托公司是否不应去投资债券,如果投资了是否应该按市场价值计价。从某种程度上说,任何按摊销原则持有债券的公司都在有意传达给股东们关于资产现值的错误信息,这将导致不公平或者更严重的后果。

回到关于债券价值的讨论,摊销理论假设除了原始成本和到期日期,唯一的影响因素便是持有至到期时本金和利息的可收回风险。会计师们都知道有很多的因素都会暂时影响一个安全债券的价值,但是站在资产永久持有的角度他们更倾向于认为,最终本金和利息的收回风险是唯一的影响因素。即使这种争论必须被否定。每个经济学专业毕业的学生都知道,美元的价值由产品而不是黄金来确定,其购买力的变化非常频繁。与1913 年美元的平均价值相比,1865 年年初 1 美元相当于 48 美分。从这时起一直在涨,直到 1896 年,大概相当于 1.50 美元。然后其价值开始下降,直到 1920 年大概相当于 44 美分。在 1932 年它的价值大概是 1.05 美元。美元变动的原因众所周知,在适当条件下这些变化可以通过一个合理的精确程度估计出来。

举一个无可否认的极端例子,假设发行一种无风险,利率为 5% 的10 年期债券。在不考虑其条件的情况下,是溢价还是折价发行则主要取决于债券的利率水平是高于还是低于当时的市场价格。这是在假定债券的购买者和出售者都认为在到期之前金钱的价值是不会改变的条件下。但是在持有期间有外力作用,如黄金产量的大幅提高,或政府部门逐渐增加的通货膨胀,这会使债券的购买者和出售者确信债券到期时,货币的购买力水平只有当前的一半。如果这个观念是成立的,那么一个人此时购买了1 000美元的债券,在10年后将得到1 000美元的偿还,但是这个偿还的1 000美元仅仅只有投资时1 000美元价值的一半,因此他损失了他一半的财产。此时这个债券只能以500美元的现行美元价值卖出,而在到期时它的价值也不会高于这个数字,尽管人们知道它的各方面都是没有风险的。

又假设某家公司将持有一些这样的证券至到期:债券按面值1 000美元购入,按原始成本入账,在上述提到的使债券贬值到500美元的影响因素没有发生之前,是不必进行摊销的,因为既不存在折价,也不存在溢价。每份债券的价值都是现在的500美元,或是10年后的1 000美元。显而易见,若以1 000美元购进,那么这些债券的估值并不是资产负债表日的价值,而是债券到期日的价值。然而,资产负债表上其他的资产,包括现金,都是以当前的价值计价的。这不是明显地歪曲事实吗?债券减值50%后,在未来的10年中还是会上升到正常水平,虽然存在着小幅的波动,但是再多的争议都无法改变一个事实,减值50%是真实并且永久的,即便假设永久持有这个债券,也无法弥补这一损失。在债券到期前的10年内,如果全球环境或国内的政策发生了改变,那么价值的变化就实实在在地发生了。尽管价值的这种变化仅仅表现在市场上而不反映在账面上。但是每份债券到期时1 000美元的赎回价值并不比现在市场价值500美元的债券价值高。鉴于以上这些事实,由于在偿还的时候没有损失的发生,因此永久性持有者并不同意将其债券按较低的市场价值入账。这些关于摊销原理的假设有一些荒谬可笑的等比关系,即使存在永久持有者的可能,也是不成立的。

鉴于摊销理论并不保护债权人、储户和投保人的利益,这里就没有论述的必要了。债权人同股东一样,拥有了解公司真实状况的权利。如果事实被歪曲,债权人就被剥夺了决定是否继续向公司提供借款的基本权利。

对于储户和投保人来说,这样的问题同样存在,甚至更加复杂。比如,因为债券是按照市场价格来估价,那些保单在 1907 年到期的保险客户,在最后 1 年并没有收到利息;反之,那些保单在 1908 年到期的客户,由于债券的价格的回升,获得了双倍的利息;这显然是不公平的。但是在 1907 年,保险客户的受偿是按 1907 年的美元计价的,即使没有利息,在美元价值水平的影响下,它所能购买的东西也比在 1908 年获得双倍利息的那些保险客户要多。

有些人可能对经济价值的变化深恶痛绝,甚至认为这样的变动是不应该存在的。但是事实证明它们确实发生了,无论谁忽略它都将使自己陷入困境,就像寓言中的鸵鸟一样,当危险来临时便将自己的头埋入沙子中。关于投资摊销的理论无论是前提还是结论都是错误的。但是它在会计行业中获得了很高的赞同,它使该行业的成员陷入了不诚信的境地,因此它的结论是不公平和有害的。

第 11 章　资产负债表——资产(2)

存　货

当前会计机构指定存货采用"成本与市价孰低法"计价。这一计价理论是稳健主义的应用,且为"不高估利润,不低估损失"这样的规则所支持。因此,Hatfield 认为:

在一般实务中,存货应按实际成本而不是售价来计量。谨慎性进一步要求对那些只能亏本销售的存货,应当下调标价,哪怕是低于成本。在对存货计价时,如果是出于良好的理念和对库存不偏不倚的判断,采用当前市价而不是历史成本,不仅不会招致反对,反而还值得推荐。……逻辑上,存货的报价高于历史成本要比低于历史成本更优,但这一要求不符合德国的法律,虽然澳大利亚的法律允许这样做。

美国的做法与德国的法律不谋而合……这一广泛运用的稳健性规则就是,在不存在贬值情况时,存货应当按历史成本计价;当存货贬值时,可以按较低的价值作为存货的入账价值。

Dickinson 认为:

从另一方面来说,资产负债表作为人们持续关注的重点,应当反映企业真实的财务状况。存货采用实际成本计价,可能高于或低于市价,由此就可能导致高估或低估资产。但是改变计价方法会产生利润或损失,但由于随后市价的变化,这些利润或损失并不会实现。完善的商业原则要求只有当利润实现时,才能确认。但是,如果未售存货可能无法弥补成本,那么已售存货所实现的部分利润应当提前弥补可能的损失。这是遵循公认正确的会计准则，即如果存货的实际成本超过市价，应当确认损失，从而把实际成本降低至市价水平；反过来，如果市价超过实际成本，在销售实现利润前，不应当确认利得，直到销售实现后才能确认。

Montgomery 则认为：

如果把在市价下跌时购进的存货项目的价格定得高于同类商品在公开市场上购买的价格，是不符合稳健性原则的。它欺骗了银行、债权人以及股东，这些人有权利相信存货的账面价值是资产负债表日的真实价值。

对于在市价上涨时花费更高代价购进的存货，如果主张略微不同的原则，似乎有点前后矛盾。在这种情况下，谨慎的做法是，将该类项目按历史成本计价，这样就避免使用预期利润这种令人反感的做法。

最安全的原则就是选择一个毫无争议的定价，即成本与市价的较低者……如果得知存货的价值虚高而利润并没有实现时，银行会不高兴的。

除了财务报表要取悦银行外，以上所引用的论点可以归结为以下两点：第一，宁可在资产负债表中低估价值，也不在利润表中虚报未实现的利润；第二，宁可在利润表中列报未确认的损失，也不在资产负债表中高估价值。会计权威们似乎已经假设资产负债表和利润表两者之一必然存在错误，只需要去决定在其中一个报表中低估资产或低估收益。很明显，他们从来没有考虑同时正确表述资产负债表和利润表的可能性。

会计权威认为，严格从资产负债表的角度来看，排除所有的收入问题，存货的价值用市价来体现要优于用历史成本。这是合情合理的，因为对于银行、债权人以及股东来说，他们有理由相信账面价值反映的是资产负债表日存货的真实价值。与存货相关的其他任何做法都会开启荒谬不公的大门，当资产不采用经济价值而采用其他方法计价时，都会显露出这样的结果。只要可接受的市场存在，存货就应当按市价计价。有关会计分录以及由此而产生的利得或损失的处理问题将会在后面章节中讲述。

一个可接受的市场应当包括绝大多数基本商品的存货,比如小麦、食品、咖啡、橡胶、棉花、铜以及其他商品。这些商品都应按市价来计量。但是许多存货,包括在产品或产成品,并没有可接受的市场,因此它们应以最佳剩余价值指标来估价,即以当前的重置成本来计量。会计人员面临一直以来都存在的与这类资产相关的问题。对于过旧的、损坏的或无法销售的存货应当计提合适的准备,其价值应相应地减少。使用重置成本丝毫不会产生影响,重置成本仅确定资产负债表日的成本基础,然后将初始成本基础更新至当前基础。之后,价值评估过程应以当前的重置成本作为计价基础,而不是初始成本。

当确定用当前重置成本对存货进行计价时,会计人员通常能完美担当自身评估师的角色。他能够轻松地确定在产品或产成品的初始成本,因为这是他们长期工作中所熟悉的部分。依据常规的方法确定存货的初始成本后,他所面临的新问题是,把初始成本转换成当前重置成本。如果存货使用不久,并且像工资、材料成本、制造方法等成本因素没有发生很大变动,会计人员可以有把握地认为初始成本等同于当前重置成本。然而,如果由原材料制成的存货成本高于其审计日的成本,当前重置成本的计算应在初始成本上有所减少,减少的部分根据该原材料的贬值额来确定。或者说,如果原材料成本上涨,初始成本也应该相应地增加,从而达到当前重置成本的水平。相应地,如果工资规模变动,初始成本也应根据其变动量进行增减变动。在存货的制造方法得到改进的情况下,生产成本减少这一成果应当由所有存货共享,并计入当前重置成本。这一理论看似简单,应用起来有时会遇到困难。但与盲目地依赖初始成本相比,智能化所得到的结果更能体现存货当前的经济价值。

在小工厂的审计中,有时会出现用重置成本来代表经济价值这一情况。会计人员应当谨记,目标是确定经济价值,而不是重置成本。通常情况下,重置成本并不是价值,而仅仅是可依赖的价值指标。而在特殊情况下,重置成本作为价值指标会有严重的不足,我们将在应计市场价格这一章中进行讨论。到目前为止，在缺乏可接受的市场时，重置成本依然是最可取的价值指标。从长远来看，如果没有垄断，并且潜在的供需达到平衡，任何有用资产的价值都将在其重置成本附近正常波动。这种波动是正常的，因为如果价值持续低于重置成本，卖方将会停止生产，进而买方需求促使产品价值上升，直至生产恢复；或者，如果价值保持远超过重置成本，逐利动机将会刺激生产，卖方竞争会促使价值下降。很明显，作为价值指标，重置成本必须与潜在生产量保持一致。单一较高或较低的重置成本所体现的经济价值仅仅只是以偏概全。在异常的情况下，应该考虑价值高于或低于重置成本的可能性。

因此，在原材料成本、人工成本或制造成本减少时，应当相应地调节重置成本。卖方竞争加剧、价格结构脆弱以及价值的贬值，这些因素的影响扩大并制约着成本。这种情况不仅在一个工厂出现，在其他已经存在或潜在的工厂里也存在。也可能出现的是，由于销售乏力，导致没有生产订单，工厂可能逐步减少开工，结果就是工厂背负沉重的间接费用，最终也会导致较高的重置成本。如果把这个较高的重置成本作为价值指标，会计人员将会扭曲事实。首先，供给大于需求，因此有理由认为此时经济价值将低于重置成本。其次，重置成本作为最好的价值指标，并不是指单一的生产订单情况下的重置成本，而是就整个行业而言的。单一较高的重置成本作为价值指标没有什么意义。在这种情况下，会计人员应精确使用最后一份生产订单的主要成本加上合理的间接费用，作为重置成本的价值指标。在行家看来，与当前会计方法盲目地依赖初始成本而不考虑成本产生的环境相比，采用这种方法所形成的现值更加准确。

现金、应收账款和应收票据

目前，会计实务中一般按应收账款和应收票据的面值进行会计处理，尤其是当票据带息且期限较短，如 30 天或 60 天时。如果票据不带息，通常会设立一个备抵账户,按到期值的合理比例来弥补利息。如果对账款或票据的可收回性存在疑虑,通常应设立一个坏账准备的账户,大多数情况下,该账户的金额是基于复核期销售量来确定的。除此以外,应收账款和应收票据通常按面值入账。

看起来,似乎没有比当前更好的方法来处理应收账款和应收票据。这些项目不是现金等价物,因为它们不具备现金所拥有的时间效用。它们一般没有市场价值,并且其重置成本通常相当于其面值。在短期账户中,尝试着确定所流失的时间价值只会带来麻烦。而在票据中,可以认为利息代表着时间效用因素的价值,虽然在特殊情况下,这与事实不符。一家生产火车头的公司向外国政府出售火车头,获得了 5 年期的带息票据。在这 5 年里,货币的购买力也许会下降一半,单从这一方面来讲,时间效用价值等价于票据面值的一半。如果账款和票据的市场价格是可以确定的,唯一合理的方法就是将其市场价格作为其价值,原因也是为了给每一资产进行合理的定价。但是,如果没有市场价格,会计人员将很难衡量这些难以估价的因素,以推算时间效用因素的价值。在这种情况下,由于完全缺乏满意的可替代方法,会计人员必须继续用其面值计量项目的价值,减少相应的备抵账户,并且把评估该价值在多大程度上是错误的这一任务留给别人。

通常情况下,现金的价值应当按其经济价值来体现,也就是它的面值。在货币贬值且不稳定的国家,如第二次世界大战后的德国,用黄金作为编制资产负债表的基础将更为合理,并且该基础能以低于其面值的数额详尽地体现流通币的价值。不过对这种情况的考虑已经超出了会计的职能范围。

商　　誉

根据当前的实务,商誉是一种可有可无的资产。你能看到它,也可能看不到它。经证明,收益较大的公司展示其拥有大额的商誉会招致责备。

而那些收益不足以让其拥有商誉却展示大量商誉的公司,当其随后理想的收益使其拥有商誉时,他们便会冲销商誉。除了一些特殊的情况外,资产负债表中出现的商誉变成负商誉,是危机的信号,暗示着股票掺水,或者标志着这是一家还未能创造足够真正的商誉来平衡资产负债表项目的年轻公司。意识到这一点,许多理性的公司在资产负债表中用 1 美元来展示其商誉的价值,这表示,他们拥有商誉但并不将其作为一项资产来展示。这种情况下,商誉在很大程度上毫无意义。作为一项普通的事项,商誉只会引起质疑或负面评论。除了会计人员坚持以不超过其成本的价值给商誉定价外,至今还没有更巧妙的方法来对其估值或再估值。不论何时,绝大多数的会计人员都会认可其贬值或全部冲销。

如果商誉仍然作为一项资产,它应该出现在每一家拥有商誉公司的资产负债表上,当商誉存在时,会计人员不应将其冲销。鉴于其他资产在资产负债表上的体现,商誉并不是一项资产。对这一事实虽然在理论上争论不休,但为实务界所拥护。从理论上讲,根据过去收益与当前净资产的比例关系得知,商誉是对企业未来超额收益资本化的一种尝试。这种资本化可以称为一项资产,并在资产负债表中体现,从而使净资产符合持续经营企业整体的理论价值。因此更适合标榜商誉为"未来超额利润的期望值"。如果这样做的话,至少可以向公众诠释商誉的实质,并且会计界可以具体说明为什么预期利润是不明智的。

把商誉作为资产处理的理念引发了对资产负债表作用的误解,这一话题将在第 13 章中讨论。在缺乏市场价格时,很难明智地尝试确定一个持续经营主体的整体价值。这一价值在资产负债表和利润表中均未体现。资产负债表中未体现持续经营主体的整体价值,它仅仅体现其财务能力,而财务能力是该整体价值的重要因素。另外一个重要因素是获利能力,这在利润表中体现。获利能力也就是收益多少、收益的稳定性以及收益的趋势。综合考虑财务能力和获利能力这两个因素,也许引出了整体价值的第三个也是最重要的因素,即未来的预期。

从理论上说,商誉是对企业未来超额收益进行资本化的一种尝试,从而使债权人或股东能够通过资产负债表的净资产来确定企业主体的整体价值。也就是说,商誉是对评估企业未来预期的现值的一种尝试。商誉试图仅通过资产负债表来披露其价值。而通常来说,综合考虑资产负债表和利润表与未来预期的关系,这两个报表都只能粗略地表示商誉的这种价值。理论上,在准备每期资产负债表时都应对商誉重新进行估价,举例来说,一家公司可能多年以来一直有着大量利润,然而当环境变化导致产品过时或行业前景不看好时,商誉会瞬间消失,但它会一直被保留在资产负债表中,因为公司利润下降时不允许冲销商誉。

整体来看,一家企业的所有者权益的市场价值可以最好地表示出它的总价值。该价值与不含商誉的净资产的价值之间的差额在理论上构成了商誉当前的市场价值。虽然在直销交易中,会计师也许会根据公司股票的市场价值来确定交易中涉及的商誉价值,但是会计师绝不会用这种方法重估商誉价值。如果商誉被准确地列示,它应当等于公司股票的账面价值与市场价值的确切差额。在被引入资产负债表后,商誉所带来的影响仅仅是使股票的账面价值等于其市场价值。在很多情况下,这就要求体现负商誉,而不是正商誉,因为市场价值通常低于账面价值。因此在准备每期新的资产负债表时,就有必要调整商誉。

但是,如果这家企业不是上市公司,或者其股票并未上市交易,那么会计师如何确定商誉的现值呢?如果企业刚刚被出售,转手价格可以看作它的整体价值,但该价格往往既非竞争价格又非现货价格。很明显,除了极个别情况外,会计师没有办法确定企业商誉的价值。即使商誉的价值是可确定的,将其纳入资产负债表也没有意义,因为没有人会从资产负债表中查找公司股票的市场价值,只需查看报纸即可。而当股东们试图将这样的公司与一家商誉不易受估值影响的公司进行比较时,将商誉纳入资产负债表很容易使他们困惑或受骗。

以上就是有关商誉的通俗解释和证实的理论。在实务中,可以通过许多方法将其纳入资产负债表,其中有些方法和超额利润资本化的处理没有一点相似之处。在大多数情况下,虽然不止一位会计权威人士建议将新企业最初几年的经营损失归结于商誉并设为资产,商誉是通过收购一家企业产生的。产生于收购一家企业的商誉可能是估算的结果,也可能不是。可以从许多差别很大的公式中选取任意一个来进行这样的估算。一般的步骤是:首先,为不含商誉的现存净资产确定一个正常利润。这个总数会因采用的比率的不同而变化,比率可以是 7%,也可以是更大或更小。其次,这些正常利润是从上年实际收益、过去 2 年的平均收益或任意几年的平均收益中得出,从而确定适用于商誉的超额利润。接着,将超额利润资本化,乘数因子可选择一、二、三、四、五、十或其他任何一个适合于目标企业的数字。最终结果通常可以认为是对所讨论的商誉价值的一个科学的定价。

另外一个有关商誉估值的例子可以通过两家企业的典型合并事项来说明。一家公司可以通过直接购买计划和发行股票作为对价来涉足某一企业,协定的价格可能仅仅是被购买企业净资产的价值,因为这家企业可能从未表现出丰厚利润,由此认为它不拥有商誉。但是并购企业的股票可能以 50 美元的价格在公开市场出售,而它的面值却可能是 100 美元。这样,当支付发生时,公司要为获取的每 100 美元的资产发行 200 美元面值的股票。为了平衡账簿,一项商誉就被引入,从而被并购企业的商誉看起来完全等价于它的其他资产的总和。

如何解决这种混乱的情况呢?毫无疑问,任何一个内行人都应承认,现存的商誉是一个毫无意义的数字,对债权人、股东或管理层没有任何帮助。商誉仅仅会扰乱资产负债表,或者使利润表难以理解,并且会在一定程度上掩盖本可以立刻明朗的真相。在作者看来,解决的方法在于认清这样一个事实:商誉也许可以成为一项资产,就像一个未来的铁路规划会成为一个西部城镇商人的资产,或者任何有利的前景都会成为任何一家企业的资产一样,但它却不能通过资产负债表列示出来。企业的账簿用于记录企业的交易或事项和财产,而不是用来记录通过企业未来的期望或可能性推测而来的现值。企业家和公司也许会为这样的期望或可能性投入金钱，但这也不会使商誉成为资产负债表中的资产。一个简单的事实是，企业家和公司之所以承担了当前的牺牲或当前的资本损失，是预期会在未来得利。而资产负债表仅仅是一张体现当前状况的报表，它只能列示出公司承担损失后的情况。与资产负债表相比，被并购企业的利润表提前向其所有者展现了未来预期情况，据此，所有者可以确定他们的销售条件。这些报表，连同并购公司相应的报表，对并购者起着相同的作用。

商誉是对未来的一种估测，它可以通过将当前资产与过去利润相比较而表现出来，并能够通过预测者所熟知的企业的内外所有力量来对其进行修正。它可以通过宣传创立起来，也可以因流言而毁于一旦。通常，商誉的价值是未知且无法确定的。如果商誉列示在某些企业的资产负债表上，负商誉则体现在其他企业的资产负债表上，在准备各自新的资产负债表时，应对两者重新进行估值。这一程序的有用性和可行性受到了质疑。在作者看来，资产负债表中不应该有商誉。

递 延 费 用

递延费用类的科目包括：一方面，一些时间要素或受益期间相当准确的预付费用，如保险费、税收、利息、租金、订金和手续费。当前会计程序要求把预付费用中未到期的部分确认为一项适用于以后期间的资产，这是完全恰当的，因为未到期的部分代表了对已经付款却未收到的服务的法定要求权，而它构成的资产就好比应收账款构成的资产一样真实。因此，预付保险费代表了对确定期间保险求保的要求权，折扣利息代表了对确定期间贷款的要求权，甚至预付税款也代表了在确定期间对政府寻求保护的要求权，或者至少是对从政府征收中寻求自由的要求权。这类资产很少有一个可以接受的能用作其价值指标的市场价格，因此，它们应以当前的重置成本进行计价。在绝大多数情况下，该重置成本等同于原始成本。如果当前重置成本不同于原始成本,为了与先前讨论的估价原则一致,仍然把重置成本作为价值指标。那么,假如一张保险单还有 6 个月期限,并且保险费率发生上升或下降的变化,对预付保险费的估价应基于新的费率,而不是保险单期限内的平均比率。否则的话资产负债表将会表述不实,就像其他资产的不合理估价一样,对债权人和股东来说是不公允的。另一方面,递延费用类科目还包括一些时间要素或受益期间(如果的确有任何收益的话)非常不精确并且很模糊的费用。这类费用通常包含在开办费的说明中,包括成立费用、法律费用、工程费用、印制债券和股票费用、股票销售人员佣金、广告支出,甚至包括新企业早期的经营损失。当前会计理论认为,由于这些费用预期在未来创收,它们构成的资产可以在预期创收期间内予以摊销。在实务中,会计师和企业家都很愿意将这一饱受质疑的项目清除出资产负债表,并且当公司有足够的利润或盈余时,这些项目会被立即冲销。

因此,实际上处理这类所谓的资产和处理商誉一样,都没有统一的方法。如果它们创收,并由此证明其在一定程度上可以被称为资产,它们往往会被立即冲销掉。而如果它们不创收,就无法被称为资产,这样的话它们往往会作为资产继续留在资产负债表上。会计师不会把预付保险费从资产负债表中剔除,否则他们需要对此作出证明。会计师认为这种剔除会构成故意的虚假陈述。不过他们会随时剔除开办费,不考虑其可能的受益期限。在资产负债表中,这类项目与商誉一样都不作为资产负债表中的资产,因为它们不具有可使用的实物形态,也没有向任何人提出索赔的法定要求权,只有考虑到它们是对未来资产价值的一种估计,它们才是有价值的。

假设一个人对自己说:"自从我出生以来,我在健康和教育上花费了太多金钱。由于这些金钱的支出,我对未来看涨的获利能力有着合理的预期。我现在的前景大概比我没花这些钱要好得多。因此,我会把所有的这些支出在资产负债表上列为资产,并把它递交给银行申请个人贷款。"收到资产负债表后,银行必定会忽略这一项目。可以肯定的是,像所有人一样,银行会充分考虑申贷者未来成功的可能性,但他会拒绝将这个有利的前景作为资产负债表中的资产，更别说按照它的原始成本进行计价。

而这恰恰是任何一个内行人处理资产负债表中开办费和商誉的做法。他在心中把这些项目划了道红线。因为他清楚，这些用最粗糙、最不科学的方法计价的项目所表达的只不过是对未来的一种估测。此外，他还清楚几乎没有人指望对一个单纯的前景进行多么精确的估价。他更愿意依赖自己的猜测，依据其他可获得的信息，而不是采用会计数据。该数据今天存在明天可能又不存在了，并且基于理性估价的尝试，没有人会认为该数据是一个真实的价值。把虚构出来的商誉和开办费的价值列在一些公司的资产负债表上，把它们从其他公司的资产负债表中剔除，并在其他的资产负债表把冲销一半的价值列示出来，这些都是徒劳无益的。这种处理只会使普通债权人或股东感到困惑，并隐藏起那些本可以十分明朗的真实情况。在一份真实的资产负债表中，开办费与类似的项目，和它们那声名狼藉的兄弟商誉一样都没有一席之地。

奇怪的是，在某种程度上，人的天性会让人选择忽略或隐瞒使人不愉快的事实，并欺骗自己，认为这类事实并不存在，因为他们认为其不应该存在。绝大多数人都不敢承认，我们更像传说中的鸵鸟，当第一次遇到异常情况时，我们会把自己的头埋在幻想的沙粒中。每个有经验的企业家都清楚，在正常情况下，新企业一开始便会发生亏损。制造企业会损失股本的20％用于支付股票销售费用。一家新宾馆在成功盈利或彻底倒闭之前，会经历5年的亏损。

当新公司开始亏损时，大多数人都明白这个初始准备期是相当危险的时期。在这段时间内，失败的风险变得很高以至于想成功几乎是不可能的。然而在这段时间内，谁会勇敢地面对这些事实并诚实地将损失情况告诉其股东和债权人呢？与此相反，公司会把损失称为资产，把费用资本化并将其计入资产。他们采用许多不同的应急办法来隐瞒事实，并以某种方式避免在资产负债表中披露亏损。毫无疑问，这样做不会欺骗内行人，并且聪明人都知道，这样的资产是虚构的，应该被忽略。事实在于，利润和亏损的真实情况没有被公布出来,而显示出的盈余是公司的有意虚报,并且,只有通过对熟悉当前会计实务谬论的一部分进行演绎和分析,才能了解真相。

为什么新企业或任何一家企业披露亏损会被认为是不光彩的呢?有些非常成功的公司也隐瞒了亏损。假设有人开始经营口香糖业务,他筹集了1 000 000美元,在有足够的销售额用来弥补当前费用之前,他花费了其中的900 000美元用于做广告。然后他获得了几百万的利润并用于支付股利,只依靠这还算够用的100 000美元来经营。他为什么要认为公布业务进展的真实情况是不光彩的呢?他拥有100 000美元的资产,并在1年内创造1 000 000美元收入,他一定要认为那初始的1 000 000美元资本是完整的,他从未花费过1分钱吗?会计师允许他计入开办费或商誉的最高价值为其成本,即900 000美元。然而,这可能仅是出售该业务所获价值的1/10。在他把900 000美元的开办费和商誉放在资产负债表中后,会计师会在随后几年督促他冲销这些项目,并用其不需要的资产来取代它们。这样,无论如何,他终将一无所获。与收支平衡时相比,当企业挣得900 000美元后才把这些项目称为资产欠妥吗?显然不是。

一个简单的事实是,开办费和商誉不是资产负债表中的资产。它们是对未来的估计。它们羞愧地出现在资产负债表中,仅仅是作为用来隐瞒所谓的不光彩状况的临时应急措施,这样的列示直到企业成功或失败之后才结束。亏损不应被认为是不光彩的。亏损通常是超凡的商业敏锐性的表现。而不光彩的事情在于,对有权了解真相的人隐瞒亏损的存在。如果会计界彻底放弃陆续使用的开办费和商誉,债权人、股东和公众就有机会认清事实的真相,并了解一些基本的财务信息。

非交易性、不可再生的资产

非交易性、不可再生的资产,这一分类主要包括那些从本质上来看没有可比物、但在商业意义上是独一无二的资产。这类资产有:专利、著作权、商标、矿山、采石场、油井及其他没有可接受的市场且根据其本质特征不可复制的资产。不存在满意的市场的股票和投资证券通常也属于此类，因为就像第8章讲述的那样，从经济意义上看，它们是不可再生的。这一分类也会有例外的情况发生，即性质独特的资产由于经济用途十分相似，为了确认市场价格，实际上对它们进行了复制。那么，用于地表开发的土地通常与毗邻土地非常相似，从而一个熟练的房地产评估师允许其在位置或其他可变特征上有细微的差异，在这样的情况下，通过使用毗邻土地的转手价格能够精确确定用于地表开发土地的市场价值，就好像每英尺或每英亩的土地实际上都可转让一样。基于现实的目的，就应该认为该土地以及其他有着类似情况的资产是可以转让的。

然而，非交易性的证券、专利、著作权、商标、矿山、采石场以及油井等，通常是真正非交易性的，不可再生的资产。这些资产在世界上单独存在，只有在很少的情况下，它们能够在一个自由、竞争、公开且活跃的市场上进行交易。因此，大多数情况下，能够作为经济价值的市场价格是不存在的。由于这些资产并不能自由地再生产，而是会构成自然的垄断，当前重置成本即使是可以计算的，也不能作为价值指标。这样，只剩下了一个价值指标，即原始成本。

在当前的会计实务中，原始成本被用作这些资产的计价基础。但是，使用初始成本对非交易性、不可再生资产计价时，容易受到公然的滥用，如果会计师不能很好地了解所有相关的信息，他们会忽略任何一次估价的尝试，并在此情况下，提供一个已知的方案。滥用原始成本对这些资产进行计价的做法层出不穷，因为，不存在一种用于从某种程度上限制原始成本的使用的、对市场价格或重置成本性质进行的检验。

一群人拥有一栋房产，他们会组建公司，并以房产向他们自己发行一些股票，并将一些股票发行给公众以换取现金。显然，出售该房产换取尽可能多的股票对他们有利。他们可以两次，甚至三次计量其重置成本。但是，他们也有不敢逾越的界限，不是因为会计师会盲目采用原始成本来计价,而是因为法院有可能宣告交易是不正当的或者公众自身有足够的关于重置成本的知识,从而拒绝购买股票。因此,虽然为会计师所忽略,但重置成本的存在为滥用原始成本衡量价值提供了检验。

然而,对于非交易性、不可再生资产,这样的检验是不存在的,因为既没有市场价格,也没有当前重置成本。这样的话,任何数量的成本都可以被作为价值,并且没有人能证明这是错误的。某人拥有一项专利,没有人知道其经济价值。他可以组建一家公司,也可以卖掉专利换取一定数量的股本进入自己的户头。该公司可以向公众出售额外的股票换取现金。专利可能是无价值的,其定价可能完全是编造出来的。同样的事情可能发生在矿产或其他不可再生资产上。会计行业应该干预这种事情吗? 如果某人证实了一项他自己完全不知道的价值的存在,那么他是诚实的吗? 通用电气公司将其所有无价的专利定价为 1 美元,并且其资产负债表由名声很好的会计公司来鉴证。在这种情况下,难道就能说附加在非交易性、不可再生的资产上的价值有任何意义吗? 与冒风险去欺骗信任所披露的价值的人相比,全部剔除这些资产是不是也好不到哪里去呢? 我们差不多可以作出肯定的回答。

但是,这里有几条令人信服的理由来解释为什么剔除非交易性、不可再生资产的全部价值会比用原始成本计量它们的价值更加不利。通常,这些资产的价值很大,那么整体来说,以零为基础的定价比按原始成本定价更加脱离实际。关于矿山、采石场以及油井,这样的处理在大多数情况下会剔除资产负债表中的价值,而该价值在企业总资产中占据着很大比例。毫无疑问,在许多情况下,由于缺少相应的对折旧和摊销的规定,剔除这些价值会导致过分高估利润。在一些情形中,这种剔除会妨碍股利的支付,或导致其他的法律纠纷。

在这种情况下,最好是按原始成本对非交易性、不可再生的资产进行计价,虽然这远非理想的处理方法。事实上,原始成本不是一个理想的对资产计价的基础,更不用说用一个理想的基础证明他们的估值。基于谨慎性原则,无论在什么情况下,会计师都不应该冲销这类资产,这是当前通常的做法,这种做法对专利来说尤为普遍。如果这类资产在用,在估价时就用原始成本减去折旧或摊销。

然而,事实在于,用原始成本估价,有时可能会导致披露一个极度脱离事实的价值。应当让债权人和股东注意这种情况,并被告知之所以用原始成本是因为实际价值未知且不能确定。最好是把"按不易受准确估值影响的原始成本计价"这样的话放在前面,而后才能在资产负债表中用原始成本来披露。如果不这样做,利益相关者可能会认为披露的价值是其经济价值,并依赖这些价值,使自己处于不利地位。会计师不应该预测未知事项,或披露无人能确定的价值,但是,当数据可能误导和欺骗使用者,而不是传递信息时,他就有义务提醒依赖其数据的人。

第 12 章 估 价 账 户

估价账户是用来调整资产价值而设立的账户。因此一个命名为"房屋减值准备"的账户实际上是房屋账户的一部分,是为方便起见而单独建立起来的。这样的准备金账户的贷方余额一般要抵减与它相关的资产账户的借方余额。同样,估价账户也能用来记录资产经济价值因其市场价格变化而导致的增加和减少。本章将就不同类型估价的应用进行讨论。

折 旧

折旧是资产价值的减损,是其通过磨损等因素而导致的物理上的损耗。固定资产单纯的市场价格的变动不是会计上所指的折旧,而是资本利得或损失。折旧是物理上的。一个公认的事实是,人为资产终将成为废弃物,毁灭是一项自然法则。主流的会计观点认为资本利得和损失属于与折旧大不相同的类别。资本利得或损失被认为是外部事项,甚至不能计入利润或损失。相反,折旧被认为是企业的一项关系密切的营业费用。一台工厂机器的价值会因其市场价格的上升或下降发生变动,而目前的会计实务基本上没有注意到这一点。当这台机器磨损,或随着时间的流逝而耗损完毕时,目前的会计程序会要求其计提折旧并将冲掉的折旧像其他诸如人工、材料、动力费用一样计入制造费用。

目前的会计程序支持两种使用广泛的计提折旧的方法。一种方法被称为"直线折旧法",这种方法按照资产原始成本的某一固定比例计提折旧。另一种方法被称为"加速折旧法",它按照资产折旧后的账面成本的某一固定比例计提折旧,通常称为它的"递减价值"。众所周知,支持或反对这两种方法的使用存在着一定的争论,而这并不是本章所要讨论的内容。但是,应提醒大家注意的是这两种折旧方法的根本目的都是冲销一项资产的全部原始成本,如果有残值的话要减掉残值。两种方法都假设资产的原始成本减去残值后即为资产损耗过程中应计提的全部折旧。在第一种方法下每年计提的折旧额是相等的;而在第二种方法下计提的折旧额是逐年递减的。在资产寿命终结时无论使用哪种方法计提折旧,折旧总额都是相等的,都等于资产原始成本减去它的残值。

如果我们稍加思考就能看出这两种折旧方法有多么不准确。这不仅体现在每年计提的折旧额上,还体现在提取的折旧总额上。资产原始成本没有必要计量资产磨损而引起的损失,一项资产的毁损可能会引起远大于或远小于其资产原始成本的损失。折旧是资产在物理上的损耗而引起的减值。如果资产在给定的某年以特定的比例计提这种损耗,很显然它将完全取决于资产的原始成本。资产的原始成本越大,则损耗量越大;资产的原始成本越小,则损耗量越小。显然,如果通过特定比例提取折旧,其对应的计提总额是非常重要的。如果折旧计提总额为资产实际价值,则折旧额是按照资产实际价值的一定比例来计算的。但如果折旧计提总额为资产原始成本,而资产原始成本可能脱离资产实际价值,则提取的折旧不一定和资产价值的实际损失一致。这样的一个折旧计提数额可能只是资产价值中很小的一部分,也可能是资产价值的几倍。

例如,某企业于 1929 年 9 月购买了一台机器,计划于 1930 年 1 月 1 日投入使用,购买价格为 1 000 美元,假定该价格即为购买当时条件下机器的经济价值。这种机器受到广泛使用,是完全标准化的,使用寿命为 5 年,没有残余价值。1929 年的经济危机极大地损害了这种机器的需求量,到 1929 年年底,该设备的市场价值已跌至 100 美元且预期未来 5 年内该价格会保持不变。该企业每年按机器原始成本的 20% 计提折旧,因此随后 5 年内企业每年将提取 200 美元的折旧。另一家企业在 1930 年 1 月以

100 美元买入机器,以相同的比例对其原始成本计提折旧,随后 5 年内企业每年将提取 20 美元折旧。机器是相同的,它们在 5 年使用寿命期内的实际价值也是相同的,它们由于磨损而带来的每年的价值减损也是相同的。但在股东、债权人和社会公众看来,相比第二家企业,第一家企业的资产价值更大,并且其由于物理上的损耗而引起的价值损失是第二家企业的 10 倍。很明显这是不真实的。机器是等价的,而且它们在相同的期间内所发生的损耗也是等量的。第一家企业 9/10 的折旧都是源自 1929 年经济危机下外部市场条件变动而带来的资本损失,与企业的经营费用无关。但股东、债权人和社会公众却被蒙骗了,他们认为第一家企业在生产上要花费更多的成本,并且它拥有的资产与第二家企业相比更有价值。而第二家企业比第一家企业拥有的资产更少。这显然是一种欺骗。

当前会计准则更多的是作为整体的保护者而不是调整折旧资产价值的实践者,折旧也因此成了"更美好"的折旧(从而资产折旧的本质实际上是"在增值的基础上计算折旧")。资产最后必须完全折旧完毕,这使会计记录复杂化,也违反了历史成本准则,因而这种无效的会计处理饱受批评。那些少数支持"更美好"折旧的会计人员认为他们更好地保留了资产初始账面成本,并通过提取折旧极大地弥补了资产所增加的重置成本。在笔者看来,这两种争辩都不达要点。首先,会计人员的职责是真实地反映企业过去和现在的经济状况,无论出于什么目的,这一职责是不能动摇的;其次,每个会计人员都应该清楚,无论折旧是由于什么原因引起的,要正确计提每年的折旧同时又保证折旧总额最大限度地保留资产价值是不可能的。更何况,如果同时考虑折旧和资本损益,得到的净值只能是改变资产初始成本。

从上述论述中可以明确的是,如果折旧比例要达到使得计提折旧正确的同时又最大限度地保留资产价值这一目的,折旧的基础应该是资产价值而不是资产初始账面成本。同时我们需要清楚的一点是通常有几个重要的因素会影响折旧资产的价值。资产物理上的损耗只是其中之一;而另一因素是资产的供求比例,它完全脱离了资产的物理特性和实用性而直接影响资产的价值;还有一种影响因素是资产的无形折旧,它直接减少了资产需求,从而降低了资产价值。上述折旧理论相当简单,下面我们来具体解释。

某企业购买了寿命为 10 年的新资产,按购买当时的经济条件,该资产价值 1 000 美元。假设 1 年后因经济条件的变动同样的全新资产价值为 1 200 美元,按每年年末经济条件下资产价值的 10%以直线法提取折旧。既然新经济条件下同样的全新资产价值为 1 200 美元,企业该资产的价值应为 1 200 美元减去 120 美元即 1 080 美元。问题是这 120 美元中应该有多少计入折旧又应该有多少计入资本损益呢? 1 年前该资产的价值为 1 000 美元而现在的价值为 1 080 美元,资本净增 80 美元。按每年年末新经济条件下资产价值的 10%以直线法提取的折旧为 120 美元,而资本利得为 200 美元。

第 2 年年末市场上同样的全新资产价值为 800 美元,该已使用 2 年的资产的价值应为 800 美元减去 160 美元即 640 美元。但该资产 1 年前价值为 1 080 美元,则本年度资本损失为 440 美元。按新经济条件下年末资产价值的 10%以直线法提取的折旧为 80 美元,则资本损失为 440 美元减去 80 美元即 360 美元。下表展示了这种方法的应用。

按新经济条件下年末资产价值的 10%以直线法提取折旧

新经济条件下的价值(假设)	年份	当前经济条件下的价值	折旧	资本损失	资本利得
$ 1 000	全新	$ 1 000	—	—	—
1 200	第 1 年	1 080	$ 120		$ 200
800	第 2 年	640	80	$ 360	
1 000	第 3 年	700	100		160
500	第 4 年	300	50	350	
500	第 5 年	250	50	—	—
500	第 6 年	200	50	—	—
1 000	第 7 年	300	100		200
1 000	第 8 年	200	100	—	—
1 500	第 9 年	150	150		100
1 500	第 10 年		150	—	—
	总计		$ 950	$ 710	$ 660

但是,如果按上年年末新经济条件下资产价值的 10%以直线法提取折旧,则第 1 年年末该资产折旧额为 100 美元,资本利得为 180 美元。

同样地,第 2 年资产折旧额为第 1 年年末资产价值的 10％即 120 美元,这必然导致第 2 年的资本损失为 320 美元。下表展示了这种方法的具体应用。

按新经济条件下年初资产价值的 10％以直线法提取折旧

新经济条件下的价值(假设)	年份	当前经济条件下的价值	折旧	资本损失	资本利得
$1 000	全新	$1 000	—		
1 200	第 1 年	1 080	$100		$180
800	第 2 年	640	120	$320	
1 000	第 3 年	700	80		140
500	第 4 年	300	100	300	
500	第 5 年	250	50	—	
500	第 6 年	200	50	—	
1 000	第 7 年	300	50		150
1 000	第 8 年	200	100		
1 500	第 9 年	150	100		50
1 500	第 10 年		150		
	总计		$900	$620	$520

如果按全年新经济条件下资产算术平均价值的 10％以直线法提取折旧,则第 1 年年末该资产折旧额为 110 美元,资本利得为 190 美元。下表展示了这种方法的具体应用。

按新经济条件下全年资产算术平均价值的 10％以直线法提取折旧

新经济条件下的价值(假设)	年份	当前经济条件下的价值	折旧	资本损失	资本利得
$1 000	全新	$1 000	—		
1 200	第 1 年	1 080	$110		$190
800	第 2 年	640	100	$340	
1 000	第 3 年	700	90		150
500	第 4 年	300	75	325	
500	第 5 年	250	50	—	—
500	第 6 年	200	50	—	—
1 000	第 7 年	300	75		175
1 000	第 8 年	200	100	—	—
1 500	第 9 年	150	125		75
1 500	第 10 年		150		
	总计		$925	$665	$590

从以上三个表可以观察到,按照三种方法提取折旧,各年末资产价值

是相等的,每一年的折旧与资本损益的总和是相等的。唯一的区别在于折旧和资本损益这两个资产价值调整项的金额分布状况有所差异。不论采用哪种方法,资产净值以及所记录的净损益总额均是相等的。同时我们也可以观察到,如果采用第一种方法,会计人员仅需知道资产当前价值和已使用年限就可以计提折旧,而若采用第二种或第三种方法,会计人员还需知道资产上一期期末的价值。通常我们在选择采取何种方法计提折旧的时候,最明智的应该是在符合真实性的基础上采用最简单实用的方法。那么按照直线法提取折旧,第一张表所示的方法是无可挑剔的。

按照加速折旧法提取折旧的方法会略有不同。和直线折旧法一样,加速折旧法也应按资产价值而不是资产初始账面成本的某一固定比例来计提折旧,否则得到的结果将不具有真实性。如果使用资产的原始价值,这将会和资产的现行价值相去甚远以致得到很多荒谬的结论。以资产价值为基础运用加速折旧法时,首先必须确定期末新经济条件下资产的价值,并按资产已使用年限确定合适的加速折旧计提比例。这样得到的数字就是该方法下资产负债表上该资产在当前经济条件下的净值。当前经济条件下资产净值和期初价值的差额就是资产价值调整净额,它包括了折旧、资本利得和损失。每期提取的折旧额将如上表(第165页第二个表格)列示的一样调整资产价值。这样的话,按资产价值的20%加速提取折旧,当前价值为 1 200 美元的资产第 1 年应提取的折旧是240 美元。当前价值为 800 美元资产第 1 年应提取的折旧是 160 美元,第 2 年应提取的折旧额为 128 美元。同样地,当前价值为 1 000 美元的资产,第 1 年应提取的折旧为 200 美元,第 2 年应提取的折旧额为 160美元,第 3 年应提取的折旧额为 128 美元。提取的折旧额和资产价值调整额之间的差额就是资本利得或资本损失。

下表和直线折旧法一样列出了使用加速折旧法提取折旧的详细情况。假设当前经济条件下资产价值为 1 000 美元,10 年后该资产残值为118 美元,按 20％的比例加速提取折旧是相当合适的。但表格同时假设

10年后该资产的市场价值上升了50％,那我们有理由假设该资产的残值也会上升50％。

按新经济条件下年末资产价值的 20％加速提取折旧

新经济条件下的价值(假设)	年份	当前经济条件下的价值	折旧	资本损失	资本利得
$1 000	全新	$1 000	—	—	—
1 200	第1年	960	$240		$200
800	第2年	512	128	$340	
1 000	第3年	512	128		128
500	第4年	204.80	51.20	325	
500	第5年	163.84	40.90	—	—
500	第6年	131.07	32.77	—	—
1 000	第7年	208.49	52.12		129.54
1 000	第8年	166.79	41.70		111.03
1 500	第9年	222.26	55.56		
1 500	第10年	177.85	44.45	—	—
	总计		$814.76	$576	$568.57

如上表所示,会计人员在提取折旧时只需确定资产当前价值和已使用年限。如果采用上年年末的资产价值或全年资产价值的算术平均值,会计人员还需知道资产上期期末的价值。这几种会计方法得到的理论上的资本损益的细微差距并不重要,重要的是我们不能过多地远离会计真实性而造成误导性的结果。如果使用合理的方法估计每年资产的市场价值并且年年进行调整,失去会计真实性的这种情况不太可能发生。但任何计提折旧的方法如果采用资产初始账面成本进行计算,得到的结果很可能远离事实,对会计信息使用者造成严重的误导。

另外两种计提折旧方法同样按资产价值计提折旧。一种折旧方法为偿债基金法,另一种折旧方法为生产量法,生产量法按照资产单位产量的一定比例提取折旧。如果资产价值被正确估计并经常得到修正以保持与真实情况相符,则这两种方法不会有太大差异。但是,如果这样做我们通常会发现求得的资产价值与用最初的按照公式计算的资产账面价值不一致,这样使用这两种方法就没有什么优势了。折旧不是一种可以完全确定的费用,它是资产随时间表现为价值损失的物理损耗及其他损耗。当资产价值估计不正确时,其他价值估计也会跟着不正确,因此如果折旧不是直接按资产价值计提的话,这种不正确将会更加明显。

无 形 损 耗

无形损耗是指市场上出现更新、更有效、更吸引顾客的新商品时,导致资产价值下降的价值损失。资产在远未达到废弃前就可能被更有效的新产品替代从而变得毫无价值。如流行风格改变时妇女们的时装等存货将可能蒙受巨大的损失,尽管这些衣服是全新的。提前预知资产的无形损耗是不可能的,因为这要求会计人员拥有预知发明天才或左右公众喜好的能力。

当前会计实务很少去核实资产无形损耗发生时的损失,但预知其未来发生的可能性并作相关准备是必需的。这种准备通常以对偶然事件设立准备金或者多提减值准备的形式进行。当前会计理论认为在资产无形损耗未发生时作会计处理是不对的,但事实上不仅应该对资产预计的无形损耗作会计处理,而且应将它作为一项和普通折旧一样的费用进行处理。这种处理方法低估了当前资产价值和未来收益,以便抵销当资产无形损耗真正发生时被高估的未来收益。不论被估计的资产无形损耗发生的金额多少或者是否发生,如果不预计无形损耗,这种对未来收益高估的欺骗性都十分明显。当前会计权威看起来并不乐意将事实按其发生的真实情形简单说出来。为了平滑由于经济状况带来的波动,会计人员对未来进行准确预测的努力没有停止过,结果是很多人没有办法分清预言和事实,从而否定了自己对未来进行预测所依赖的事实基础。

由于外在因素造成的资产无形损耗降低了资产的实用性,减少了对资产的需求,从而降低了资本的价值。与之相反的情况是由于外在因素导致的资产价值上升,会计人员通常将之作为固定资产的资本利得。因此,资产的无形损耗应作为资本损失而不是像折旧一样计入营运费用。决定损益应计入资本公积还是流动资本的一个重要原因就是看损益的发生是由与资产无关的外在市场条件变动造成的还是由普通的经常发生的商业营运造成的。这种常用的方法虽不一定完全准确,但在大多数情况下是有用的,较少发生错误。当会计人员在资产无形折旧损失发生前计提相关无形折旧准备时,他事实上在估计资本损失。但是如果陷入了极端,认为会计人员应该对所有资产的市场价格作出预测,这件事是愚蠢的和不诚实的,并且显然是不可行的。

如果在新的市场条件下能够尽可能精确地确定某一资产的价值,并且折旧、摊销和减值能按这一价值计提时,其他价值的变动就为资本利得或损失,其中包括资产无形折旧损失和资产清理时的价值损失。如果这些损益能得以报告,那么会计人员就全面、诚实地履行了他的职责,这对股东和债权人了解会计事实也大有裨益。

摊　　销

关于摊销,此处不再赘述。它主要适用于有时间年限的无形资产,如专利、版权、租赁物权、特许经营权和其他类似资产。通常这些资产不能出售也不可再生,因而以资产初始成本而不是资产价值入账。在这种情况下,会计人员只能在资产寿命期内摊销其初始成本,记入当期费用和资产账户贷方。但是,如果可以证明资产价值适用于估价,如它的实际价值或估计价值能被确定,则应按资产价值而非初始成本计提折旧。接下来的程序如同前面所说的折旧一样,其中不是由于摊销引起的价值变动应作为资本利得或损失。

折　　耗

这一名词是用来描述消耗性资源,如煤矿、油田或矿床等价值的损失。这些资产不仅没有流通市场、不可再生并因此不能估价,而且,除极特殊的情况外,确定其应提取的折旧总额也是基本不可能的。在这种情况下,会计人员只能根据资产的初始成本记录资产价值并估计折旧作为当期生产费用。现在这种方法已被广泛使用,但如果特殊情况发生即资产价值能够确定,则应按照资产价值而不是初始成本计提折旧。因外部经济条件的变动而导致的资产价值变动也应像其他资产一样作为资本利得或资本损失处理。

有时人们对资产会因某一新发现的不同用途而产生新的需求,使资产价值出现上升的情况。例如,已枯竭的油田因为附近城市的扩展带来建筑用地的需求而土地大幅度增值。不计算土地的这种新增价值将导致对资产价值和资本收益的低估,这种处理在道德上是说不过去的,即使土地仍在被用来开采石油。地表的应用价值应计入资产总价值并不再对石油开采提取折旧。这块土地拥有了适用的市场从而有了估计的基础。其市场价值就是其价值的直接体现,土地的市场价格与现存地表条件相关,因此石油开采将不影响土地的价值,不会使其贬值或耗尽。会计人员记录土地的价值并将价值的变动计入资本损益符合事实,如果不这样做的话也许会使不知情的股东和债权人处于严重的不利地位。

资产负债表技巧

当前会计实务提取折旧、摊销和折耗时通常借记相关费用账户,贷方调整对应资产账户。费用账户将影响利润表而资产调整账户将抵减资产负债表上对应资产的初始成本。只要初始成本是唯一的估价基础，这种处理就理性而方便、有效且完全合适。因此，将资产的初始成本直接转入可能的资产调整账户只在资产不存在流通市场或无法确定重置成本时采用。

对于能采用比初始成本更准确的估价方法的资产，我们应采取不同的会计处理方法。在这种情况下，折旧应该按资产价值而不是初始成本计提。同时，由于资产价值很可能随时间发生变动，按资产价值计提的折旧也就可能多于或少于按资产初始成本计提的折旧。为清楚说明这一点，我们来看一下本章第一个折旧计算表所提及的资产。第 5 年年末这项资产在新的经济条件下价值 500 美元，既然假设资产寿命为 10 年且每年提取 10% 的折旧，那么该已使用了 5 年的资产减值了 50%，当前条件下资产价值为 500 美元减 250 美元即 250 美元。但是回头来看该表，我们发现该资产的初始成本为 1 000 美元，已经累计提取 400 美元折旧和 350 美元资本损失，因此资产账户上反映的为资产的初始成本 1 000 美元，折旧 400 美元，资本损失 350 美元，资产净值为 250 美元。

资产账户精确地描述了该资产价值因折旧减少了 400 美元和因资本损失减少了 350 美元这一事实。问题是怎样将这些事实最好地呈现在资产负债表上。来看三种不同的处理方法。

第一种方法是将资产按照当前价值 250 美元计入资产负债表，就像按一项全新的未提折旧的资产那样处理，省略资产负债表上的折旧项和资本损失项。这是最简单的方法，如果按此将资产计入资产负债表，资产价值的计算都不需要了，资产负债表上的折旧除了告诉读者资产曾经提取过折旧外没有其他价值，读者也没其他独立的途径了解资产提取的折旧是否足够，只能在资产负债表上从资产取得日起累计提取的折旧中得到相关资产的一个总体印象。

第二种方法是将资产新取得时的价值和按资产已使用年限提取的

折旧总额列入资产负债表,这样我们就能得到资产目前条件下的净值。如同本章第一个折旧计算表所示,第5年年末市场上同款全新资产价值为500美元,按资产价值提取10%的折旧,已使用了5年的资产减值了50%,即250美元作为资产价值的贷方调整项,得到资产净值为250美元。如果只考虑资产本身而不涉及资本损益,这种方法能在计算后得到数值上正确的结果。反对这种方法的观点是该方法将大量数据保留在了编制财务报表的工作底稿上,包括资产初始成本1 000美元,折旧400美元和资本损失350美元,虽然这些数据后来在数值上与资产负债表上的一致,但它们是从所有者角度考虑了资本损益而不仅仅是资产本身。

第三种方法是从所有者角度考虑,将资产本身的情况一一列举,包括资产初始成本1 000美元及从所有者角度将折旧400美元和资本损失350美元作为资产价值调整项,最后得到资产在目前市场价格和使用情况下的净值250美元。这种方法能将会计账户记录的优点体现出来,但也因其复杂性影响了资产负债表的广泛使用,这一方法虽然全面反映了事实,但也因其必须有足够的附注加以解释以保证资产负债表得以正确理解而遭受批评。

价值调整账户

至于价值调整账户和其他资产损益账户,目前的会计实务没有统一的处理方法。有时这些损失被当成经常重复发生的营运费用直接计入期间费用贷方。这种情况对于无形资产和固定资产十分常见,为了掩盖损失,这些损失通常被直接记入资产账户,相应的分录则是直接进入盈余或者其下属账户。更常见的是对这些损失根本没作任何形式确认和计量,也没有对资产价值作任何调整。这种混乱局面是目前具有欺骗性的财务报表出现的部分原因。

资本利得或损失无论已经发生还是尚未发生都应或借记或贷记相关资本损益账户,在利润表中列示并与资产剩余价值对应。适合土地和建筑物的这种账户可命名为"土地和建筑物的资本利得和损失"。清理资产时资产损益的会计分录通常为贷记现金或其他相关资产,借记所售资产。如果资产损益尚未实际发生,会计分录应该是调整相关资产价值即调整账户的借方或贷方。这些资产价值调整账户和资产初始成本一起减折旧后就代表了资产目前的实际价值。适合土地和建筑物的资产调整账户可命名为"土地和建筑物的价值调整"账户。

尚未发生的由市场波动带来的存货涨跌,也应相应地借记或贷记资产调整账户,而不用会计分录直接转入资产账户,这样做将保留资产初始成本为资产负债表上单独的账户,与其他资产价值调整账户一起反映资产实际价值。资本利得和损失作为当年利润表的一部分计入销售成本,抵减当年盈余。这部分的详细讨论将在第 14 章展开。

上述会计程序应该能有效地阻止在财务报表上对已知的资本损益作假的企图,阻止对股东和债权人的欺骗。所有的资本利得和损失都应该在资产负债表和利润表上反映,从而使被动的股东也不至于在资产或收益上被蒙骗,而感兴趣的股东则能在第一时间内确定公司的所有收益和损失,从而了解公司真实的财务状况,简而言之,他们能尽可能地缩小与内部知情人士的信息不对称。

资产负债表的资产部分的建议格式

根据此处提出的原则编制的资产负债表资产部分,其格式不应与现行格式区别太大。建议格式如下所示。

资 产 负 债 表

1937/12/31　　　　　　　　　　　　　　　　　　　　　　表 A

资　　产

流动资产

现金		$ 410 457.49	
交易性金融资产(按市场价格)		$ 1 049 685.20	
应收票据(按账面价值)	$ 900 864.50		
应收账款(按账面价值)	1 655 521.00		
	2 556 385.50		
减:坏账准备	145 400.25	2 410 985.25	

存货

原材料(按市场价格)	$ 865 444.05		
在产品(按重置成本)	1 586 749.23		
库存商品(按重置成本)	366 982.31	2 819 175.59	
流动资产合计			$ 6 690 303.53

投资(以历史成本计价,不易受精确估价的影响)

在联营公司中的少数股权		$ 763 491.85	
未列示权益资产合计		27 822.19	
投资合计:			$ 791 314.04

递延费用

预付保险费		4 978.53	
预提税金		7 532.08	
递延费用合计:			$ 12 510.61

固定资产

自用土地(按估计的市场价值)		$ 140 212.34	
建筑物(按重置成本)	$ 1 120 713.64		
机器和设备(按重置成本)	1 480 220.62		
工具、模型等(按重置成本)	371 895.32	2 972 829.58	

　其他固定资产(以历史成本计价,不易受精确估价的影响)

煤矿土地(除去建筑等)	$ 750 000.00		
专利、商标和版权	36 847.16		
	$ 786 847.16		
减去折耗和摊销	309 342.63	477 504.53	
固定资产合计:			$ 3 590 546.45
			$ 11 084 674.63

第 13 章　资产负债表——负债

本章将对资产负债表中的负债部分处理进行讨论,正如这本书其他章节的意图一样,本章将只对目前会计实务中与新提出的会计处理方法有差异的地方进行比较,对于不存在差异的,将不予讨论。

资产负债表的作用

资产负债表中的资产是对一个企业有价值财产的分类总结,这些财产的总价值应该等于资产负债表日企业拥有的总财富。企业拥有的总财富与企业整体总价值不是一个概念。企业整体总价值只是部分依赖企业拥有的总财富,企业产品的未来市场前景对企业整体总价值的影响可能有时会超过企业所有财产对整体总价值的影响,企业在行业中的战略地位在企业发展过程中的必要价值也可能远远超过企业所有财产的总价值。这个话题在前面第 11 章"商誉"中已经讨论过。

企业拥有的财富可能仅仅只由物质商品或者对商品或劳务合法的、强制性的索取权构成。对仅仅一个预期或是一个有利的展望所花费的成本不构成资产负债表中的资产。会计人员不可能对预期、展望或者战略定位作出估价,因为它们对企业整体价值的影响只是潜在的。事实上,为了获得一个更有利的前景,任何一个企业都会发生这些费用支出,但是这些不是资产,除非它们确实提高了物质商品的市场价格,或者形成了对商品或劳务的合法索取权。

对于一个面粉磨坊来说,将小麦运输到磨坊是必要的,运输的精确成本也很容易确定。小麦运来以后,提高了磨坊获利的可能性,这家磨坊就比另一家还没有运输小麦的磨坊拥有更有利的前景。但是运输成本也只是一项费用,而不是资产,除非小麦的市场价格已经得到提高。同理,这家磨坊的电话使用成本也是一项费用。两项费用都是必要的,使得这家磨坊有了一个更有利的获利前景,但是它们没有提高商品的市场价格,也没有形成对任何人、任何事物的合法求索权。这两项费用可能提升了企业的整体总价值,但是没有增加企业财产的价值。

企业的整体价值可能会常小于企业财产的组合价值,也可能会常常远大于企业财产的组合价值。所以,一家大型马车鞭生产企业,其作为一个企业,可能价值很小或者一文不值,可能没有人愿意为取得公司 1/3 的权益而付 1 分钱。因为如果它继续在这个行业经营下去,它带来的损失将很快消耗掉企业的全部财富。然而它拥有的财产的组合价值,如它的机器、建筑、土地的组合价值可能就是相当可观的,可以按照流动性立即变现。还有一种情况对于一个企业来讲也是很普遍的,就是企业面对着一个很有利的前景,使得它的整体价值大大超过了它的财产的组合价值。在世界大战之初,很多个体情愿花大量的钱去购买伯利恒钢铁公司的股票,而这些股票的价格都超过了由公司财富或过去收益所计算出的合理的价值。

迄今为止,资产负债表并没有反映企业的整体价值,为了做到这一点,会计人员有必要在每张新的资产负债表中引入一个如商誉或负商誉的账户,在编制每张新的资产负债表时调整这些账户。而且,会计人员将不得不面对这样一个事实,就是因为负商誉而产生的贷记账户和因为商誉而产生的借记账户将会同频率使用。然而在大量的案例中,会计人员将很可能发现他们自身完全没有办法确定企业的整体价值。据作者所知,目前会计处理中没有遵循这样的程序,也从来没有遵循过,它的有用性值得怀疑,可实践性更值得怀疑,本书的内容将不涉及这一点。

资产负债表负债部分的作用就是反映不同债权人在企业总财富中享有的权益,这些财富已被反映在资产负债表中的资产部分。企业员工通过应付职工薪酬,政府通过税收对企业财富享有索取权,购货客户、银行家和债券持有者因为他们提供的商品或资金而对企业财富有契约化的索取权。最后,股东享有剩余索取权。既然资产负债表的资产部分没有反映企业的整体价值,而仅反映了企业的总财富,那么资产负债表的负债部分也不能够反映企业整体负债的价值,而仅仅反映了不同债权人对企业未分配财富的不同的合法索取权。

一个企业的债券今天可能卖 90 美元,明天可能卖 95 美元,如果正确编制企业的资产负债表,它将反映资产负债表日企业的财富是否能满足债券持有者的索取权。这些债券可能 5 年之内不会到期,债券价格很大程度上依赖于企业未来 5 年的前景。除非资产表能反映企业的整体价值,不然负债表就无法反映企业整体的负债价值和企业的股本价值。而且在大多数情况下,债券和股票的现行市场价值可能是完全不知道的。当它们的市场价值出来的时候,通常股东、债权人和会计人员都能得到,再使用它们几乎很少能获得额外的信息。

从以上论述可以清楚地看到,目前资产负债表反映的只是企业所有的财产的价值,而不是企业作为一个持续经营个体的整体价值。商誉和负商誉一样,在资产负债表中没有位置。除非改变对资产负债表传统作用的认识,不然两者都不会出现在资产负债表中。还应该清楚的一点就是,所有的负债都应该以一定的数额反映在负债表中,这个数额代表不同债权人对企业财富享有权益的多少,而且股东应该有权知道这些数目与企业财富总价值的区别,只有这样,才算发生了变革。

股　本

多年来,会计权威们对于股票发行中产生的法律问题和会计问题已经作了详细的讨论,没有讨论的话题很少,所以它不在本书详细讨论范围之内。关于股票发行,部分困难来源于法律规定上的小瑕疵,就是关于购买低于账面价值股票的股东所应承担的责任和义务的规定,这个问题不需要一个会计人员的直接干预。大部分仍未解决的问题是由于会计人员常常不能准确确定股票交易中的实际价值而产生的。

如果知道交易中收到的股票的价值,关于股票发行的会计分录就很简单了。如果以面值发行以获取现金,这个会计分录就是借记现金,贷记股本。如果折价发行以获取现金,会计人员还应该获取一个法律上的意见,即购买者是否对此折价承担了法律上的责任和义务。如果是,而且已经由股东确认,这项折扣就作为资产放在未缴认股款下;如果此折扣不属于未缴认股款,它就应该被反映在负债表中抵减流通股账面价值;如果相应的责任义务不存在,就借记资本盈余;如果发行"无面值"股票,就没有折扣问题的产生。销售中得到的溢价应贷记资本盈余。所有这些会计处理方法和目前会计实务一致。

关于股票发行中的会计问题,几乎全部都归结到实践中对发行对价的确定问题上。股票通常以声明价发行以获取财产或劳务,而这个声明价实际上远超出其可能的经济价值。一些会计权威认为,以它的声明价值作为对价是可以接受的。然而其他的权威坚持认为,一个会计人员的职责就是尽力去确定股票的真实价值,如果发现有折价的存在,还要反映折价。法院通常不会干预而是包容那种以非现金为对价发行的股票,而以现金为对价发行的股票很可能是以它的全面价值发行的。

基于这种认识,根据法院这种公开的宽大仁慈的行为,一个会计人员试图通过反映折价来将自己置于一个较高的法律权威的位置似乎是徒劳的,因为法院将很可能拒绝支持一个存在股票折价的案例。在任何情况下,法律问题是唯一需要存在的问题,因为不管股票有没有被折价发行,一个会计人员都必须始终如一地以资产目前的经济价值来估价。会计人员的职责不是在销售股票时确认购买者是否承担了法律上的责任和义务,而是在资产负债表日反映股票的价值。一些权威反对确认股票交易中形成的虚增价值,原因不是他们出于对合法性的热衷,而更多的可能是因为他们知道,一旦虚增的价值进入资产负债表,按现在的会计原则,它们将无限期停留在那儿,不能更改或调整。这些权威们似乎能容忍对真正的原始成本的列示,而不管它与实际价值的差异。但是他们似乎不能忍受以虚增了价值的原始成本来反映股票,即使它与实际价值的差异没有超过真正的原始成本与实际价值的差异。

事实上,将按全价发行的股票用来交换的资产负债表上的资产的实际价值,可能只是股票价值的一小部分。假如某公司正在考虑建一栋专用的昂贵公寓。邻近的土地为一个房产投机者所有,他很快以一个极度抬升的价格向公司出售这块土地,声称如果该公司不购买的话,他将在这片土地上建造贫民住宅,然后有效地把此地变成一个贫民窟。公司得不到法律上的保护,只有按投机者提出的价格支付。没有人会认为这个案例中公司的做法是不合理的,也没有人认为土地和从侵害中受到的保护不值这个价钱。然而土地本身价值只有它成本的一小部分,这个价值才是应该被反映在公司的资产负债表中的。这个价值与所支付价格的差异应该被认为是一项资本损失,反映在利润表中的资本部分,然后计入资本盈余。

通常,购买者用一部分股票去购买整个企业,所获得的有形资产可能只值支付价格的一小部分。因为所得企业可能经历了好几年的亏损,商誉也不存在了。然而它给购买者带来的后期战略优势可能会很大,以至于这次购买在经济上是合理的,甚至是很棒的。在这样的案例中,股票是以全价发行的,是合法的,真实的。然而获得的资产应该分类为单项资产,以它们实际经济价值反映在资产负债表中。这些价值与支付价格上的差异应该作为资本损失,反映在利润表的资本部分,然后计入资本盈余,这与第11章"商誉"中所述的处理原则相一致。

本章对"账面价值"或者"声明价值"的含义说明一下。这些短语指的不是经济意义上的价值。在购买者不愿意为获得折价而承担相应的责任义务的情况下,这些股票都必须是原始股,价值表示的是每份股票最少的对价。当以财产或劳务为对价发行股票时,没有会计人员能够证明折价是合理的,即使这项资产或劳务的市场价格可能明显低于所售股票的账面价值。其他无形的、非资产负债表的对价可能会补偿这个价值上的差异。一个会计人员应该把这些问题留给法律专业人士和法院。在分录中他应该以所售股票的账面价值来反映这项资产或劳务,然后他应该确定这项资产或劳务目前的经济价值,然后将差异部分作为资本损失。如果接受的劳务与企业日常和周期性经营有关,那么应该将这项劳务作为本期费用,反映在利润表中经营成本部分,然后计入营业盈余。然而,如果接受的劳务与融资有关,它的成本就应该作为资本损失,反映在利润表中的损益部分,然后计入资本盈余。

股本实际上只是一个企业股东账户的一部分,它记录的只是与该账户的起始相关的一些历史法律事实。这个账户下面还有资本盈余和其他的一些次级科目。股本和盈余账户合起来形成了完整的所有者权益账户,它表示的是属于股东的资本净值。不管一项可疑的股票折价是被借记股本还是被借记资本盈余,股本和资本盈余账户的总和是保持不变的。流通股的账面价值不变,资本净值也不变。这样,不管一项可疑的股票折价以这种或那种方式处理,股东都不会被欺骗。而如果债权人依赖具有这种性质的可疑项目,他们可能会蒙受损失。

然而,习惯和法律的要求使股本和盈余在资产负债表上都被单独反映,这种处理让一个门外汉难以理解两个账户之间的相似性和统一性。为了克服这个困难,股本和盈余都应该被列示于一个叫作"净值"或"资本"的项目下。在美国,这个项目在逻辑上应出现在资产负债表的右下角。

债　　券

假如债券按面值出售,那么在资产负债表上反映负债没有什么困难,在这种情况下,债券以面值计价,其实际支付利息作为费用处理。然而如果债券以折价出售,目前会计实务中采取的是有谬误的投资摊销原则,即将债券折价作为一项资产,抵扣债券发行期间的利息费用。在这个过程中,债券以面值计价,未摊销的折价作为一项资产,债券存续期间,利息费用由实际支付利息加上一部分未摊销的折价组成。如果债券以溢价出售,遵循同样的原则,债券以面值计价,溢价作为一项负债,债券存续期间,利息费用由实际支付利息减去一部分未摊销的溢价组成。

投资摊销原则被用于债券负债和投资资产时,都是错误虚假的,后者在第 10 章已经详细讨论过了。债券折价不是一项资产,而是一项资本损失;债券溢价不是一项负债,而是一项资本利得。债券折价可能是由于不完善的债券市场、不英明的融资或者是较差的信用引起的,债券溢价可能是由于完善的债券市场、英明的融资或者是很好的信用带来的。如果不考虑以上因素,当利率保持不变时,这样的资本利得和损失将会由未来利率的高低决定。但是会计人员的工作不是预测未来,而是反映事实,如果他将债券折价列为资产,将债券溢价列为负债,就意味着他工作的失败。

债券溢价、折价与预付利息或票据贴现不同。当银行贴现一张票据时,他实际上是预先收回利息,这项利息是对特定数目的贷款在特定期间以特定的利率收取的确定的合同性费用。如果提前偿还贷款,银行将返还预收的利息。预付利息或票据贴现是一项真实的资产,因为它代表着一种确定的对资金使用的权利或者是要求返还现金的权利。而债券折价既不代表任何索取权,也不代表物质财富,它仅仅表示为了未来多获收益而作出的现时的现金牺牲,就像商誉的成本一样。如果发行者不如约支付利息,他将会立即被宣告以债券面值作出清偿,那时银行将不再关注这些债券销售时是否存在折价。在信托契约中,无论债券是否以折价出售,如果发行者在债券到期前就收回债券,他必须支付债券面值加上特定的溢价。在债券发行的各个步骤中,债券折价都应被忽略,从法律和实践上来讲,它一旦产生就应该被停止。它不是一种物质商品,也不代表对任何人的商品或劳务的索取权,因此,不能认为是资产负债表中的资产项目。

债券溢价、折价中摊销原则的运用导致会计人员很乐意以实际利率来区别债券发行期间的名义利率,这也很可能会导致会计人员通过所谓的实际利率去伪造利润表和资产负债表。然而除了债券发行者每年以特定数目的现金支付利息外,恐怕没有比这更真实的事实了。通过记住支付的这项现金数目,然后观察这种支付对资产负债表和利润表的影响,利益相关者可以更好地评价企业未来的前景。然而摊销原则的运用没有帮助股东和债券发行者清楚地掌握这些基础,恰恰相反地,它在资产负债表上堆积了一些难以理解的资产和负债,在利润表中列入了一些纯理论的而非实际存在的费用项目,这些都加大了股东和债权人对资产负债表和利润表的理解难度。

每个商人都知道,对于一个企业,拥有充足的现金比拥有令人满意的利润要重要得多。现金的匮乏通常可能会导致企业的迅速破产,然而令人不满意的利润可能持续几年后最终令人满意,或者导致企业现金的匮乏。债权人对债券利息的现金需求是一个企业最重要的财务负担,支付利息的能力大小决定了一个企业的生死存亡。单从这些意义上来说,会计人员就不应该去做什么,而使股东和债权人对如此重要项目的真实金额感到困惑。然而,当进行债权溢价或折价的摊销时,它的后果就是一个纯理论之物代替了客观实际,这样就剥夺了股东和债权人了解事实的权利,而这个事实是他们预测未来的重要根据。

当债券折价被列为一项资产,或债券溢价被列为一项负债,资产负债表就被歪曲了;当名义利率被实际利率所代替,利润就会被误报。的确,从长期来看,这些误报可能是个可以忽视的问题,因为最终摊销完以后的结果是对债券到期时状况的真实反映。另外,这些误报掩盖了资产和收益的实际波动,平衡了这些波动。这个过程的完成是通过资本净值的误报和利润的误报相互抵减,逐渐抵销,最终获得数学意义上的真实性。但即使是在会计上,也是无法"负负得正"的。一个以巨大折价发行的 10 年期无息债券和一个以面值发行的 10 年期年利率为 5% 的债券之间存在着巨大的差异,即使在纯数学的角度上它们是一样的。前者在发行时会产生巨大的资本损失,但是此后 10 年是十分安全的;后者在发行时无资本损失,但在任何半年度支付利息时都可能走向破产。会计人员应该认识到在两种发行方式过程中获得收入的差异。第一种发行方式下获得的未来收益被作为现时的一项资产,以债券折价估价。在这样的处理原则下,会计人员不应该假设两种发行方式之间没有差异。一个有利的前景不是资产负债表中的资产,顶多是一种商誉。

在某种程度上,现行会计实务没有清楚地披露事实原貌,从而误导无辜的人们并使其承受风险。如果股东和债权人能获得清楚真实的报表资料,他们将能对未来作出自己的预测。这也是目前会计实务中的一般趋势,即对未来作出自己的预测,然后以这些预测的平均水平代替客观事实,这种趋势是令人困惑的,也是危险的,因为它会逐渐让报表资料到达一个难以区分事实和虚假的地步。

债券溢价和折价应作为资本利得和损失处理,反映在利润表中的资本利得和损失项目中,然后计入资本盈余,未偿付的债券以面值作为负债处理,利息费用以其实际数额而非理论数额反映在损益科目中。只有在这种方式下,利益相关者才能获得客观事实情况,然后以此为基础,对企业现在和未来作出自己的预测。

其 他 负 债

除了极个别企业以外,一个企业的普通负债几乎都是货币性债务,即这种负债的数目都是确定不变的,以面值反映在资产负债表的负债表中。然而有时候,还是可能会遇到实际价值负债,即不考虑成本高低的递送货品或服务的义务。例如,合同一方按照合同要求完成一栋建筑,或者股票市场中的卖空者有责任交付一定数量的股票以替换经纪人为他借入的股票。在每个这样的案例中,完成合同的货币成本在合同签订之日和完成之日可能变化很大。

实际价值负债应该用货币计量,以经济价值反映在负债表中。因此,如果一个空头户以 80 美元/股卖股票,当股票市场价格降到 60 美元/股时,他就应该以 60 美元/股列示负债。目前市场价格和起初的销售价格之间的差异代表利润,应该作为利润处理。相反,如果股票的市场价格上升到 100 美元/股时,就应该以 60 美元/股列示负债,目前市场价格和起初的销售价格之间的差异代表损失,应该作为损失处理。相似地,完成一栋建筑形成的负债应该以这样的数目反映,这个数目是在资产负债表日的条件下,按要求完成建筑所形成的负债。

实际价值负债估价的原则与资产估价的原则相同,但与货币性负债估价的原则不同。两个案例中的推理思路是一样的,即只有根据资产负债表日的情况来估计负债,才能给股东和债权人提供一个反映当前事实的真实报表。

准 备 账 户

资产负债表中的准备账户分为三类,它们分别是负债账户、估价账户和拨定盈余账户。应计税金和应计利息准备属于负债账户,应该列入负债。减值、坏账和存货未实现损失准备属于估价账户,应该作为相关资产账面价值的抵减项。或有负债、个人保险、债权清偿和其他有特定用途的负债,这几类性质的准备属于拨定盈余类账户,应该作为企业资本净值的一部分。

在实务中,一个单独的资产负债表中将拨定盈余账户和其他类盈余账户放在一起会让门外汉混淆,让他们误以为这些是估计账户或者负债类账户。至少一个美国最大的企业在资产负债表中列示了其折旧准备、应付员工储蓄基金准备以及或有事项准备,它们全部都被放在资产负债表负债端的"准备"项目下。在这个案例中,股价账户、负债账户和拨定盈余账户都被单独反映出来,尽管每个账户的作用都很相似。没有一个会计人员会认可这样一个没有清晰展示企业中不同利益群体的权益的资产负债表。如果一部分资本净值以这样的方式列入资产负债表,它很可能被误认为是一项负债,债权人和股东也可能会被误导。不论会计人员有多么确定企业未来会需要或有事项准备,他也应该真实地反映现在的客观事实并列示拨定盈余性质的准备。

盈　　余

正如本章前面部分所讨论的,将企业的资本和盈余都反映在同一个科目下,可能会更有利于对资产负债表的理解。如果企业不是股份有限公司,"净值"这个科目是合适的,如果企业是一个股份有限公司,"净值"和"资本"都是合适的。在任何一种情况下,企业的资本净值都应该以一个单独的数字列示于资产负债表中单独展示各种资本和盈余次级科目的部分的底部。相较于目前实务中将资本净值项目分散列示于资产负债表各个部分的做法,这样做可以降低对企业各类利益群体的权益产生误解的几率。

资产负债表中盈余账户被分为三个主要部分。拨定盈余由各种资本净值准备组成,主要是为了未来的或有事项或者指定用途的事项,如债务清偿。资本盈余由各种资本利得和损失构成,其产生于偶尔发生的价值变化,而不是来自企业的日常经营活动。这些资本利得和损失应首先列入利润表中的资本部分,只有其净值归入资本盈余。已实现盈余由剩下的当期日常损益组成,该日常损益一般列示于利润表的当期损益部分。

可能遗憾的是,"已实现盈余"已被广泛应用,以区分来自资本利得的当期利润。就像来自企业经营活动的利润一样,资本利得构成了"收益"或"收入"。当它们都归入盈余账户后,它们就变成了资本净值的一部分,只有出于法律和历史的考量,它们才会被完全分开。"经营盈余"科目相较于"已实现盈余"科目而言可能更加适合,然而后者已经得到广泛的认可,是不容易被取代的。

根据本章提出的原则所编制的资产负债表负债部分,有别于日常的形式。主要因为其坚持根据利益相关群体的权益进行项目分类。这种分类的目的是使每一类权益能够被一个数字表征,就目前来看这是可能的。过去,股东常常要在一张资产负债表的不同地方选择三个或四个不同的数字,然后再把它们相加,以得到资本净值的准确数字。而很多股东往往并不具备相关会计知识,所以他们做不到这一点,以致无法正确计算出他们所拥有股份的账面价值。

资产负债表的负债部分的建议格式

资产负债表负债部分的建议格式如下所示。

资 产 负 债 表

1937/12/31　　　　　　　　　　　　　　　　　　　　　**表 A**

负债		
流动负债		
应付账款	$ 190 558.78	
一年内到期的应付票据	50 000.00	
应付工资和薪酬	24 698.70	
应交 1938 年的税费	100 800.61	
应计利息	60 402.86	
流动负债合计		$ 426 460.95
长期负债		
5 年期年收益率 6% 的黄金券,1941 年 5 月 1 日到期	$ 1 300 000.00	
年收益率 5% 的首次抵押债券,1948 年 7 月 1 日到期	1 400 000.00	
长期负债合计		$ 2 700 000.00
资本		
年收益率 7% 的累积优先股,面值 100 美元		
批准 75 000 股,发行 38 000 股	$ 3 800 000.00	
普通股,无面值		
批准 750 000 股,发行 409 300 股	1 437 200.00	
股本合计		$ 5 237 200.00
个人保险准备	$ 97 800.00	
或有事项准备	50 000.00	
拨定盈余合计		$ 147 800.00
1937 年 1 月 1 日资本盈余	$ 1 307 235.69	
加:1937 年净资本利得(表 B)	419 941.70	
资本盈余合计		$ 1 727 177.39
1937 年 1 月 1 日已实现盈余	$ 570 725.23	
加:1937 年企业经营净利润(表 B)	275 311.06	
已实现盈余合计	$ 846 036.29	$ 7 958 213.68
		$ 11 084 674.63

第 14 章 利 润 表

本章的目的是讨论依据前面概述的准则所进行的利润表编制。此处不会评论现行会计实务的细节,保留了其中备受推崇的变化。

利润的法定定义

许多文章都提到了利润的法定定义。多年来,法院和立法机关已经提出了有争议的观点,现在权威著作中几乎能发现所有的观点,无论其多么荒谬!以下观点就曾被提出:损耗资产的消耗不计入损失[1],损耗资产的消耗计入损失[2],固定资产可能的报废和毁损不影响利润[3],固定资产价值的减少计入损失[4],不确认利润除非收到现金[5],不存在利润除非所有的流动负债已经偿还[6],收到股利作为收入的组成部分[7],收到股利作为本金的组成部分[8]。有人曾提出:拥有的证券变得无价值时不影响利润[9],折旧是

[1] Excelsior Water Mining Co. V. Pierce, 90 Cal. 131. Also United Verde Copper Co. V. Roberts, 156 N. Y. , 585.

[2] 16 Fed. Cas. 506. Also Balch V. Hallet, 10 Gray, 402.

[3] Vernier V. The General and Commercial Investment Trust, Ltd (1894) 2 C 239 (Eng).

[4] Richardson V. Buhl, 77Mich. 632. Also Hubbard V. Weare, 79 Ia. 678.

[5] Badham V. Williams (1902), 86, L. T. R. 191. (Eng) Also Paople V. San Francisco Savings Union, 72 Cal. 199.

[6] Warren V. King 108 U. S. 389, 398. Also Mobile, etc. , R. R. V. Ten. , 153 U. S. 486.

[7] Earp's Appeal, 28 Pa St. 368. Also Thomas V. Gregg, 78 Md. 545.

[8] Minot V. Poine, 99 Mass 101. Also Gibbons V. Mahon, 136 U. S. 549.

[9] National Bank of Walse(1899), 2 Ch. 629 (Eng).

一种费用①,折旧不是一种费用②,以前年度的亏损不必在分配本年度股利前弥补③,以前年度的亏损必须在分配本年度股利前弥补④。

本章的目的并不是评价与利润有关的错综复杂而又自相矛盾的观点,而是指出会计行业本身可能要对它的现存状态担负部分责任。在回顾与利润有关的法院判决时,通常会发现,不合逻辑、从根本上不健全的会计原则导致了相关法律意见没能体现经济事实。很明显,法官在试图协调会计人员对已知的经济法规的争议时经历了巨大的困难。在试图采取中庸之道时,因为荒谬性而使其决定漏洞百出。在这种情况下,在法院和立法机关发布合理的会计法规之前,会计行业需首先接受合理的会计原则,这样可能更好。

会计利润的当前定义

现行会计准则的自相矛盾要使给会计利润下一个简明的定义很困难。一方面,会计人员认为没有获得利润除非它已经实现。一个例子是,当存货的市场价值高于原始成本时不确认它的市场价值。而长期投资的折扣则会在其实现前的很多年间定期摊销并作为当期的收入确认。另一方面,会计人员强调提供未实现亏损的重要性。一个例子是当存货的市场价值低于原始成本时将确认其市场价值。而通常忽略关于固定资产的未实现亏损。上面的例子表明,现行的会计准则忽略流动资产的未实现利润,将长期投资的未实现的预期利润作为当前的收入,流动资产的未实现亏损将作为一般的费用,对固定资产的未实现亏损却当作不存在,这看起来似乎

① Conville V. Shooh, 24 N. Y. , Supp. 547.

② Eyster V. Centennial Board of Finance, 94 U. S. 503. Also United States V. Kansas Pacifc R. R. 99, U. S. 459.

③ See Crichton's Oil Co. Case(1901) 2 Ch. 196. Also Hoare and Co. Case(1904) 2 Ch. 208 (Eng).

④ Towers V. African Tug Co. (1904) 1 Ch. 558 (Eng).

很荒谬。

如果将会计人员对利润的认识的测试结果作为他们愿意编制的利润表,情况将会更复杂。基于这个观点,对固定资产实现和未实现的利润和损失都倾向于不确认,对流动资产实现和未实现的损失倾向于确认,对流动资产实现的利润应该确认。有时某些很明显的费用,如诉讼费和券商的费用将被确认为是资产而不是费用。有时某些价值很大的资产,如专利权,将会立即被确认为费用。

在这种情况下,接下来制定一个符合当前会计准则的利润的定义是不可能的。一个包括如此多的例外情况和矛盾之处的定义的价值是很小的。考虑到目前的情况,法律界不能遵守和接受会计准则并不奇怪。如果用会计的思维方式来看,这些准则就是无稽之谈。

利润的准确定义

从会计的角度有一个准确的利润定义,利润就是净财富的增加,损失是净财富的减少。这是经济学家的定义,这个定义简洁、明白而且从数学角度可以证实。

会计专门反映经济事实。它只反映经济方面的内容,而并不涉及哲学、宗教、法律、医药、物理和其他任何方面。会计的功能就是记录、核对和提交目前的经济事实。最明显和最重要的经济事实之一就是利润是净财富的增加。如果会计忽略、否认或者反驳这个事实,那么会计的作用是什么呢?

利润的有效性取决于其是否已实现的观念是幼稚、错误并与现代商业程序的现实完全背离的。在第 1 章中提到的"两个投资信托公司的故事"就能说明这个问题。正如在第 4 章中提到的,这个思想起源和应用的时代仅仅是当公司的管理是建立在"冒险"的基础上和在商业冒险结束时所有资产必然转换为现金时。这个思想完全不能适应于现今企业的存续形式。

没有企业会定期地将所有的资产转换为现金。相反,企业会持续将现金投资于其他资产和经常仅仅以现金形式保留一小部分资产。将已经标记为"实现"了的利润又立即再投资于其他"未实现"资产的目的是什么? 这样的利润可供作为股利分配吗? 它是安全的吗? 甚至它仍然能作为是"实现"了的吗?

大量已实现的年利润的披露并不表示企业拥有这么多的现金,也不代表它曾经拥有过这么多的现金。有两家公司完全相同,有类似的资产,但其中一家将其已实现利润进行了再投资,另一家有相同金额的未实现利润。在现代条件下,把"已实现"应用于利润意味着没有,因为这些利润会连续不断地通过再投资于其他资产的方式"而未实现"。企业的现金头寸出现在资产负债表的资产一边,不出现在盈余账户,也不出现在企业的利润表中。企业的利润是由净资产的增加决定的,不是由企业可能收到、持有和能用于再投资的现金利润决定的。财产是经济价值,经济价值是所有资产的基础,不只是现金。从实践和理论两方面看,未实现和实现的利润与损失同等重要。价值的决定因素是一个重要的问题,对这个问题的回答并不是要忽略那些能影响价值但还没有转变为现金的变化。目前会计权威的观点与此相反,会计界提出的实现和未实现的区分是完全没有意义的。会计永远不会过度发展,这是中世纪以来一直存在的观点。这很明显是不合理的,完全不适应现代企业程序,而且会对会计人员隐瞒有责任披露的会计事实并误导他们。

目前会计权威拒绝在利润表中列示已实现的资本利得,这没有什么可说的。之所以拒绝,主要是因为利润表上的利润和损失理应来源于经营活动。在实际应用中,这一理论的影响是能部分地隐瞒资本利得从而弱化它的重要性。它不利的一面已经在其他部分讨论过。资本利得和损失跟其他类型的利润和损失一样能引起净资产的变化。对管理者、债权人和股东来说,与利润和损失的来源相比,它们的规模更重要。它们应该经过适当的分类后列示在利润表上。

利润表的作用

普遍的看法认为,企业的利润表是站在所有者即它的股东、合伙人和独资者的角度上编制的。从来都不是站在企业自身这一法律主体的角度来考虑损益问题的。如果是这样,那么出售股票的收入应是利润的组成部分,支付的股利应是损失的组成部分。因此,当把利润定义为净资产的增加时,这个定义应必然不包括资本调整和股利支付,因为这些项目既不增加也不减少企业所有者的净资产。没有人会反对这个习俗,因为企业的所有者对增加净资产一点也不感兴趣,他们对它感兴趣仅仅因为它是增加个人净财富的工具。

目前会计权威普遍指出利润表仅仅列示了一个法定期间内企业经营活动带来的净资产的变化。"企业经营活动"通常被解释为不包括固定资产价值的变化。因此,资本利得和损失是由外部的影响如市场价格的变化导致的,很明显不属于企业经营活动。如果资本利得未实现,它通常被完全忽略。因为这个程序不适用于已实现的资本利得,这些盈余会进一步被细分从而被完全或部分隐瞒。忽略未实现的资本利得的最主要的理由是"现行价值"理论中的相关推理。这个理论的错误见解及其后果在第3章已经阐述了。在利润表中忽略已实现的资本利得是没有理由的,保留这个程序可能会歪曲依照准则编制的报告结果,从而使其与前期的比较有困难。如果要使利润表发挥它的最大效用,那么所有者应该有权知晓他们的全部收益和负债,当然我们都很清楚这一点。正常企业存在的唯一目的是增加其所有者的净财富。股东投资企业也是为了这个目的。任何能够支持这个目的的措施对股东来说都是很重要的。当目前的会计准则要求披露普通的利润、掩盖资本利得时,它就趋向于站在企业这一个法律主体的角度,从而忽略股东的利益;或是站在管理者的角度,仅仅只关心维系企业并增加其净财富,而不是增加企业股东的净财富。

企业并不以自身发展为目的,它只是达到目的的一种手段。否则股东都会从长远考虑,赞成清算企业以增加自己的净财富,而不是维系企业的存续。这样的话,股东认为 1 美元的资本利得与 1 美元的经营利润是完全相同的。一般来说,省略或隐瞒资本利得会如省略或隐瞒相同金额的经营利润一样误导股东。

无论从法律还是从公平方面,也无论是理论还是实践上,都没有足够的理由要求现行的会计程序省略或隐瞒资本利得。利润表的作用应该是站在所有者的角度,披露经过尽可能准确分类的企业所有的利润或损失。这种可接受的分类应该尽可能准确地区分普通利润和资本利得。但是,利润表无需区分已实现和未实现的利润,因为这种区分实际上具有误导性,而且因为目前存在或不存在的已实现利润只能在资产负债表中披露。

债券溢价和折价的摊销

前面讨论债券溢价和折价的章节就曾反对现行的准则中以理论上的利息费用代替实际的利息费用。按照错误的投资摊销方法计算利息收入,这样的问题在第 10 章就已经提出。每一次溢价和折价的摊销的情况都会导致资产和利润的失实。这些错误列示是反向的,摊销原则使一个项目逐渐抵销另一个项目,直到最后债券到期时抵销完毕,并且一个真实的状态就此达到。这种方法与现行的会计准则忽略资产和收益的可能巨大变动和尽量通过未来可能的平均水平代替实际水平来抚平变化的趋势一致。

鉴于债券折价、溢价摊销的推理过程,详细讨论适用于坏账确认、自保险的保费和其他类似项目的推理过程是明智的。

坏　　账

现行的会计实务一般在应收账款或应收票据确定发生坏账之前计提

坏账准备并把它作为当期费用。坏账准备一般是按当期收入的一定比例计算的,而且把这一金额记在坏账准备的贷方和坏账费用的借方。乍看之下,这个方法表现为明显地忽略当前事实并为此替代了未来的预期平均水平。但这种看法是肤浅的,因为使用平均水平作为估值方法与将其作为自身的终值之间有很大的不同。

很明显,大量应收账款的经济价值很少等于它们的账面价值。这是因为某些应收账款极有可能不能完全收回来。因此要求会计人员想出方法估计这些账的价值。为坏账提取准备仅仅是重估应收账款和应收票据的价值,坏账准备需从资产负债表上披露的应收账款和应收票据的账面价值中扣除。既然短期票据和应收账款的价值几乎完全取决于它们的可收回金额,那么要求重估坏账准备的价值和在利润表披露借方项目作为某些描述性的科目(如坏账)下的费用是恰当的。与债券折价不同,应收账款和应收票据是真实的资产,而且应该在每一个资产负债表日尽可能准确地重估。如果它们的当前价值低于它们的账面价值,这种差异则表现为净资产的减少,也就是损失。普遍认为,这种损失应在正式的利润表中披露为当前的企业费用,而且这种处理方法与绝大部分企业的真实情况相符。

自 保 险

自保险准备的处理方法引发了许多不同的问题。现行的会计准则通常精确地计算自保的保险费就像这些费用已经付给外部的保险公司一样,而且在利润表中以当期费用披露这些保险费。这个项目的贷方记录自保险的准备。实际发生的损失不记录为费用,但是抵减准备。这种处理方法是大量的以理论的平均损失代替真实的损失的应用之一。这里不涉及资产估值的问题,因为资产价值不受未来期间的保险费损失的影响。自保的准备并不是一个重估账户,它是盈余的进一步细分。

现行的会计程序涉及自保险的处理是很方便的,但不够真实。这可能导致少报企业整个期间的利润。从最乐观的方面看,这将导致以平均损失代替实际损失。从最坏的情况看,这就是完全的虚假。如果企业的管理层希望对自保险计提准备并将准备恰当地作为盈余披露,那么没有人会对此提出批评,因为没有人会被这一做法所欺骗。但是准备的贷方应该直接从盈余中减去,不是将其作为一个整体,就是将其分成相同数额的小部分。如果这些金额从利润中减去并作为费用在利润表中披露,可能会导致严重的错报。只有在利润表中披露真实的损失的处理方法与事实相符。这些费用和正常的贷方准备的区别是后者能从盈余中转换而来。如果在任何一年里,实际损失过多,应增加准备的数额,可以通过借记准备和贷记盈余来调整。

这个特征可能会增加披露的实际损失,代替理论上的保险费用,这将会破坏有自保险的企业和购买保险的企业的比较基础。反过来,则恰好是正确的。当前的事实是唯一可信赖的比较基础。没有会计人员会认为一家将未改良的土地作为生铁堆场的铸造厂应该列示一个虚构的租金费用,以使其能与那些为堆场支付租金的铸造厂形成可比性。会计人员有责任披露这些已知的事实。当他们隐瞒这些已知的事实并允许以基于理论预期的平均数作为实际数列示时,他们就没能完全履行他们的职责。

簿 记 项 目

根据本书倡导的会计原则编制利润表时,除了需要现行会计实务使用的簿记项目之外,只额外需要一些最简单的簿记项目。当会计人员测试了一项资产的现行经济价值后,他仅仅需要借记或贷记重估价账户以使它的账面价值(即它的原始成本、折旧、摊销和折耗准备以及它的重估价账户的总余额)与它现行的经济价值一致。这个项目应该通过借记或贷记恰当的损益账户来完成。这种处理方法引起的当期损益账户应该包括在利润表的当前部分,然后结转到已实现盈余中。这样的损益账户通常限定于存货的未实现利润和损失。这种处理方法引起的资本利得和损失账户应该列示在利润表的资本利得和损失部分,然后结转到资本盈余中。正如前几章所说,资本利得或损失的增加可能与负债有关,而且也应该借记或贷记到恰当的资本利得和损失账户中。

这就是所有的使任何一家企业的账面价值与经济价值一致的附加项目。而且,事实上这并未触及正统的账户,为的是使联邦所得税返还和其他的政府报告的准备工作更容易。

存 货 和 利 润

这部分的目的是讨论存货的三种估值方法对利润的影响。

存货的第一种估值方法是按原始成本估值。这种估值方法要求主营业务成本账户只包括当期出售产品的原始成本,而不考虑成本发生的时间和从购入日起其市场价格的变化。同时,收入账户列示受市场价格变化影响的数字。因此,源自收入的毛利,不但包括来自收入的正常利润,也包括另外的、所有的、不管是发生在哪个期间的市场价格变化所导致的已实现利润或损失。未实现的利润或损失可能会在某一会计期间发生也可能完全被忽略。但是,在某一会计期间的末期,这些利润或损失可能实现且仅仅作为与末期相匹配的利润或损失列报。事实上,这些已经发生的利润或损失,是前期存在的未实现的利润或损失。这种情况的缺陷已经在本书第1章中的“两个面粉厂的故事”和“两个投资信托公司的故事”里讨论过了。因其可能产生的危害是巨大的,完全消除这种危害可通过同时高报或低报资产负债表上的存货价值来规避。

存货的第二种价值的处理方法是“成本与市价孰低法”。现在普遍使用这种方法。存货市价低于原始成本所引起的未实现损失被引入主营业务成本账户并因此进入损益账户。这种处理方法与事实一致而且是完全可能的。但是,存货的原始成本低于市价,则不会采用上述方法。这将会误报资产和资本净值,也可能使利润受到操纵并形成严重的误导。从最乐观的方面看,这些未实现利润是股东和债权人应该知道的。从最坏的方面看,这将会歪曲利润以达到蓄意欺骗的目的。

"成本与市价孰低法"这一存货估价方法与会计惯例中的稳健性一致,稳健性的表述是:"不预先确认利润但预先确认所有的损失"。稳健性的目的是防止将存货的未实现利润在利润表上披露。讽刺的是,它经常做的事情恰恰是它竭力避免的。只有对以原始成本计价的存货进行持续性的估价才能将存货的未实现利润排除在利润表之外。

例如,假定精制铜取得的原始价值是每磅 17 美分,但现行市价是每磅 7 美分。这批铜将会以每磅 7 美分计价,且在主营业务成本中以每磅 7 美分来计量,因此利润中将包括这批铜的所有未实现损失。到目前为止,只有未实现损失在利润表中列示。但是在接下来的 1 年中铜的市场价格可能又会上升至每磅 17 美分。这批仍作为存货的铜这时将会以既是原始成本又是现行市价的每磅 17 美分来计量。在计算主营业务成本时,这个值将作为部分期末存货的价值。但是按照同样的计算方法,期初存货部分的价值将由那批每磅 7 美分的铜组成。因此,披露的利润包括在第二个资产负债表日仍在手中的这部分铜的全部未实现利润每磅 10 美分。第一个会计期间披露的未实现损失将会被第二个会计期间的未实现利润所取代,因此这会导致会计准则的基础变成一个回旋飞镖。会计人员不愿意这样的情况发生,还颁布法令以避免该情况的发生,一旦存货的市价低于成本,这个低的数字必须从那时起就作为它的成本。尽管这样,这种情况在无数的事例中不可避免地出现,除非能辨认每一种资产负债表并知晓其历史来源。

存货的第三种处理方法是在资产负债表日估计它们的经济价值。这是唯一的一种能够避免其他方法所存在的不合逻辑和错报问题的方法。这种方法的影响是使每个会计期间的设定利润包括当期实际发生的与存货有关的所有利润和损失,无论其是否实现。这将使资产负债表披露的存货以资产负债表日的经济价值来衡量。因此这使利润和资产都是真实的并且是完全披露的。以这种方法计量的存货价值既不预测未来的可能利润也不提供未来的可能损失。这种方法既不稳健也不激进。它不受担忧或希望的影响，也不披露以它们为基础的预测。相反，它对当前事实进行公正无偏的描述，利益相关者会以这些事实为基础来预测未来。

会计界应该认识到试图区分已实现和未实现的利润和损失是没有价值的。还应该认识到只有披露所有的事实才能使资产负债表和利润表反映真相。利润表不会有完全合理的形式，除非会计界能意识到这个问题。这样的利润表其一部分专注于普通的利润和损失，与企业活动有关，无论其是否实现。利润表的剩余部分披露所有其他的利润或损失。始终以经济价值计量存货是为了计算普通利润，因此这将使以这种方法计算出来的利润包括所有的与存货有关的利润或损失，无论其是否实现。

单独核算存货的投机利润

本书在第 9 章的最后和第 12 章的后半部分曾建议存货的未实现利润或损失应包括在主营业务成本账户中。换言之，期初存货和期末存货都应以市价或重置成本计量，而且存货的销售成本也这样计算。这一程序的实际后果就是，与存货相关的所有已实现或未实现损益仅被一个代表销售毛利的单一数字反映。在一个制造企业里，利润既包括原材料、半成品以及产成品的市价变化所引起的所谓投机利润，也包括产生于生产过程的所谓生产损益。

不久前，会计人员就已经提出应该单独核算存货的投机损益，而且应该与生产过程产生的利润分开。这些会计人员已经感到某些企业有巨额利润是由于它们的购买能力，而另一些企业的高额利润是由于它们的经营能力，如果这两类利润能在财务报表中分别单独披露会是非常令人满意的。为了做到这样，他们建议受外部市场影响的存货价值的变化不应包括在销售成本中，但是应在利润表中作为一个特殊的项目披露。

反对这种做法的理由仅仅来自应用方面的困难。如果理想的结果能够容易、完整地取得，该方法就不会受到批评，而且还会建议用这个方法来提供附加信息。但是,不花费令人生畏的费用就能完全取得理想结果的实例几乎没有。而且,不完整的结果往往比没有任何结果更不能令人满意,并可能导致严重的错报。

例如,如果仅仅只是在用原材料生产产品的过程中对原材料的价值进行重估,而且原始价值与重估价值的差额作为投机利润披露,那么这种方法可能向管理者和股东传递严重错误的信息。首先,这批项目可能在本期之前购得,正确的比较应该是与取得它们那天的价值相比较,而不是与它们的原始成本比较。其次,从将这些原材料变成商品到本期间结束前的这个过程中,原材料的投机损失,可能会比前期的利润大,因此披露投机性利润可能完全具有误导性。这种情况常常发生,并且在一年只开工一两次的季节性产品生产企业中非常重要。很明显,除了纯粹的部门利益,任何单独披露存货投机性利润的尝试都应关注每一类存货和所有已售商品,如果它能够确保避免错报的话。

问题的实质上是应分析手头的和当前卖出的每一类存货,以确定外部市场条件和工资水平的变化所导致的价值变化。弄清在库原材料的投机利润的任务相当简单,虽然某类原材料如果是在前期取得的,复杂程度可能会上升。关于在产品和产成品的问题更加复杂,因为计入产品成本的工资和费用项目在不同的时点是不一样的。而关于本期已售产品的问题可能更加可怕。可以将投机利润和生产利润分开的成本系统有必要以现行市价或当前重置成本为基础重估在不同会计期间取得的每一类中的每一项存货。例如,对所有存货的每一类都必须在会计期间的第一天进行价值重估,对原材料项目必须在进入生产过程时重估价值,对在产品必须在成为产成品时重估价值,对完工产品必须在销售时重估价值,对所有的存货必须在会计期间结束时重估价值。很明显,很少有企业能够做到这一点。

在这种情况下,可能很少有会计人员能够将存货的投机利润从生产利润中分离出来。如果某种方法在某些事例中证明是可能的,则应该利用它来提供附加的可用信息。否则所有与存货相关的损益都应被允许通过此前提出的方法出现在销售毛利中。

利润表的建议格式

按照本书推荐的方法编制的利润表应以公认的形式披露企业经营活动净利润。其形式与传统形式的差别仅仅在于增加了一个资本利得和损失项目,利润表的建议格式如下所示。

利 润 表
1937 年
表 B

总收入		$ 8 768 445.12
减:销售折扣	$ 1 878 600.85	
销售退回及折让	8 649.10	1 887 249.95
净收入		$ 6 881 195.17
减:销售成本(表 C)		5 166 092.22
销售毛利		$ 1 715 102.95
减:销售费用和管理费用		
销售人员的佣金	$ 598 775.60	
差旅费	179 673.90	
广告费	352 555.86	
销售费用合计	$ 1 131 005.36	
办公人员工资	$ 98 751.50	
通讯费	4 789.12	
坏账准备	68 810.00	
保险费	1 245.60	
专利权的摊销	2 842.36	
一般性管理费用	14 932.57	
管理费用合计①	$ 195 079.81	$ 1 326 085.17
销售净利润		$ 389 017.78
加:其他收入		
利息收入	$ 40 768.05	
已收股利	65 810.00	106 578.05
		$ 495 595.83
减:其他支出		
已付和应交税费	$ 68 831.22	
已付和应交利息	151 453.55	220 284.77
经营活动净利润(结转至表 A 的"已实现盈余")		$ 275 311.06

① 译者注:原著中的此处合计金额疑似有误。

资本利得		
销售少量股权实现的利润		
在 Blank 公司中的利益	$ 127 485.00	
有价证券的市价净变动额	390 730.11	$ 518 215.11
资本损失		
土地的估计市价的减少	$ 5 287.66	
折旧以外的建筑物重置成本的减少	39 856.80	
折旧以外的机器设备重置成本的减少	42 622.95	
折旧以外的工具、模具等重置成本的减少	10 506.00	98 273.41
净资本利得（结转至表 A 的"资本盈余"）		$ 419 941.70
净利润总额		$ 695 252.76

销 售 成 本 表

1937 年   表 C

材料成本			
1937 年 7 月 1 日的存货市价		$ 943 246.35	
加：当年购入		2 482 127.09	
估计的矿产折耗		48 638.80	
		$ 3 474 012.24	
减：1937 年 12 月 31 日的存货市价		865 444.05	$ 2 608 568.19
生产工人成本			$ 1 641 009.32
制造费用			
监管成本		$ 41 338.11	
非生产工人成本		367 124.35	
供热、照明和能源耗用		187 466.64	
生产性资产的折旧		420 837.94	
生产保险费		28 440.06	
废品损失		15 092.28	
经营补给		23 824.14	
其他生产费用		38 129.67	1 122 253.19
生产总成本			$ 5 371 830.70
减：库存的净增加			
1937 年 1 月 1 日的存货			
在产品的重置成本	$ 783 717.66		
产成品的重置成本	964 275.40	$ 1 747 993.06	
1937 年 12 月 31 日的存货			
在产品的重置成本	$ 1 586 749.23		
完工产品的重置成本	366 982.31	1 953 731.54	205 738.48
销售成本（结转至表 B）			$ 5 166 092.22

第 15 章　会 计 的 未 来

大概很少有会计师能意识到最新的进展已显示出会计职业正面临一个衰退的未来。在过去的 10 年间,会计处理方法遭受到了更加严厉和越来越多的批评。这些批评使传统会计概念越来越难以维持,并使该职业面临如下选择:改进现有方法以维护传统会计概念,或者放弃这些概念并基于会计目标采用更为严格的定义。

两种备选方案

一方面,会计师们认为目前的会计准则只是权宜之计而不是基于事实。他们可能承认这些准则经常造成资产负债表中出现毫无意义的数字,而且往往造成利润表充斥着误导的信息。他们可能认识到,对于企业管理层和公众,除非会计师抛弃其使用的会计惯例和历史数据,并且他们专注于披露当前的会计事实,否则资产负债表、利润表不可能具有最大的效用。若做到这一点,他们就可以坦率地修改会计准则和会计处理方法,最终会计就能够符合它传统的概念原则并能提供极其重要的服务。

另一方面,会计师可能拒绝修改现行会计准则和会计处理方法。在批评的压力下,他们可能会选择缓慢地重新定义会计目标。他们可能会逐渐改变传统的观念:会计应该反映当前实际情况,并应为会计的功能下一个更加严格的新定义以回应每一个最新的批评。在这种情况下,会计可能逐渐被迫成为一种不必要的努力,直至很大程度上丧失公众对其曾有的信任。

第一种选择实施起来更加困难，但它指明了一个发展方向，即会计职业应在公众心中占有一个最重要的位置。第二种选择初看似乎容易执行，但它会使会计在未来越来越被看作是一个静态的、教条式的职业，该职业已经丧失了其成为重要的公共服务机制的机会。

方 案 的 选 择

对于那些预期会计可能提供令人满意的服务的人来说，会计的领导作用似乎是令人灰心的，它最近似乎已采用上文所述的第二种方案，而这是与多数的会计观念相背离的。它放弃了资产负债表反映当前情况的传统观念，并已公开承认资产负债表具有很强的历史性和传统性。看来利润表迟早也会出现类似情况，其功能必定被限于对资产负债表所列示的资本净值的波动进行解释。一旦公众充分理解这种情况的内涵，会计专业工作的范围和重要性将受到一定的限制。

由美国会计师协会和纽约证券交易所发行的题为《公司账户审计》的一本小册子内的一封信证明了目前的情况。这封信是美国会计师协会的一个委员会写给纽约证券交易所的，并且在之后的美国参议院金融和货币委员会的一场听证会中将其用作证据。它是根据美国会计师协会执行委员会的正式决议而发行的。信中与此讨论有关的内容如下：

人们通常会误解资产负债表或者利润表的性质，即使那些出版过财务会计著作的作者也会这样。Willian Z. Ripley 教授把资产负债表比作一个公司某一特定日期财务状况的快照。这种表述易于对普通投资者形成双重误导——首先，因为它暗示了资产负债表在本质上完全是瞬间性质的，但是资产负债表是具有很强的历史属性的；其次，会让人认为资产负债表也许可达到摄影那样的精确度，但事实上，资产负债表反映的一些情况是有一定的误差的。

会计教科书的作者认为编制资产负债表的目的是为了反映资产和负

债的价值。他们认为资产负债表中某些资产的报表数与其实际价值差异显著的原因是那些资产的报表金额代表的是传统的估值。这种说法似乎是对资产负债表性质的误解。

过去,在资本资产价值很小、经营单位的规模一般较小且没有现在这么复杂的情况下,才有可能相对简单和准确地对资产进行估价并且通过年度估算对其每年的价值变化进行评估。但随着产业的机械化、企业组织的不断壮大且更加完善和复杂,这已变得越来越不可行……

评估的任务将会非常繁重,因物价水平的变化或者评估师心理态度的变化而导致的各年评估差异在很多情况下如此之大,以至于经营成果计算中的其他要素变得相对不重要了……

……对当今大型商业企业的会计账户的任何考察都必须从这样一个前提出发,即:资产的年度估值既不实际也不可取。

然而,必须要找到某些方法来确定某一特定支出计入在当年的比例和记入以后各期的比例,否则,则不可能编制利润表。基于理论和实际的考虑,这种必要性已经成为了惯例,成为了如今确定利润和编制资产负债表的基础……

在相当广泛的范围内,对于一个投资者而言,如果他知道列报利润是采用了哪一种方法并且确定该方法会一直沿用下去,那么公司报告利润采用的具体规则或传统就显得不重要了……

理性的投资者充分认识到在评估一个工业企业时,盈利能力是非常重要的指标,因此利润表比资产负债表更加重要。实际上,资产负债表各要素的变动比资产负债表本身更重要……

没有必要对企业会计进行变革甚至大幅度改变,但会计账户所提供的信息的列报却仍有很大的改进空间。到目前为止还算合理谨慎的会计目标,应该满足投资者的信息需求并清楚地说明账户的填制基础,而不是会计人员对传统惯例的尊重和形式化理解。但是,即使做了所有能够做的,也必须认识到最好的账户记录仍然存在局限性,账户记录所涵盖的期间越短,他们的局限性越明显。账户记录在本质上是连续的历史纪录。一般的历史经验表明,准确的说明和对将来合理的预测不能通过对临时性情况的匆忙调查取得,而只能通过更长时间的回顾与对永久性趋势和暂时性影响的仔细区分取得。如果投资者无法或不愿作出或保证充分的调查,那么他最好不要依靠那些肤浅的调查结果。

综上所述,委员会认为,交易所应时刻记住并尽一切可能逐步实现如下主要目标:

1. 让投资大众更好地认识到,大型现代公司的资产负债表没有(也不应该被认为)反映该公司资产负债的现行价值。

2. 有必要强调资产负债表在很大程度上具有历史属性和传统属性,也有必要鼓励采用修正的资产负债表,这种修正的资产负债表对各类资产的列报基础的披露更加清晰。

3. 要强调收益账户的基本重要性,因为一个企业的价值主要取决于其盈利能力;要持有以下立场:如果在相关年份的现有条件下对该年的收益账户进行尽可能最好的反映,则该账户记录就是令人满意的。

4. 要使上市公司接受那些已被普遍认可的总体会计原则(见表1)……①

表1

人们建议,总体原则的制定应该像第4段的建议那样,条款不能过多。总体原则的制定应向包括公司高层、律师、会计师在内的精英咨询。总体原则可能至少包括以下条款:

1. 对未实现利润不应直接或间接贷记收益账户,通常在正常情况下,当销售已发生,则视为利润已实现,除非销售价款的收回不能得到合理的

---

① 对信中五个"总体会计原则"的引述是因为他们表明了当前状况。一个"原则"实际上是一个理论的概括。显然,努力制定总体会计原则的委员会目前面临的会计理论不具有逻辑性和一致性,该理论并不解释目前会计原则的大量例外情形,而主要提供一些次要的会计规则。

保证……

2. 无论资本盈余是如何产生的，它都不能转入当年或以后年度的收益账户，否则会减少该年费用的确认。

3. 子公司被收购前的盈余公积不构成母子公司合并后的盈余公积；由盈余公积分配的股利也不能贷记母公司的利润账户。

4. 在一些情况下，如果恰当地披露，可能会允许公司将其持有的本公司的股份作为一项资产，对由此分得的股利不应作该公司利润账户的贷方记录。

5. 应收公司高管、雇员或者附属公司的票据或者款项必须单独列示，不能包含在应收票据或者应收账款科目内。

交易所可能会希望补充制定关于股票股利的规则。

站不住脚的当前状况

人们会发现这个出色的文件实质上完全放弃了资产负债表的传统概念。看起来工业的增长引发了状况的转变，虽然先前评估小公司的资产可能相对简单且准确，但如今评估大型企业的资产却实为不易。它还说明，受物价水平变动和评估者态度影响的价值变化常常会减少经营损益。

声称对大公司的资产进行估价不具有可行性并无事实依据。一个 500 万立方英尺的建筑和一个与之相似的 100 万立方英尺的建筑所遇到的估价问题是相同的，唯一的不同是它们的倍数不同。一个价值 500 000 美元的涡轮机并不比一个价值 50 000 美元的涡轮机需要更多的评估时间。此外，与审计不同，每年的再评估通常非常简单。在大多数情况下，它们只需要在现在的物价、工资水平和近期获得的资产成本的基础上重新评估过去的估值。大部分工作是例行性质的，任何聪明的职员都可以做好这些。

物价水平的变动经常会导致价值变化从而减少经营业绩，这表明这些价值变化尤为重要。这个主题在以前的章节中已经讨论论过。会计师态度的变化比评估师态度的变化更能影响经营成果。评估师不能看到一个厂房就猜测其价值。他们需运用一套严格的技术程序来进行评估,该程序由评估方法、数量、外部价格、工资水平和成本共同决定。这些因素可能使评估过程中个人判断的范围比大部分审计工作要小。

在降低资产负债表的重要性程度以后,信中提出强调利润表的重要性。它似乎假定尽管资产负债表不能反映现实的情况,但是损益账户能够反映现实的情况。这个假设是完全站不住脚的,并且表明,如果它继续停留在其目前的道路上,会计的领导作用将被迫作出下一个战略性的倒退。资产负债表和利润表是相互依赖的。前者的不完整和不真实会导致后者的不完整和不真实。利润表唯一的功能是解释与之相关的资产负债表列示项目的净值的增减变动。如果资产负债表不能真实完整地反映现实状况,那么利润表也不可能做到这一点。

未　来

我有把握相信,公众如今对会计职业的尊重程度已经没有 10 年前那么高了。我确信,这种声望下降的原因是因为部分普通民众逐渐认识到,会计不用自己的语言传递信息,而且它很容易欺骗人。会计界对改变方法的要求的忽视无助于其声誉的挽回。而通过重新定义会计的职能来寻求保持现有方法的学术理由只会使所有会计数字——无论是资产还是收益——都没有什么价值。一旦承认了这些并被公众所了解,会计的声望将会跌入谷底。

会计界不能等待这样的结果。会计师应当学习估价或者聘请评估师。只有精通了相对简单的评估技术,才能将会计人员和一个对企业和大众来说优质的服务连接起来。会计现在正站在十字路口上。它可能屈服于惯性惰性,不去抓住自己的机会,忽略公众的需要,并继续慢慢地自掘坟墓。或者把握机会,对其方法采取积极、科学的态度,并由此以目前几乎想象不到的程度服务于社会公众和自身。

附　录

肯尼斯·麦克尼尔的磨难之作：
《会计中的真实性》*

斯蒂芬·A·泽夫

摘　要

　　《会计中的真实性》的作者肯尼斯·麦克尼尔因其在这本出版于1939年的著作中集中倡导"经济价值"会计而闻名于世。麦克尼尔的这本著作和其他的一些论文被广泛引用，但是却鲜见深入的讨论。大家不知道他的身世背景，不知道他是如何写出这本著作的，也不知道他为何在写出这本著作后的2年时间内再没有写出会计方面的论文以及著作。在本文中，我将把其著作置于历史框架之中，并对其中的观点进行批判性的检验。最后，本文将提到一篇迄今为止没有被收入会计文献中的文章，它是在McKesson和Robbins丑闻发生后，肯尼斯·麦克尼尔应《财富》杂志之约而写的一篇批判会计职业界的文章，然而最后却被告知，因为一些可疑之处而被取消发表。

　　肯尼斯·麦克尼尔因为在财务报表的编制上大力倡导市价观点而广

---

　　* Stephen A. Zeff. *Truth in Accounting*：*Truth Ordeal of Kenneth MacNeal* ［J］. The Accounting Review, Vol. LV Ⅱ, No. 3, July 1982：528-533.

为人知。他的名作《会计中的真实性》于 1939 由宾夕法尼亚大学出版社初版,1970 年由学者书库公司重印。在这本书初版之后的 40 多年间,被学界持续引用,也常被专家学者在研讨会上讨论。麦克尼尔还在《自然》和《会计论坛》上各发表了 3 篇和 1 篇文章。因此,他的学术成果主要集中在 1939—1941 年这 2 年之中发表。

但事实上,在会计文献中基本上找不到关于麦克尼尔的任何资料。他的职业是什么? 是什么促使他决定出版这本在他那个时代引起广泛争议的著作? 这本书是怎样被会计学界接受的? 最后是什么使麦克尼尔——或者说为什么 1941 年之后他的作品突然中止出版了? 本文将把目光投注在这些疑问之中并对其对会计学的贡献作出评价。

本文将分为 8 个部分。第一部分是对麦克尼尔的生平介绍;第二部分是关于其写《会计中的真实性》原因的简单探讨;本文最长的第三部分将对书中所列观点进行一番考查;第四部分是一些对这本书的公开评价;第五部分将追述麦克尼尔的另一篇文章——《会计到底怎么了》;第六部分将叙述《会计到底怎么了》这篇文章发表的过程,它最初是应《财富》杂志之约而作,但最终发表在《自然》上;第七部分对其在早期估价理论上的贡献作出简要评价并介绍其对会计业界、学术界以及决策者的影响。在本文最后,我将得出一些结论。

一、生 平 介 绍

肯尼斯·福塞思·麦克尼尔(他从没有用过他中间的名)于 1895 年 12 月 20 日出生于伊利诺伊州的伯温(Berwyn)。他的父亲亚瑟·W·麦克尼尔是一名内科医生,并且建立了一所今天以麦克尼尔命名的医院。1912 年 9 月,他在芝加哥郊区的 J·斯特林·莫顿高中毕业后进入芝加哥大学深造,主修商业管理。他学习了三门会计学方面的课程,这三门课程均是由杰伊·邓恩老师教授的。他的成绩分别是:会计学基础(B—)、中级会计(B)以及成本会计(C)。总之,他的成绩多半由 B、C、D 组成,并且有 1/4 的课程得了 F。1916 年 1 月,他被学校开除,原因是"学业太差"。不过他对他的朋友说真正的原因是由于旷课太多。据说这次经历成了他骄傲的一个资本,原因是这是证明他能保持独立思考的第一个证据。当麦克尼尔在芝加哥大学学习的时候,约翰·B·坎宁也在这所大学学习,但是我没有找到他们在这期间交往的证据。在社会经验方面,麦克尼尔参加了一个 Phi Gamma Delta 小组。

在 1915—1916 年,麦克尼尔在西北大学商学院选修了三门会计课程,但是仅有一门获得了成绩。他的课程是会计二、会计三(均由 David Himmelblau 教授授课)和 CPA 测试(由 Arthur E. Anderson 教授授课,他是 Arthur E. nderson 公司的创始人),并且这门课他获得了 C 的成绩。在 1917—1919 年第一次世界大战期间,他参加了美国陆军并被派往法国前线,这期间还在 de Montpellier 大学短暂地停留过。服役期满后,他返回美国并参加了 1919 年 9 月份的 CPA 统一考试。他在考试中获得了伊利诺伊州的第一名,并且在 1920 年 4 月份成为了该州第 234 名注册会计师。1944 年又得到了宾夕法尼亚的相互认证。

1921 年 5 月 19 日,他和玛格丽特·吉拉德结婚,并育有 3 个孩子:理查德·亨利、爱德华·亚瑟和玛格丽特·路易斯。

麦克尼尔于 1916 年进入西北大学时就开始了他的职业生涯。在这一年的 1 月份,他加入了位于芝加哥的普华永道会计师事务所。在《会计中的真实性》的前言里面,他提到最早接触传统的会计并且在他的书里精简地提到,在普华永道,他被告知会计不过是一种'常识',是对他在两所大学接触到的不成熟的经济理论的补充。但是根据他在工作中的经验,无论是公开场合还是私下里,都无法使他自己确信会计不过是一种常识。然而在他个人的会计实践中,他感觉到的一个重要缺陷是会计与经济逻辑的基本原理即那种通常被称为常识的东西不一致。

麦克尼尔在 1917 年 2 月去法国之前一直在普华永道会计师事务所。在 20 世纪 20 年代初,他在费城的许多公司做财务和会计工作,其中包括制造业、建筑业、酒店行业、房地产以及金融行业的公司。1929—1930 年,作为一名投资信托基金的财务主管,他负责协调和指挥其他 5 名注册会计师。他们一起对纽约证券交易所的上市公司公开发表的财务报表进行了长达 5 年的广泛分析和研究。1944 年,他在费城成立了一个小型会计师事务所,命名为麦克尼尔会计师事务所,不久后又改名为麦克尼尔、凯茨和阿伦会计师事务所。

20 世纪 60 年代初,麦克尼尔从他的岗位上退休。他于 1972 年 3 月 16 日逝世。

二、关于这本书的信息

依据麦克尼尔的说法,当他 1930 年在普华永道会计师事务所工作的时候就已经有了写这本书的想法了。1940 年 5 月 17 日,在一封写给亨利·哈特菲尔德的信中,他写道:"当时普华永道公司接了一个信托投资基金的审计项目,公司并没有按照市价来计量投资组合,而其把未实现利润也计入收益表。"在随后的《会计中的真实性》的第 1 章中,麦克尼尔描述了"两个投资信托公司的故事",并且试图说服审计师接受他的观点。这个故事讲述了两个证券投资组合管理者的故事,这两只基金在处理投资组合的时候,仅仅将利得确认到单个财务年度的会计利润里。在这封信里,麦克尼尔还提到,虽然当时普华永道会计师事务所的高级合伙人乔治·梅提到,将在正式实践之前会考虑麦克尼尔关于未实现利润的观点,但是麦克尼尔的观点基本上没怎么引起普华永道的重视。不过麦克尼尔还提到:"普华永道会计师事务所同意严格按照现值计价方法来编制报表,并将未实现利润列入收益表和总利润中。我记得在那个时候还没有哪一家有声望的会计师事务所做过这样的事情,同时我也为自己感到骄傲。"

这次在普华永道的成功表现使麦克尼尔开始承担一些重任,并且给他
以后的会计实践带来了一些改变。经过 7 年的努力,麦克尼尔完成了这部
名为《会计中的真实性》的手稿,并且将它出版。麦克尼尔将他的打印稿给
他的同仁阅读,并且将复印的成果发给一些出版商,但是遭到了麦克格劳-
希尔书业公司、罗纳德出版公司以及布伦特斯·霍尔公司的拒绝。随后麦
克尼尔联系了宾夕法尼亚大学出版社(他当时居住在费城,离出版社非常
近)。在作出出版决定之前,出版社征求了一位经济学家和一位会计专家
的出版意见。两位人士都表示赞成出版,随后出版社作出了出版麦克尼尔
著作的决定。

"这本书献给劳伦斯·E·琼斯"。在信函中,麦克尼尔这样描述了琼
斯在完成这本著作中所作的贡献:

"1915 年,我们在芝加哥的时候,我就和劳伦斯·E·琼斯成为了很好
的伙伴,我们一起加入了 Phi Gamma Delta 小组。

他是一个相当不错的家伙。我无法用语言将他描述出来,他毕其一生都
在为那'3 个故事'(在麦克尼尔书的第 1 章所提到的)而工作。我比他小一
些,他为掌握会计数据并且指出它们的不足所作出的努力很难说在我身上没
有留下烙印。最终使我决定将多数会计师不愿面对的缺陷展示出来。"

琼斯死于 1961 年,享年 73 岁,死时他是一个百万富翁。虽然他大多
数时候都为房地产行业工作,但他也是一个成功的投资人。作为主席的琼
斯和作为财务主管的麦克尼尔一起与费城 Alden Park 公司合作多年,在
建筑业作出了一番成就。

三、对《会计中的真实性》的考查

在他的著作中,麦克尼尔首要的关注对象是那些中小投资者。原因是

中小投资者经常被会计师基于"实现原则"和"谨慎原则"所编制的财务报表所蒙蔽和欺骗。

在这本书的前 1/4 的内容中,麦克尼尔提出了这个问题。指出一些会计条约样本中的自相矛盾之处,试图揭露隐藏在实现原则和谨慎原则背后的真实原因,追溯会计实务的历史演进过程——所有的这一切都是为了不遗余力地说明他要提出的问题,即:中小投资者被那些不是基于经济价值编制的财务报表所误导。

在第 1 章中,作者讲述了"3 个故事"。每一个"故事"都是为了证明"实现"和"谨慎"理念的误导性。在第一个故事中,一个中小投资者完全依据传统的会计报表所提供的信息,从而误判了一项投资的真实价值。第二个故事中,作者将两个面粉厂进行对比。一家面粉厂将其资金投入小麦上,而另一家面粉厂投资于计息证券上。在当期期末,小麦的价格翻番,而第二家面粉厂清算其持有证券,将利息收入计入财务报表,并高价购入小麦。因此,第二家面粉厂只能购得第一家面粉厂一半数量的小麦。第一家面粉厂可以继续持有其小麦,但是财务报表中并没有反映出利得的增加。一个银行家,会注意到两家面粉厂在购入小麦时投入了相同的美元,但是只有第二家有当期利润,于是建议中小投资者投资于第二家面粉厂。但事实上会计师依据实现原则所做的测试将会误导银行家和中小投资者。第三个故事是麦克尼尔的著名的"两个投资信托公司的故事"。持有证券的两只基金通过在不同的年份各自以满意的价格成功地愚弄市场,从而使每种信托基金都获得利益。假设证券市场先哄抬该信托基金的价格来获得利益,然后又压低其价格来表明当期并没有获得会计利得。麦克尼尔这样描述这种市场行为,一旦美国信托基金和国民信托基金的财务报表为股东所获得,并且在报纸上刊登,每一个人都将会知道美国信托基金的本金增加了 23%,而后者仅增加了 3%。那么前者的价格在众多投资者的哄抢之下飙升,而后者的价格由于失望的投资者出售而大跌。

然后,两只基金的管理者出售一部分前者的股份,买入更多的后者股份。在接下来的财务年度,两只基金都将拥有投资的持有利得,然后国民信托基金将其利得变现,在其利润表中确认这笔收益。市场将会作出和第一年类似的反应,然后基金管理者卖出大量国民基金的股份,买入美国基金的股份。

在第二个故事之后,麦克尼尔并没有告诉读者为什么一个银行家会认为财务报表会反映一个公司真实的资产。在第三个故事中,麦克尼尔也没有解释为什么证券市场将会被基于实现和谨慎原则编制的财务报表所愚弄。特别是在这个故事中,对信托基金的市场价值将会在各自的报表脚注中进一步披露。他简单地认为,"大众不会太注意到脚注"甚至"即使看到或者理解脚注的人也会无视它们",因为他们知道如果投资的价格不久后下跌的话,那些未实现的利得将会很快被挤干水分。第三个故事中的一个例外是麦克尼尔表明他的论点是假定财务报表对中小投资者和他们的顾问有影响。麦克尼尔没有提到总体市场也会被蒙蔽,即使是基于市场价格公开披露的财务报表,由于实现和谨慎原则,也会一年又一年地被系统性地欺骗。一直到 20 世纪 60 年代,才有研究者开始注意到会计信息对总体市场有影响而不仅仅是对个体投资者有影响(比弗,1981)。

在第 2 章和第 3 章,麦克尼尔巧妙地展示了会计权威人士一面将财务报表作为经济决策的依据,另一方面却又规定必须依据实现和谨慎原则归集信息并因此使其很难地在经济决策制定中发挥作用。麦克尼尔写道:"虽然会计权威们看起来不是鼓吹资产负债表应当反映真实的价值,但是他们提倡的方法又显然不可能反映真实的价值。"

在第 2 章中,麦克尼尔讨论了实现和谨慎原则理论者的理由,并且找出他们的动机所在。他这样写道:"当谨慎原则受到广泛不公正的指责时,他们会将个人理智作为有效的反驳证据。"他认为,"现行价值"的理念(比如,资产按原始成本计价)在反映所有者与经营者的利益时才会显得有意义,它的使用"忽略了债权人和不活跃股东"的利益。他强调"零散的临时股东,无论是在资产的真实价值还是公司利润方面都将会被无情地欺骗"。

最后,他拒绝了梅的建议(虽然他没有提到这个普华永道会计师事务所有魄力的高级合伙人):上市公司应该公开记账原则以及编制报表实务的梗概。梅认为在这样的一个梗概的帮助下,投资者将会在一个更有利的位置上评估财务报表是否报告了一个公司的真实信息。但是麦克尼尔认为"试图教育广大股东认清会计原则是一件令人绝望的工作"。麦克尼尔认为一个可行性的方案需将会计原则制定到"使一个门外汉也能毫不费力地理解"的水平。

在第 4 章中,在麦克尼尔开始叙述他的经济价值会计理念之前的最后一章里,他不幸花费 12 页篇幅来叙述早期的记账方法。说其"不幸",主要缘于:第一,绝大多数读者对此毫无兴趣或者认为这不重要;第二,至少在哈特菲尔德看来,它包含了大量的谬误。这部分之后他进行了相对切题一点的叙述——对会计实务历史发展的追溯。因为麦克尼尔的这番历史追溯为其论点提供了一个单薄的证据:

有必要从中世纪的那些旧条件里摆脱出来重设条件,按照那些旧条件推出的原则显然是不合时宜的。

在这样做时,麦克尼尔添加了一些东西,偶尔显得有些犬儒主义。他将会计信息的使用者分为所有者—管理者、债权人以及"像一盘散沙一样的中小投资者",但他注意到,直到 1939 年的会计实务还仅仅关注前两者,而忽视了广大的中小投资者。或许是受到使命感的热烈召唤,也可能由于劳伦斯的成功。

麦克尼尔抨击了那些没有很好地为中小投资者服务的会计师们:

"换言之,拥有本国和其他国家企业所有权的上百万的小投资者并不能获得其财产的真实信息,而是任由那些掌握内部信息的人摆布,而这些人或许只想从小投资者身上谋利,这一状况的形成很大程度上是因为会计行业认为编制那些在很多情况下具有误导性和不真实性,而且其编制原则仅适用于多年以前情况的财务报表是合适的。而这种情况所表现出来的事实是会计师目前的知识和训练并不能使他们有能力编制正确的财务报表。如果会计师能完成其培训,他们可能就会采用合理的会计原则,并能恰当地评价那些经济价值不能立刻实现的资产,这样的会计师才能算是合格的。会计师若想编制出真实的财务报表,那他们要么自己成为评估师,要么就聘用评估师。财务报表旨在揭示当前的经济价值,只有这样,财务报表才具有实用性。否则,财务报表将会是非常有害的。"

这是麦克尼尔在全书中唯一的一处给会计师们"上课"的地方,无疑他是为了提醒那些会计师们,并希望给他们带来一个有力的冲击。

在这本书余下的 3/4 部分,麦克尼尔有条不紊地以经济价值观来建立一个记账方法。在第 5 章里,他着重讲述了供求以及价值的性质。在第 6 章,他阐述了金钱在定价和交易中作为中介物的性质。这一章的一半内容,作者是在对斯威利的"稳定币值会计"(1936)进行批判性的论述。麦克尼尔这样称赞斯威利:他清楚地看到了公认会计准则的显著缺陷。同时,麦克尼尔还写道:结果是,在可利用数据的精度范围内,可详尽地展示购买力的变化。不管你是否赞成他的稳定币值会计,你必须承认他达到了他宣称的目的。

但是麦克尼尔反对斯威利的一般物价水平会计。理由有二:第一,"稳定的"利润表或许能真实地反映资产负债表的购买力水平,但是不能反映真实交易中的情形。"甚至有可能远远地超出了那些在实际生活中对这些数据的理解水平"。甚至"这些数据不能给普通股东提供任何信息,它们仅仅使他们怀疑会计师是否理性"。麦克尼尔不遗余力地提醒会计师们在编制财务报表时要适应那些普通的股票持有者的理解力,而不是希望他们去学习更多的诸如原始成本、已实现结果或者按实际购买力调整后的结果等会计知识。第二,股票持有者和那些商业人士都直观地认为今天的美元相较于 1 年以前或者过去的美元而言价值更低。所以,那就不可能让他们接受所谓的"稳定币值会计"。麦克尼尔甚至还有些不理解斯威利为这种记账方法所作出的努力,这种态度在书中也有所体现。

在麦克尼尔看来,记账方法应该符合一般使用者的常识水平:资产负债表和利润表的目的是反映价值。为了达到这个目的,他们应该按照经济价值观来计价,因为这是所有人都懂的一种计价方式。

"经济价值"是"在市场中,可以用金钱来衡量的交易的价值。一个商品的市价即在实际买卖中的价格"。麦克尼尔明确地表示他对"未来的不可能性、可能性以及确定性"完全不感兴趣。虽然麦克尼尔在他的书中没有直接提到未来现金流量的折现,他也反对坎宁的"直接估价法"。"一个会计师的职责是找到真相,而不是为了迎合他的客户而随便作出一些假想的行为。"

在第 6 章,麦克尼尔详细地叙述了"市价",即在一个市场里,大家都能接受的一个价格。他理想中的这个市场是自由、竞争、开放和活跃的市场。他这样定义这些关键词语:

一个自由的市场,没有官方部门来干涉供求关系的自由达成;

一个竞争的市场,不仅包括买主和卖主的竞争,还包括买主与买主,卖主与卖主之间的竞争;

一个开放的市场,是指这个市场的价格能够反映世界范围内的供求关系;

一个活跃的市场,是交易频繁发生,从而买卖双方能够出价砍价以达到一个合理的价格的市场。

不过麦克尼尔承认这种理想的情况是几乎不可能出现的,他也建议会计师在这种不完善的环境下,怎样作出合理的行为。他坚持认为,只有在对一个公司的资产进行严格估价并且不随意修改的条件下才能达成可以接受的市场价格。比如,一个公司持有大量的股票,如果该公司现在将这些股票立即出售将会亏损,那么对现行市价不应该向下修正(为了资产计价需要)。要么在计价的时候扣除经纪人的佣金,要么在负债里面增加一笔所得税。"一件物品的价值不是假定出售时的价格,而是现在的买卖价格,如果没有达成买卖,在逻辑上它的价值就是由市场中实际存在的供求比率所决定的。"但是这个观点并不能得到那些坚持"净实现价值"者的认同——即预计出售价格低于持有成本、推销成本以及配送成本——在这种情况下存货采用"成本与市价孰低法计价"（蒙哥马利，1934）。麦克尼尔请求会计师们对不可知的未来不要作出预测，在他看来，未来会发生很多事情，如经纪人佣金、所得税。一个会计人员不应该当预言者。债权人和股票持有者会作出他们自己的判断。

如上所述，麦克尼尔对一个可接受的市场提出了严格的限制条件，在这些限制条件下，很明显没有很多的资产可供交易。因此，在第8章和第9章中，麦克尼尔劝告那些人，一个可接受的市场不是为了某种特定的资产而准备的，而是会找到大量的替代品。资产被分为三类：

可销售的资产；

可重置但非用于销售的资产；

既不可销售也非用于重置的资产。

对第二种和第三种会出现替代品。对那些可重置但不销售的资产，麦克尼尔建议可以采用重置成本的方法计价：重置成本再加上一定的利润促使我们这样做。在这个定义中，假设有两种结构形式不同但效用或者可用性基本相同的产品，可以与之匹配的产品的物理成本作为原来产品的再生产成本，而与之效用或者可用性相匹配的产品的成本作为重置成本。

由于技术的进步，资产的重置成本有可能低于它的再生产成本。在这种情况下，在经济上不会对再生产成本进行调整。对于第三种资产来说（如专利、版权、土地矿产和石油资源），麦克尼尔在计量原始成本时采用了一个"权宜之计"。他无路可退，认为原始成本比零和估价是一个更好的选择。然而在这里，麦克尼尔背离了他开始的逻辑出发点，使他置于争议的漩涡之中。在这种情况下，他维护原始成本是基于"公众能够接受教育从而理解资产的真实属性"，"在资产负债表和利润表里资产的折旧和损耗不值得信任，它们只是权宜之计"。实务界人士批评他，按照同样的理由，也可教会公众去理解完整地按原始成本计价的资产负债表和利润表。为什么麦克尼尔就认为公众只能接受其中的一部分而不是全部呢？

作者意识到了其在特定情况下才支持原始成本会置他于不利地位,在第9章中他就放松了对会计师们的要求。但是日常中,他把经济价值观同会计实务区别开来的做法又显得自以为是。他坚持理想又认为采取权宜之计是必要的。而会计师们"开始就采取权宜之计,只有在权宜之计受到限制下才坚持理想主义"。这种立场让那些麦克尼尔想要影响的读者也变得不坚定起来。

接下来他用125页的篇幅来介绍和解释按照他所设定的前提怎样对资产负债表和利润表进行特定的记账。他执著于一些细节,并且对其中的一些问题进行了详细的论述。如果麦克尼尔没有执著于对会计师们的实务给出严格建议的话,这部分将会变得短小精悍。这些多余的内容充斥了这本书的剩余部分。

不管是已实现的还是未实现的,麦克尼尔都将按照经济价值观对利润计量进行相应的改变。他有些武断地宣称,对利润进行定义只有一条途径。那就是盈利是净财富的增加,损失就是净财富的减少。这是最简明扼要的定义方式。

对存货,麦克尼尔以务实的理由反对将"投机利润"同"持有利润"分开。他没有点名指出那些会计师在实务中坚持将购买行为同持有行为分开。看上去他是支持这个观点的,但在实务中这两者又很难区分开来,于是他在利润表的流通项目中列出营业成本这个项目。最终的结果是将其流通项目[营业收入小于营业成本(按市价与重置成本孰低法计价)与当期费用之和]的经营成果称为"净利润",贷方计入"已获盈余"。按其定义,营业活动的净利润包括未实现的增加或者减少额,即一个会计期间的存货包括以市价与重置成本孰低法计价的原材料、半成品和产成品。两栏式利润表的第二部分是非流通项目。最终结果称为净资本利润,贷方计入"资本盈余"。麦克尼尔不喜欢将流通项目和资本项目分隔开来,他这么做的原因是"考虑到法律和历史的因素"。在"已获盈余"和其他盈余的定义上,他明显参考了20世纪20年代末30年代初美国会计师协会提倡的概念。委员会不将固定资产(麦克尼尔称为"资本项目")的升值计入"已获盈余",但是在存货(麦克尼尔称为"流通项目")的升值上又保持沉默。

原则上,麦克尼尔倾向于对已实现利润与未实现利润不予分开。他认为,"在现有条件下,'实现'这个术语在字面上意味着零利润,因为如果通过投资在其他的资产上就是未实现的利润。"

麦克尼尔对待商誉的态度是,应当按照资产负债表中的经济价值观来反映"目前的真实情况":一个企业的账簿是为了记录各项交易和一个企业拥有的财产。它们不是为了记录未来的期望和可能的投机价值。人们和公司可能会对这个期望或者可能性进行投资,但是这并不意味着就可以构成资产。理由很简单,那就是人们和公司为了获取未来利益,承担了现在的牺牲,或者现时资产的损失。资产负债表,仅仅只能反映现时的状况,只能展示这些代价付出后的情况。

当一个企业收购另一个企业时,可能意味着有商誉产生,麦克尼尔的解决办法是冲减所有者权益。甚至在这个时候,会计师们记账的时候也不应当将这种商誉列入资产负债表里,因为:将之列入的话,很多股东在对比不同公司的报表时,就会产生迷惑或者上当受骗。

麦克尼尔在对待组织成本时也采用类似的方法。他认为,将诸如成本这样的项目资本化是一个隐瞒它们年度损失的托词。

麦克尼尔对负债的处理方法却有些出乎意料。他将所有的溢价和折价分别计入资本利得和损失。而对长期负债又采用面值计入。他认为折溢价的摊销只不过是理论上的平均处理过程,将会导致对一个公司法律上应付利息的误述。

对一般负债,他这样认为(他认为商誉和组织成本不是资产):资产负债表的资产并不反映一个企业的总价值,而只不过是代表一个企业拥有的总财富。负债也并不反映一个企业所有负债的价值,而是对一个企业不可分割财富的法律索偿权。

他又说道:甚至,在很多情况下,负债和股本的市场价值并不能完全弄清楚。当这些市场价值对股东和债权人像对会计师那样适用的时候,在使用这些报表时才不会需要额外的相关信息。"(从这些引用的文字里可以明显看出,麦克尼尔在对待负债时没有遵循经济价值观是一种实用的态度)

在商誉和组织成本这两个例子上,可以看出麦克尼尔在定义资产负债表时显得有些武断,而且是根据个人的经验和观察来得出结论。在谈到债权人和股东时,就好像他们是财务报表直接要面对的对象一样。然而,他又沿着佩顿的足迹叙述道:"普通的法令应该站在所有者、合伙人或者独资者的立场来制定。"如果是这样,那为什么负债不能计入所有者的利益呢?(最好的方法是按市价计价)

因此,麦克尼尔的"真实"是指在资产负债表中按照经济价值来反映一个公司的财产(在必要的时候是替代品),负债是法律上所欠的,所有者权益是前两项相减的剩余部分。在利润表中,反映出实现的和未实现的利得损失,并将它们各自归入"流通"和"资本"部分。"真实的"信息是站在小投资者(可能加上债权人)的立场上真实地记录公司资产的价值。真实的估价是站在真实或者估计的"事实"上,而不是站在对未来的期望之上。

麦克尼尔对附注和表外披露一点也没有提到。早在 20 世纪 30 年代中期,可能由于 1933—1934 年证券法和证券交易委员会的监管行为,在财务报表中增加附注和其他解释说明成为了美国公司的一项普遍共识(梅拉伦,1947;丹尼尔斯,1939)。

另外一些作者(如佩顿和利特尔顿,1940)也同意披露一些诸如重置成本数据和购买力重述的会计信息作为增加报告。然而,麦克尼尔坚持认为这些"真实信息"应该由财务报表本身来提供。他对改革没有耐心,他也没有提到从当时现状到编制真实的财务报表中间需要一个过渡阶段。

麦克尼尔是一名脱手价格会计模式的提倡者吗? 另外的一些作者认为他是。比如,在资产计价时采用转售价格记账。但是我们对《会计中的真实性》仔细阅读后,并不能得出这样的结论。

在他对不同类型的资产进行处理的时候,他仅仅对原材料和可售证券采用市价。很显然,他认为其他类型的资产在市场中是不容易交易的。因此,他立即对这些资产以替代品的身份进行处理。他甚至对完工产品也以替代品进行记账:"……许多存货,包括在产品和完工产品,没有可接受的市场交易的话,那就按照现行重置成本计价。"

他选择替代品计价的唯一可能也暗示了在入账价格和脱手价格这个话题上,他处于有争议性的地位。他偏向于重置成本计价,但是错误地建议将转售价格作为另一种选择(当市场上存在入手和脱手价格不同的情况时),这意味着他更倾向于入账价值会计? 可能没有一个明确的答案。由于麦克尼尔认为应将存货和固定资产的可变现节省成本计入收入中,所以今天一般将他视为财务资本保全的提倡者。

四、批判性的评论意见

由于麦克尼尔的实力以及他那行文中的拿腔拿调,所以毫无意外地,学术和实务界的批评家们很快找出了这本书的漏洞。那些词语,诸如"真实""简单的事实""事情的真实情况""真实的"频繁地出现在这本书中。当这些词语使用过多时,将会由于不同的原因得罪那些学术和实务界的人士。因为那意味着只有他知道真相,而其他的人都是"睁眼瞎"。

麦克尼尔被这些凶猛的批评刺痛了,在 1940 年 1 月份的一封信中,他将"那些会计师对他的人身和观点进行攻击的过火的词语"进行了一次归类:

鲁莽的、好斗的、愚蠢的;

陈旧的、不切实际的、不合适的;

学院的、烦扰的、不适当的;

非难的、可疑的、非逻辑性的;

大胆的、激烈的、无效的;

有争议的、极端的、浅显的；

不值得批评的、激动的、错误的；

自大的、异端的、不知所云的；

不合理的、不仁慈的、好斗的；

散漫的、错乱的、革命的；

恶意的、幼稚的、浅薄的。

正如麦克尼尔所说，这些批评不仅直接攻击他的观点，而且还对其进行人身攻击。但是在一定程度上，这些谩骂是由于他的作品里的语言造成的。麦克尼尔在他的作品里使用了以下的形容词来描述会计实践中的情况：

不真实的、有缺陷的、欺诈的；

欺骗的、严重的、错误和误导、无辩护余地的；

道德上站不住脚的、误导和不真实的、谬误的；

不公正和有害的、伪造的和误导的、幼稚的；

可耻的、荒谬的、不能容忍的；

可叹的、有敌意的误导。

还有那些非形容词的描述：

毫无意义、不合逻辑、怪异的笑谈、诡辩；

欺骗无赖的工具、误传的事实展示了一个毫无意义的诗句；

欺诈伪造、恶魔欺骗。

在前言中，麦克尼尔还写道：

我很希望自己在写作过程中尽量避免朋友们指出的最大缺陷——偏激的情绪和完全的谴责。显然，用文学一点的方式说，我有一个我自己没有意识到的低沸点。

但很不幸的是，麦克尼尔不能避免频繁地使用放纵的语言，正因为这样显得他没有细心考虑和深思熟虑。它清晰简明地表明作者是一个有广泛阅读兴趣的人。有几个章节反映了作者广泛的文献研究,甚至把注意力投向经济学和哲学问题以及财务报表叙述的细节问题。他明智地选择了术语并连贯性地使用,由此产生了良好的效果。其他的学者可能会抱怨麦克尼尔没有按照同样的方式向其他人叙述他的观点。但是,麦克尼尔是一个没有经过训练的研究者,他的著作——不像那些经常被拿来进行比较的佩顿(1922)、坎宁(1929)、斯威尼(1936)——并不是在大学教授的监督下完成的博士论文。考虑到这些因素,这还是一本令人尊敬的著作。

对《会计中的真实性》这本书的主要评论者有佩顿和利特尔顿、杰克逊、坎宁、林哈德、哈特菲尔德以及亨特。佩顿和利特尔顿分别为密歇根大学和加州大学的会计学教授。杰克逊是斯坦福大学商学院研究生部的教务长和会计学教授。坎宁是斯坦福大学的经济学教授。林哈德是Lybrand, Ross Bros. 和 Montgomery 公共会计师事务所的合伙人之一(后来还是 Montegomery's Auditing 的合著者)。亨特是耶鲁大学经济学讲师(后来在哈佛大学商学院研究生部工作)。

坎宁和佩顿是现行成本或现行价值会计模式的主要倡导者。在坎宁对《会计中的真实性》的扼要评论中,他对麦克尼尔关于产品市场的观点持保留态度。在总结了麦克尼尔关于将市场实际价格和假定价格视为同一的标准之后,坎宁写道:

(麦克尼尔)不管在这个市场上极端的价格波动,将这个视为唯一的正确途径(坎宁,1939)。

他又写道:

在价格上,作者在重置成本上花了太多的精力,而很少将注意力集中在对那些毫无用处的替代品进行必要的成本分析。甚至有可能,真相是昂贵和无用的。尤其是在没有先前的重置成本可供参考的情况下,有可能在对现行重置成本的估计上花费太多精力(坎宁,1939)。

坎宁提出了一个麦克尼尔(许多 20 世纪 70 年代以前的会计著作人)忽视的问题:提供信息的成本。考虑到信息的"无用性",坎宁认为麦克尼尔没有按照严格的方法来证明"真实的"信息将会得出一个更好的经济决策。

佩顿于 1917—1918 年提出了重置成本计量,是重置成本计量的坚定倡导者,看起来他好像被麦克尼尔所提倡的"真实"、倾泻式的言论以及对会计业界的批评激怒了。这是佩顿最"保守"的时刻,他刚刚作为第一作者完成了《公司会计准则导论》这本书(佩顿和利特尔顿,1940),该书对传统会计作了详细的解释(在很大程度上,是在辩护)(泽夫 1979)。在 1939—1940 年,佩顿是谨慎的改革者,虽然他对麦克尼尔所说的会计总体发展方向是持同情态度的,但是他也不认同麦克尼尔的许多特别观点(如对组织成本和债券折价和溢价的处理),他还被麦克尼尔的写作风格激怒了。

杰克逊从来不是一个改革者,对麦克尼尔的这本书基本上没有作出过积极的评价。最接近的也不过如此:作者倒是足够真实地使他的书耸人听闻(杰克逊,1939)。在会计实务上,杰克逊站在传统会计的立场上,并且说麦克尼尔本应该受到欢迎的。在杰克逊的评论里显示出他没有仔细地阅读过该书,毫无疑问,从一开始,他就对麦克尼尔的言论持反对态度。

林哈德的评论是一篇讥讽和嘲笑的评论(1939)。他对麦克尼尔在审计师报告的标准格式方面有了一些改变的事实提出了质疑,并且严厉地批评了麦克尼尔对固定资产的革命性建议。林哈德显示出了对麦克尼尔的不屑一顾。

哈特菲尔德的评论是最克制的和考虑最全面的一篇评论(1940)。正如他平时的行文风格,他在陈述他的观点的时候显得十分谨慎和低调。他提到了"三个优雅的故事"(1940),并且声称麦克尼尔在资产计价方面的"有争议性的问题上贡献了一些很好的观点"。他写道:

但是麦克尼尔在对待那些和他观点不一致的人时显得有些小气,对那些观点不一致的人,他就认为他们的陈述是不真实的。在专业性地展示没有摊销的成本和现值估计方面才显得有些真实。相对于原始成本，可能更倾向于现值，但它们同样都是真实的。在会计讨论中，很大程度上取决于辩论者的语言(1940)。

哈特菲尔德质疑了麦克尼尔一些具体做法。比如：对商誉的零计价，将债券的折价和溢价计入损失和利得，还有：

对应付债券的折价摊销将会造成会计信息失真，在这种情况下，实际的利息率是"理论"利率，而名义利率是"事实上"的利率(1940)。

他对麦克尼尔的一些观点提出了赞赏，如对商誉的解释，对全资子公司的持有投资的成本计价方法。通过这种方法，不管有没有实现盈余，控股公司都会将预期的盈余记录下来（麦克尼尔，1939)，并在资产负债表里展示所有的"储备金"。赞赏之后，哈特菲尔德指出了麦克尼尔提出的记账历史中的一些错误。哈特菲尔德将他的评论的草稿邮寄给了麦克尼尔，在以后的年份中，两人经常通信往来。他们都拥有很强烈的好奇心，然后他们在通信中迅速发现了这一共同点。

亨特的陈述和吉尔曼(1939)关于《会计中的真实性》的评论基本上是一致的。他形容麦克尼尔是一个"檄文执笔者"，而吉尔曼说他是一个"谨慎的，一丝不苟的学者"。在使用估价这个话题上，亨特这样写道：

律师和经济学家在估价上争得不可开交，他们将会发现麦克尼尔关于估价的信息以及估价者们的观点幼稚透顶。

他因此得出结论："麦克尼尔的作品显得太浅薄了，只不过是为了引起争议。"如上所述，由《会计中的真实性》引起的争议大部分都在公开出版的评论上。随后的参考文章，大部分都持敷衍的态度，甚至其他的评论者都是按照他们自己的想法来臆测。

总之，主要的评论都是持不鼓励的态度。《会计论坛》甚至根本就不评论麦克尼尔的作品，而原因只能猜想了。麦克尼尔的叙述风格可能使学界和实务界人士感到不悦,而他对当时被视为教条的谨慎原则和实现原则的公开蔑视在当时也只能得到一小部分人的接受。在 20 世纪 20 年代,证券交易委员会对现值的估价以及资产的估值都采取了抵制态度,几乎也不能容忍人们对原始成本进行挑战的行为。在麦克尼尔的时代,他是一个十分勇敢的人。但是如果他的作品能够成功地改变那些人的思想,那将是更了不起的。

很明显,麦克尼尔对那些批评和否定他作品的挑衅意见没有做好准备。当他在费城的学术会议上发表演讲之后,对他的反对意见更甚了。他听到一些传言说在会计界他被列为不受欢迎的人士。麦克尼尔放弃了继续战斗,在他进入了这个领域 2 年后,他感到十分失意,又退出了。在以后的年月中,他拒绝谈起这个有争议性的问题。

五、麦克尼尔为《财富》写了一篇文章

1938 年 12 月,在《会计中的真实性》这本书出版前不到半年的时间里,Mckesson 和 Robbins 丑闻爆发了。《财富》杂志听说麦克尼尔这本即将出版的书的信息,借助证券交易委员会决定审查涉案公司账目的契机,约他写一篇批评性的文章,麦克尼尔接受了这个任务。在几周内,《财富》的编辑在《会计中的真实性》中截取了 9 000 字左右形成一篇文章。按照杂志风格,编辑们起了以下的名字,并且写了编者按:

会计师是善良的,但是——

他们的方法古老得令人感到绝望。因此有个作者号召大家为了更真实地反映企业情况而采用新的方法。

在这篇文章的一个注释里,《财富》将麦克尼尔形容为"一个对他自己职业有很长的批评史的人"。

麦克尼尔的手稿对当时的职业理念进行了猛烈的抨击。

在文章的开篇处,就对手稿的内容进行了一个总体的概述。麦克尼尔用这样的语言吸引了读者:"会计的基本原则是已经陈旧的协定,它是不准确的、误导性的和不真实的。"然后他写到了独立审计的性质,追溯了审计意见的使用术语的变化,从"正确"到"现时公正"。他引用了《公司会计审计》列举的 5 个"主要原则"(1934),在审计师们看来,它们构成了公认会计准则的基础。他也对会计实务中的一些做法进行了批评,如对持有资产的未实现利得没有进行确认。在列举了几个典型的例子后,如按"成本与市价孰低法"来计量可出售的证券,而对土地和建筑物,不管市场价格如何波动,均按"现行成本"(原始成本)进行计量。麦克尼尔写道:

在这些脱离实际的理论后面,许多注册会计师在手工记账方面不过是训练有素的能手。

然后,他又梳理了一下记账的发展历史。从单独的向所有者提供信息,到公共会计开始出现的时候,再到为债权人提供信息,最后是向小投资者提供信息。他认为那是教条主义,在向债权人提供信息的时候,在计量资产的时候不过是为了向银行家们提供额外的安全保障。麦克尼尔宣称对保守主义有偏见并一直持续到 20 世纪 30 年代,因为它没有代表小投资者的利益。在他简要地写了"两个投资信托公司的故事"之后,他指出证券市场仅会对已实现利润的报告作出反应。麦克尼尔总结道:当时的财务报表容许那些知道内部消息的人士获益,而损害了其他股票持有者的利益。

由于记账的基本原则,资产负债表和利润表没有反映真实的情况;他们只反映了记账的情况。假设你是股东,除非在报告之外,你能幸运地获得关于真实价值的内部信息,这些报告基本上不能提供可供判断的信息,甚至它们根本就没有获得签字通过的资格。

麦克尼尔说同样的思想使会计师们偏好于原始成本,而不用现时估价,也反映了审计实践中的缺陷和不足:

在很大程度上,会计师们对他们合适的记账感到满足。他们完全依靠记账数据,即便其有可能是在错误反映实际情况。这种对记账数据而不是对当前事实的强调正好构成了 Mckesson 和 Robbins 案件的基础条件。

如果这些会计师(即 Mckesson 和 Robbins 的审计师)将注意力更多地投到资产上而不是账簿上,如果他们更多地关注事实,而不是文件性的东西,他们也就不会被错误的记账及凭证给简单地糊弄。

他很小心地指出,他对会计师们的批评只是针对他们的行为,而不是针对他们的动机:

主要问题是知识上的,而不是道德上的。会计行业并不是腐烂的行业。从总体上来说,这个行业里的大多数人,同其他人一样善良。真正的问题在于当前会计准则的诡辩、不合逻辑以及不真实性,而就是这个会计准则产生出欺骗会计师、商人和公众的数据。

麦克尼尔的手稿经过《财富》员工的编辑以及接受了外部人士的独立评论之后,成为样稿。然后他被告知其文章将会刊登在 1939 年 7 月号上。但是这个文章在获得发表通知消息的 11 个小时之后,被宣告取消发表了。麦克尼尔认为其原因是迫于普华永道会计师事务所以及美国会计师协会的压力,才会取消发表。

4 个月以后,他的这篇文章的缩写版本被分为两部分以《会计到底怎么了》为题刊登在《自然》上(麦克尼尔,1939)。因此,这篇文章在一本周刊上的发表反映了自由主义的理念,被吹嘘为美国资本主义的成功之处。

在《自然》上的发表自然对《财富》不利。5 月 20 日出版的《自然》指出,麦克尼尔的文章由于《财富》接到时代公司的命令而取消发表。出版商亨利·卢斯和编辑查尔斯·斯提曼受到了来自"一个有名的会计师事务所的压力而枪毙了这篇稿子"(1939,《在风暴中》)。在给《自然》的一封通信中,《财富》的出版者和责任编辑否认了他们受到的压力,并坚称作出不发表该文章的决定仅仅是由于编辑的考虑(1939,《愤怒》)。文章写道:"主要的争论围绕在:麦克尼尔主张会计师应成为估价师、资产账面价值的增减应遵循一套新的规范。"当 Mckesson 和 Robbins 案件显示出审计中出现的问题但还未开始质疑会计估计和会计计量出现的问题的时候,《财富》在这样的一份对会计估计进行猛烈抨击的文章面前,有理由退缩下来。虽然如此,正如他所观察到的那样,麦克尼尔认为会计师们在记账和审计时的簿记思想有问题。在麦克尼尔看来,这种思想是不能分开的。

在《自然》杂志的同期专栏信里,麦克尼尔对《财富》作出了回应。他对《财富》声明其没有受到任何一家会计师事务所压力的说法表示质疑,认为"《财富》的领导层没有将事实的真相告诉我"(1939,《胆小鬼》)。在麦克尼尔的信中,还提到了普华永道会计师事务所。在 20 世纪 30 年代的美国,普华永道会计师事务所在业界毫无疑问是一个比较有实力的会计师事务所,所以他怀疑普华永道会计师事务所在利用它的影响力施压。他还说这篇发表在 5 月 20 日《自然》上的文章"表明了我对所发生的事情的看法"(1939,《胆小鬼》)。

在麦克尼尔文章发表后不到 1 年内,《财富》对 Mckesson 和 Robbins 案件作出反应,由其编辑撰写了一份摘要,但是在这篇摘要里看不到对会计原则的批评(1940,《Mckesson 和 Robbins 公司的崛起和坠落》)。

六、简要综述:麦克尼尔的贡献

麦克尼尔是第一批的主要会计作者,至少在英文文献中可以证明,他提倡在财务报表中遵循市价体系。1918 年,佩顿全面地阐述了重置成本的方案,包括在成本重置时将未实现的利润计入收入。但是他没有完全放弃实现原则。在商品没有售出之前,商品的售价和重置成本之间的毛利不符合会计确认的标准(佩顿,1918)。在这之后,佩顿的观点有所退缩,在 20 世纪 30 年代,当他评论《会计中的真实性》一书时,认为在财务报表中使用重置成本会与原始成本产生冲突(泽夫,1979)。

哈特菲尔德(1927)对会计中未实现升值的确认显示了难得的忍耐,也讽刺了那些没有对实现概念进行深入了解的会计师们。但是他的表述比较"中规中矩",他也没有形成他自己的观点。

坎宁(1929)在他芝加哥大学的博士论文中,主张在资产负债表计价中,对现值进行折现。

施密特(1930,1931)主张重置成本,但是他将已实现利润和未实现利润分开,并将后者计入资本的贷方。

因提倡一般物价水平会计模式而最为人知的斯威利,也对重置成本观表示了支持,但是和1918年的佩顿相比,他也不能摆脱实现观念。然而,在当期最终净收入中,他会将分期付款当作未实现的利润和损失(斯威利,1936,1932)。

其他的一些作者,如蒙哥马利(1921)同意当存货的重置成本超过原始成本时,按重置成本计价。而卡斯滕霍尔兹(1931)也对固定资产的计价表示欢迎。罗莱姆表示待售资产应按出售价格计价,而自用资产则应按未来所得收益的现值进行计价(1928)。但是在麦克尼尔以前,没有人像他那样集中地倡导按市价基础编制财务报表,在提倡会计改革的人中,这是一个非常有胆量的观点。

七、麦克尼尔以后的一些观点

麦克尼尔对会计史和会计理论产生了哪些影响?对这个问题还没有一个确切的答案,但是去寻找受他著作影响的学者、执业者以及决策者则确实可以做到。

如前所述,《会计中的真实性》的评论者们很少对麦克尼尔表明过鼓励的态度。菲利普斯(1971)甚至这样写道:

我敢说麦克尼尔的书将不会产生任何波澜,甚至我认为在以后的岁月中,也不会引起会计同仁们的注意。

菲利普斯还暗示了科勒编辑强烈支持原始成本会计模式,这也可以解释《会计论坛》未对这本书作出评论的原因。他对这本书的其他部分缺乏兴趣,认为其"表达的观点可能不会流行,而且从中看出在经济学和会计学方面,麦克尼尔的视野是多么的狭窄"(1971)。麦克尼尔不是学术界的人士,他那些散文化的叙述风格和直言不讳的态度可能使那些学术界的人士感到不快。20世纪40年代甚至到50年代,学术界都不能就废除原始成本模式达成一致意见。那不是一个革命性的时代。30年代末40年代初是一个教条和僵化的时期。桑德斯、哈特菲尔德和摩尔(1938),吉尔曼(1939),佩顿和利特尔顿(1940)的著作证明了当时的盛行情绪,缺少突破性的观点。爱德华兹和贝尔(1960)、钱伯斯(1961)、莫尼茨(1961)、斯皮劳斯和莫尼茨(1962)的出现,开始给原始成本会计模式带来冲击,在整个60年代,学术界开始重新"发掘"早期的佩顿、坎宁、斯威利、麦克尼尔以及亚历山大的基本观点。1970年《会计中的真实性》由学者书库公司的再版以及《会计到底怎么了》的重印使麦克尼尔又引起了一定程度的重视。

而在职业界,Arther Anderson事务所赞成现值会计模式,并且认为麦克尼尔关于负债和所有者权益的会计处理方法是"不同寻常的清爽和清晰"(1972)。同麦克尼尔一样,Arther Anderson事务所未将商誉确认为资产,在负债和所有者权益的确认上采用现值模式。这样做对"一个企业总体上的计价将保持一致性"(Arther Anderson事务所,1972)。钱伯斯和斯特林甚至还为麦克尼尔对会计职业界的同胞们缺乏影响而扼腕叹息。钱伯斯将麦克尼尔、佩顿、哈特菲尔德、坎宁以及斯威利置于同样的地位,这些人都对会计实务没有产生足够的影响(1967,1969)。斯特林将麦克尼尔同坎宁一起,视为理论界的边缘人物,因为他们"对会计实践和会计文献缺乏足够的影响"。

当我们评价麦克尼尔的影响时,我们不应忘记证券交易委员会自1934年成立起到20世纪70年代初就一直站在原始成本会计模式的背后。

那些试图改变原始成本会计模式的意见都遭到了证券交易委员会的拒绝（泽夫，1972）。因此，我们应该感谢证券交易委员会的固执，才使会计界对价值会计模式的讨论变得毫无意义。

财务会计准则委员会在其财务会计概念框架的讨论备忘录中对《会计中的真实性》引用过两次（1976）。在财务会计准则委员会的附注中，麦克尼尔的著作题目被改为了"Trust in Accounting"（1976）。

在学术界，麦克尼尔的著作也被非美国人所记住。亨得里克森在他的三个版本的《会计理论》中（1965，1970，1977），均提到麦克尼尔是将道德因素考虑到会计理论当中的一员。莫斯特在其《会计理论》中，认为麦克尼尔的理念远不止亨得里克森提到的那些，也许你会对莫斯特将麦克尼尔同以未来为导向的费舍尔、坎宁相提并论感到惊讶。莫斯特叙述了在20世纪60年代和70年代麦克尼尔的"真实收入"方法是如何被其他的理论所替代的，一个最显著的理论就是"决策有用性"理论：

> 在过去的岁月中，虽然麦克尼尔对会计的批判被多次提及，但是会计的基本原理在微妙地改变。虽然许多批评家们仍坚定一个假设，那就是会计学是经济理论的一个框架，称为真实已经是过时的说法了。取而代之的是将更多的注意力集中在对经济决策有用的信息上面。预期价值并不是天生就是好东西，但是它会唤起人们对决策模型的重视。

1977年，美国会计协会的理事会将麦克尼尔、佩顿（1922）、坎宁（1929）、斯威利（1936）、亚历山大（1950）、爱德华兹和贝尔（1961）、莫尼茨（1961）、斯皮劳斯和莫尼茨（1962）一起归为"真实收益"学派。并且在附录中对《会计中的真实性》做了一个简要的概述（AAA，1977）。

内尔森（1973）将麦克尼尔称为主要的演绎理论学家，而麦克唐纳（1972）将麦克尼尔列入主要的会计批评家的名单中。在德维因（1962）注意到一个公司以一个事先设定的成本购入一批商品后，当它们接到一个两倍于该设定成本的购货合同却仍不将之确认为收入时，他开始站在麦克尼尔的立场上对实现原则表示了怀疑：

结果是会计师们因为不符合实现原则而不是根据事实不合适来延迟确认……忽略这些利得并不能令人信服,正如麦克尼尔和其他许多人指出的那样,造成的后果将是非常可怕的。

所罗门(1961)还提到了麦克尼尔的"两个投资信托公司的故事",并且注意到采用实现原则将会造成"荒唐的结果"。

戴维森(1966)将麦克尼尔的"两个投资信托公司的故事"形容为"反对市场交易中实现原则的经典会计案例"。查特菲尔德(1977)在他的书中将麦克尼尔的观点总结为"改变资产计价的观念",并以出人意料的言辞说道:"麦克尼尔正是为了解决资产计价的实际问题,他和斯威利做了相同的事情。"他还指出,"麦克尼尔的批评很简洁,但是却说中要害,第二次世界大战后更是成为被大家所熟悉的一家之言。"

白考瑞(1981)称"现行脱手价格模式的观念最先由麦克尼尔提出,并且由斯特林和钱伯斯进一步发扬光大"。

在非美国人的学者中,李多个场合提到麦克尼尔的《会计中的真实性》,并且称他是脱手价格会计模式的首创者。斯卡彭斯(1977)将麦克尼尔形容为"早期的脱手价格模式支持者"。巴顿(1975)称麦克尼尔的两个故事"形象地描述"了会计实现原则的缺陷所在。巴考特(1975)有力地引用了麦克尼尔《会计到底怎么了》。吉内瑟(1966)也通过引用麦克尼尔的文章内容表示支持。

因此,可以说麦克尼尔被学术界所认同。然而对他作品的引用并没有像佩顿、哈特菲尔德、坎宁以及斯威利那样的频繁,并且其他作者的书多次再版。

在接下来的这些引用中,麦克尼尔仅仅被一笔带过,他的理论很少被详细地叙述。甚至,在许多应该看到他名字的地方却没有被提到:瓦特(1947)、菲茨杰拉德(1952)、爱德华兹和贝尔(1961)、马修斯和格兰特(1962)、斯皮劳斯和莫尼茨(1962)、利特尔顿和齐默曼(1962)、罗伊(1963)、马特西斯(1964)、德泽尔(1965)、金伯格(1965)、贝德福德(1965)、